WILFRIED SCHÜTZ

Ganzheitliche Astromedizin

Standardwerke der Astrologie

WILFRIED SCHÜTZ

Ganzheitliche Astromedizin

Eine astrologische Gesundheitslehre

ISBN 978-3-89997-143-9
Deutsche Erstausgabe
4. Auflage 2023

Alle Angaben in diesem Buch sind vom Autor sorgfältig erwogen und geprüft worden, dennoch kann eine Gewährleistung jeglicher Art nicht übernommen werden. Eine Haftung für Personen-, Sach-, Vermögens- oder sonstige Schäden ist ausgeschlossen. Personen mit gesundheitlichen Beschwerden sollten alle therapeutischen Maßnahmen mit ihrem Arzt besprechen und auch gegebenenfalls die bei Heilmitteln anzuwendenden Gebrauchshinweise beachten.

Umschlag: Edgar Bayer
Die Horoskop-Grafiken wurden mit der Astrologie-Software Sarastro von Fraiss Software erstellt.

Druck Finidr, Český Těšin

Zu beziehen durch den Buchhandel oder direkt beim
Chiron Verlag, Postfach 1250, D-72002 Tübingen

Inhalt

Vorwort

Die Gesundheit des Einzelnen scheint zur Zeit immer mehr hinter den Geschäftsinteressen derjenigen, die an unseren Krankheiten verdienen, zurückzubleiben. Rücksichtslos werden die Gesundheitskosten, mit dem trügerischen Versprechen immer besserer medizinischer Versorgung, bis an den Rand des nicht mehr Bezahlbaren aufgebläht. Die Ausgaben im deutschen Gesundheitswesen lagen 2002 schon bei 234 Milliarden Euro und sie steigen und steigen. Dabei sinkt die Qualität der Versorgung immer mehr. Bis zu 80 % der Diagnosen niedergelassener Ärzte und bis zu 40 % klinischer Ärzte sind Fehldiagnosen (Kurt G. Blüchel). Bisherige Grenzwerte unserer Körperdaten werden gesenkt, um einen Zuwachs an »Krankheiten« zu erhalten, durch die unsere Pharmaindustrie ihre Wachstumsziele zu erreichen hofft (Jörg Blech). Denken wir nur an die Themen: Ernährung, Muttermilch, Cholesterin, Bluthochdruck, Hyperaktivität, Chronisches Müdigkeitssyndrom, Depression usw. Der überragende Anteil der Kosten fließt in die Arzneimittelforschung und die Entwicklung medizinischer Apparate. Die Diagnosen mithilfe solcher Apparate werden immer genauer und entsprechend teurer, jedoch vielfach ohne Konsequenzen in der Behandlung.

Der Mensch wird auf einen chemisch physikalischen Mechanismus reduziert, der nach Art unserer geliebten Automobile zu reparieren ist. Warnlampen werden nicht mehr beachtet, sondern ausgebaut.

Dass wir Menschen mehr sind, als unser Körper, ist in Vergessenheit geraten. Da man *Geist, Bewusstsein* und *Seele* stofflich nicht erreichen kann und daher nicht in den Profitinteressen des Kapitals liegen, werden sie mithilfe der Wissenschaft ausgegrenzt. Auch sind diese nicht messbar und unsere Wissenschaft tut sich mit allem schwer, was sie nicht messen kann. Selbst in der Psychologie sucht man die Dimension der Seele vergebens.

Von dem englischen Pionier der Stress-Forschung, F. G. Crookshank, stammt aus den zwanziger Jahren des 20. Jahrhunderts die folgende spöttische Aussage und Frage: »Die Medizin begreife nicht … was eine Krankheit eigentlich ist, und sie könne deswegen auch nicht heilen. Wann wohl würden die Tränen des Gefühls einfach als eine neue Krankheit beschrieben und ›*paroxystische Lachrymose*‹ genannt? Gegen sie könne der Arzt dann ›eine Behandlung mit Belladonna und adstringierenden (*lat.* zusammenziehend) Augentropfen verschreiben, bei gleichzeitiger sexueller Enthaltsamkeit und dem Verzicht auf Tee, Tabak und Alkohol; dazu eine salzlose Diät mit verminderter Flüssigkeitszufuhr; und wenn das alles nichts hilft, kann er immer noch die Tränendrüsen entfernen‹ «…

Erreichen auf der einen Seite unsere Heiler im Bereich der Notfallmedizin ungeahnte Erfolge, versinkt auf der anderen Seite das Verständnis gegenüber den Leiden von uns Menschen ins Bodenlose, ohne dass es uns so recht bewusst wird. Die Wissenschaft der Medizin erweist sich immer wieder als Anhäufung von Glaubenssätzen, die in immer kürzeren Abständen revidiert werden müssen. Diese Glaubenssätze orientieren sich an den jeweiligen Gesellschaftsformen und -themen (P. U. Unschuld). In der Mitte des 20. Jahrhunderts stand der Konflikt zwischen Ost und West und der Abwehr des jeweiligen Gegenübers im Zentrum der Aufmerksamkeit. So wundert es nicht, dass auch in der Erforschung von Krankheiten unser Immun-(Abwehr-)System immer mehr in den Mittelpunkt wissenschaftlichen Interesses rückte. Noch in den 60er Jahren des 20. Jahrhunderts war das angesammelte Wissen hierzu vergleichsweise gering.

Die Erkenntnis solcher Analogien bringt uns in die Nähe des astrologischen Gesundheits- und Krankheitsverständnisses. Beiden Betrachtungen ist nämlich gemeinsam, dass sie das *Gleichnishafte* mit einbeziehen. Ist die wissenschaftliche Forschung ein Gleichnis für die Gesellschaft, die sie betreibt, so sieht die Astrologie in der Krankheit ein Gleichnis für die momentane Lebens- und Entwicklungssituation.

Noch einen weiteren Umstand gilt es zu beklagen. In unseren Schulen bekommen wir keinerlei medizinisches Wissen vermittelt, welches uns im Umgang mit unseren Erkrankungen helfen könnte. Wir werden kollektiv in der Situation eines kleinen unwissenden Kindes gehalten, das die Verantwortung für seine Erkrankung nicht erkennen kann und zur Heilung auf die übermächtigen Elternrollenspieler (Halbgötter) in Weiß auf Gedeih und Verderben angewiesen ist. Unseren Heilern scheint es in der Mehrheit am liebsten zu sein, wenn wir unsere Verantwortung in ihren Vorzimmern abgeben.

Wahre Heilung geschieht aber seit jeher durch unsere eigenen Selbstheilungskräfte, die wegen der Abgabe unserer Verantwortung kaum mehr zum Zuge kommen können. Wie paradox ist unsere Medizin, die durch Mittel, welche gegen das Leben (anti-bios) gerichtet sind, Heilung erzielen will. Dabei verkenne ich nicht die positive Wirkung der Antibiotika im Notfall.

Durch die entstandenen Extreme erscheint die Zeit reif, das Defizit in unserer Medizin zu erkennen und ein Krankheits- und Gesundheitsverständnis zu entwickeln, das den wahren Urgrund unserer Leiden mit einbezieht, den *Geist* und die *Seele* von uns Menschen. Hierzu eignet sich in besonderer Weise eine uralte Wissenschaft von der Ganzheit, die Astrologie.

Sie ist deshalb besonders geeignet, weil auch die Astrologie in ihrer Entwicklung sich den modernen Auffassungen geöffnet hat. In diesem Zusammenhang ist der Weg zu nennen, den sie beschritten hat: Weg von einer Astrologie, welche für die jeweilig Herrschenden bestimmt war und die deren Herrlichkeit verklären und Erfolge prognostizieren musste, hin zu einer psychologischen und spirituellen Astrologie. Sie lässt die Einmaligkeit und Individualität (*lat.* Ungeteiltheit) eines jeden Menschen wieder sichtbar werden.

Was ist eigentlich Krankheit?

Die schulmedizinische Sicht

Bei all der spektakulären Wissensfülle im Bereich der Humanmedizin bleibt den meisten verborgen, dass der medizinischen Wissenschaft ein tieferes Verständnis für das Phänomen Krankheit fehlt. Sie geht daher den umgekehrten Weg, sie definiert die Gesundheit (WHO):

»Gesundheit ist der Zustand völligen körperlichen, seelischen und sozialen Wohlbefindens und das für jeden Menschen erreichbare Höchstmaß an Gesundheit eines seiner Grundrechte«.

In der Umkehrung folgt daraus die Definition der Krankheit, als Abwesenheit der Gesundheit. Lassen wir die obige Definition auf uns wirken, so erkennen wir, dass nach ihr alle mehr oder weniger krank sind. Sie stellt sich damit im Umgang mit Krankheiten als wenig praktikabel heraus.

Kausalität als Irrweg

Die Medizin orientierte sich in den letzten Jahrhunderten zunehmend an unseren Naturwissenschaften. Unter Preisgabe des *Geistes* und der *Seele* wird Leben, Gesundheit und Krankheit ausschließlich zum Phänomen unseres Körpers und der *Materie*. Sie arbeitet *kausal* und sucht nach den Gründen für die Erkrankung alleine auf der materiellen Ebene.

Diese Ursachensuche stellt sich bei näherer Betrachtung als höchst fragwürdig heraus. Ein einfaches Beispiel soll dies verdeutlichen: Bin ich an einem grippalen Infekt erkrankt und frage den Arzt nach der Ursache der Erkrankung, dann wird er mir mitteilen, dass eine bestimmte Art von Viren die Ursache der Erkrankung sei. Ich könnte dann weiterfragen.

Abb. 1: Krankheitsursachen

»Warum haben diese Viren gerade mich erkranken lassen und nicht die Menschen, welche ebenfalls diesen Viren ausgesetzt waren?« Als weiteren Grund wird er dann mein geschwächtes Immunsystem anführen. »Warum ist aber gerade mein Immunsystem geschwächt?« Ein geduldiger Arzt – und die sind eher selten – wird dann den Stress als Ursache hierfür angeben. Die nächsten Fragen stelle ich mir dann besser selbst und beantworte sie mir auch selbst. »Warum habe ich Stress?« Weil ich beruflich überfordert bin. »Warum bin ich überfordert?« Weil mir die notwendige Ausbildung fehlt. »Warum fehlt sie mir«? Weil meine Eltern arm waren und mir deshalb keine teure Ausbildung ermöglichen konnten. So weit gekommen stelle ich fest, dass an meinem grippalen Infekt meine Eltern schuld sind. Jetzt will ich es aber genau wissen. »Warum waren meine Eltern arm?« Weil deren Vorfahren einfache Tagelöhner waren und so weiter ... und so weiter ... und so weiter. Letztendlich landen wir bei unseren gemeinsamen mythologischen Vorfahren: Adam und Eva sind die Ursache für meinen grippalen Infekt!

Die kausale Betrachtungsweise der Medizin behält nur dadurch ihre scheinbare Gültigkeit, indem man die Kausalkette schon nach dem ersten oder zweiten Glied abbricht. So hat sich in uns die Überzeugung festgesetzt, dass die Ursachen im Wesentlichen in äußeren (exogenen)

»Feinden« und zum geringeren Teil in inneren (endogenen), meist genetischen Gründen zu suchen sind (siehe Abb. Krankheitsursachen). Die Suche nach der Ursache gleicht der Suche nach dem Schuldigen und der Schuld. Diese Suche ist uns schon seit Adam und Eva bekannt.

Auch die Fülle an Erkenntnissen über die physiologischen und biochemischen Funktionen im Körper veranlassen uns zu dem Fehlschluss, die Ursache der Krankheit läge in der gestörten körperlichen Funktion. Auch da brechen wir die Kausalkette sehr schnell ab, denn wir hätten nun die Ursache der Funktionsstörung suchen müssen und danach die Ursache für diese Ursache der Störung usw.

Auf keinen Fall darf bei der Suche herauskommen, dass der einzig Verantwortliche an unserer Krankheit wir SELBST sind. Denn die wahre Ursache der Erkrankung liegt ja in unserem urteilenden Bewusstsein. Diese Ursache jedoch wollen wir nicht sehen, denn wir würden uns daraufhin selbst verurteilen: Siehe, deine Krankheit ist die Strafe, dass du nicht RICHTIG gelebt hast, dass du BÖSE warst. Wir würden uns zutiefst schuldig fühlen. Die Angst, schuldig zu sein, wehren wir ab, indem wir sie verdrängen.

Da wir es vermeiden, unsere Verantwortung am Krankheitsgeschehen zu sehen, erkennen wir auch unsere Verantwortung für die Heilung nicht. So kann es geschehen, dass wir diese an unseren Heiler abgeben und von ihm die Heilung erwarten. Durch diese Haltung leisten wir einer Entwicklung Vorschub, bei der die Heilung zu einem gigantischen Geschäft verkommt. Hier werden Parallelen zum mittelalterlichen Ablasshandel deutlich, nach dem Motto: »Wenn das Geld im Kasten klingt, der Arzt dir deine Heilung (Heil!) bringt«.

Heilung schulmedizinisch

Die Medizin nährt in uns die Auffassung, dass uns die Krankheiten mehr oder weniger zufällig und schicksalhaft treffen und derjenige, den sie treffen, im gewissen Sinn Pech gehabt hat. Diese Auffassung zeugt von einer Nähe zur Kriminalistik. Böse Krankheitserreger haben sich an uns herangeschlichen und unseren Organismus überfallen, um uns für ihr eigenes Wohlleben zu missbrauchen. Gleich dem Motto »Kampf dem Verbrechen« wird auch die Heilung als *Kampf* gegen die Erkrankung verstanden. So betreibt die Medizin *kausale Therapie*, indem sie gegen die vordergründigen Ursachen kämpft. Die Ursachen der Ursache geraten aus dem Blickfeld und bleiben unbehandelt.

Ein weiterer medizinischer Bereich bekämpft die Erreger, bevor sie überhaupt da sind. In Anlehnung an militärisches Vorgehen schult sie unseren Organismus gegen mögliche Angreifer, indem sie ihn durch eine *Impfung* mit diesen bekannt macht. Darüber hinaus versucht die Medizin die Existenz der Erreger durch entsprechende *Hygienemaßnahmen* zu verhindern. In der Nebenwirkung erzeugt sie hierdurch zunehmend therapieresistente Keime, die immer mehr zum Problem unserer Krankenhäuser werden.

Den größten Teil der Erkrankungen bekämpft unsere Medizin jedoch *symptomatisch*. Sie versucht durch den Einsatz von Arzneimitteln (*Betäuber, Löser, Beruhiger, Anreger, Senker, Blocker, »Sprengstoff«, Ersatz* usw.) oder durch operative Eingriffe die Symptome zum Verschwinden zu bringen. Hierbei negiert sie, dass es durch diese Maßnahmen zur *Symptomverschiebung* kommen kann. Bei der Symptomverschiebung sucht sich die Energie der Erkrankung einen anderen Weg der Manifestation über ein verwandtes Organsystem. Aus der Astrologie kennen wir solche Organverwandtschaften, z.B. zwischen Mundschleimhäuten, dem Magen, der weiblichen Brust und der Gebärmutter. Selbst der Automechaniker kennt solche Zusammenhänge zwischen der Ölwarnlampe und dem Öl im Motor. Da diese Zusammenhänge der Schulmedizin weitgehend unbekannt sind, geht sie von einer unabhängigen Neuerkrankung aus. Die Spezialisierung der Ärzte trägt das ihre dazu bei, dass diese Zusammenhänge im Verborgenen bleiben. Der Internist behandelt die Schleimhäute und den Magen und der Gynäkologe die Brust und die Gebärmutter, ohne dass der eine sich mit dem anderen austauscht.

Die Psychosomatik in der Medizin

Ein kleiner Teil der medizinischen Wissenschaftler räumt der Seele bei einem ebenso kleinen Teil der Erkrankungen eine *Mitursache* ein. Hierzu sind entsprechende Wirkungsmodelle erarbeitet worden.

Das *Konversionsmodell* erklärt spezielle Körpersymptome als Ausdruck unbewusster, unerträglicher emotionaler Konflikte, die im Zusammenhang mit Störungen in der kindlichen Entwicklung stehen.

Bestimmte Erkrankungen, *Psychosomatosen* genannt, werden auch durch das Zusammenspiel der Seele mit dem autonomen Nervensystem (nicht unserem Willen unterworfen, vegetativ) des Körpers erklärt: Unverarbeitete Konflikte führen in der Folge zu anhaltenden vegetativen Spannungen. Ein gutes Beispiel hierfür ist der Bluthochdruck (Hypertonie). Haben wir ständig Ärger, verdrängen ihn aber, so führen diese ungelebten Aggressionen zur andauernden (chronischen) Erhöhung des Sympathikus-Tonus. Damit geht u.a. ein gleichzeitig erhöhter Blutdruck einher. Der Sympathikus ist der Teil unseres autonomen Nervensystems, der die Bereitstellung von Energie für die körperliche Aktivität (Aggression, männlich) steuert. Andere Erkrankungen können wiederum mit einem erhöhten Tonus des Parasympathikus (Gegenpol zum Sympathikus, weiblich) erklärt werden.

Krankheit aus astrologischer Sicht

Jedes Geschehen im körperlichen Leben
hat seinen Ursprung im Geistigen.

Das, was der Geist will, wird zum Auftrag der Seele. Sie soll dafür sorgen, dass der Wille des Geistes zur körperlichen Erscheinung wird, damit sich der Auftrag erfülle: Das Wort (Geist) ward Fleisch (Körper). Der Geist, den wir auch Spirit nennen, steht in inniger Beziehung zu unserem Bewusstsein. Spirituelle Entwicklung ist Bewusstseinsentwicklung. Auch in der Philosophie des *Idealismus* ist der Geist bzw. das Bewusstsein die alles gestaltende Kraft: »Das Bewusstsein gestaltet unser Sein«.

Unsere Aufgabe im Leben besteht darin, die Aufträge des Schöpfers (Inspirationen, »Einhauchungen«) in der körperlich sichtbaren Welt in die Tat umzusetzen, um damit unseren Teil zur Schöpfung beizutragen. Hierzu verfügen wir über zwölf archetypische Fähigkeiten, die durch die astrologischen Tierkreiszeichen beschrieben werden. Diese Fähigkeiten erzeugen im Zusammenspiel miteinander unsere Lebendigkeit und die damit verbundene Lebensfreude. Die dabei gelebte Energiefülle ist am besten bei spielenden Kindern zu beobachten, die noch ohne Erwartungen und Einschränkungen durch die »Erwachsenen« ihrem Spiel nachgehen. Die vorhandenen Fähigkeiten entfalten sich spielerisch wie von selbst.

Leider erfahren wir in der Kindheit, dass das Leben mehrheitlich aus Anstrengungen, Leistungen, Verantwortlichkeiten und Verpflichtungen besteht. Unsere Schöpferenergien vergeuden wir dementsprechend, sehr zum Nachteil unserer Lebensfreude, an diese vermeintlichen Notwendigkeiten.

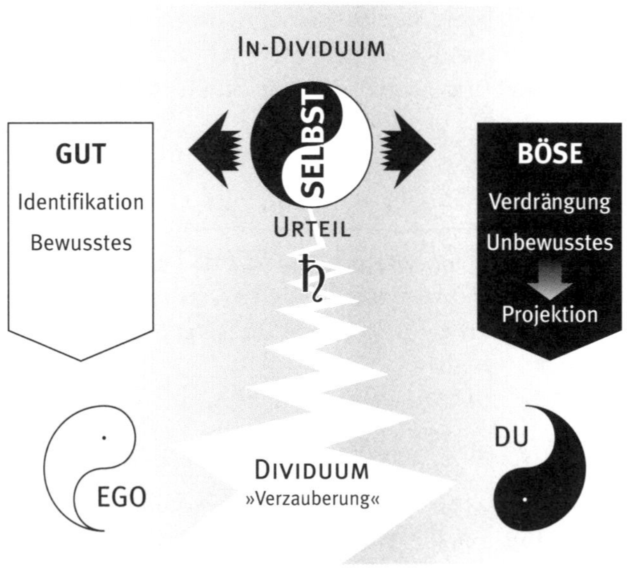

Abb. 2: Der Sündenfall, die Ur-Teilung des Menschen

Unsere Bewusstseinsnot

Die oben geschilderten Kinder leben noch in ihrem »Paradies«. Wir jedoch haben das Paradies seit dem mythologischen Sündenfall aus unserem Bewusstsein verloren. Es hat sich in unser Unbewusstes zurückgezogen. Von dort aus lässt es in uns die Sehnsucht danach entstehen. Wir jedoch – aus dem Bewusstsein unseres EGOs heraus – glauben nur über den Weg der Anstrengung und SELBSTverleugnung dorthin zurückzugelangen. Wie ist es zu dieser Auffassung in unserem Bewusstsein gekommen?

Der Sündenfall und damit die Trennung vom Paradies geschah, weil wir etwas in unserem Bewusstsein aufgenommen haben: Das Urteil von GUT und BÖSE. Seit diesem Moment *ur-teilen* wir und unserem Urteil fällt die gesamte göttliche Schöpfung zum Opfer. Wir zerreißen sie in zwei Seins-Aspekte, einen GUTEN und einen BÖSEN. Unmittelbar damit verbunden ist das Thema der Schuld. Wir richteten unser Urteil natürlich auch auf uns SELBST. Waren wir ursprünglich eine ungeteilte ganzheitliche Wesenheit (Individuum = das nicht Geteilte), so schaffen wir fortan in unserem Bewusstsein eine GUTE Teilpersönlichkeit, ein Dividuum. Den zweiten Teil unserer Persönlichkeit, die vermeintlich

BÖSE Teilpersönlichkeit, verstecken wir in Bereichen unseres Bewusstseins, zu denen wir uns den Zugang sperren (Verdrängung). Das Unbewusste ist damit geboren (siehe Abb. Der Sündenfall).

SELBST und EGO

Durch unser Urteilen entsteht aus dem SELBST unser EGO – eine Instanz, die immer nur GUT sein will – und unsere Außenwelt, die uns das wiederbringen will, was uns durch die Verurteilung und Verdrängung abhanden gekommen ist.

Um immer GUT zu sein, wehrt unser EGO alle äußeren und inneren Impulse ab, die unser Handeln nach unserem Urteil BÖSE erscheinen lassen. GUT ist dabei alles, was in der Gesellschaft Anerkennung findet und BÖSE all das, was keine Anerkennung bekommt. Je mehr wir GUT sind, so unsere Illusion, desto eher dürfen wir zurück ins Paradies oder ins gelobte Land. Unter diesem Bewusstsein kontrollieren wir ständig unser Verhalten und blockieren es, wenn die Gefahr zur »BÖSEN« Reaktion besteht. Dabei ist unser Maßstab, was GUT und BÖSE sei, *relativ*, von dem jeweiligen Kollektiv und dessen Kultur abhängig. Sich für sein SELBST einzusetzen, gilt meist als BÖSE, ironischerweise als EGOismus, SELBSTlosigkeit dagegen als GUT. Einen entsprechenden Maßstab für unser GUT sein sehen wir in der *Anerkennung*, die wir für unser Handeln vom jeweiligen sozialen Umfeld erhalten. Meist ist es nur der Sieg durch Leistung und Konkurrenz des einen über den anderen, welcher Anerkennung findet. Um in diesem Sinne GUT zu sein, ist uns allzu oft jedes Mittel recht.

Exemplarisch hierfür steht der derzeitige Konflikt zwischen Israel und Palästina. Beide halten sich für absolut GUT und beide halten den jeweils anderen für absolut BÖSE. Beide haben für ihr Urteil GUTE Gründe. Hier kommt ein grundlegendes Gesetz zum Ausdruck: das, der ***Projektion***[1] (siehe Abb. 2). Natürlich ist die Projektion der Hintergrund aller Konflikte in sozialen Beziehungen und Beziehungen von uns Menschen mit der Natur. Immer sind die anderen die BÖSEN (z.B. BÖSE Krankheitserreger). Auch unsere Science-Fiction-Filme leben von dieser Spannung, die unserem gefallenen (ur-teilenden) Bewusstsein entspringt. Fast immer sind darin die Erdlinge, meist stammen sie aus den USA, die GUTEN und sie projizieren das BÖSE auf die Außerirdischen.

Das Phänomen der Projektion ist im Grunde unser Heilmittel, das zusammen mit dem Urteilen entstanden ist. Würden wir die ins Unbewusste verdrängten Teile unseres SELBST nicht mehr kennen lernen können, dann wären sie für immer verschwunden und wir blieben allezeit halbe Menschen (Dividuen). Als halbe Menschen ist uns die Rückkehr ins Paradies jedoch versperrt. Deshalb begegnen uns im DU und in der Außenwelt diese unbewussten Teile unseres SELBST. Diese gilt es kennen zu lernen, und wieder in die eigene Persönlichkeit zu integrieren (C. G. Jung: Schattenintegration). Dies ist der wahre Weg zur Heilung.

Damit Heilung passieren kann, hat unser SELBST nach wie vor die Macht in unserem Leben. Jedoch ist uns diese Tatsache ***unbewusst***. Unser EGO – der verbliebene bewusste Rest unseres SELBST – aber ist davon überzeugt, dass es alleine unser Leben gestaltet. Mit dieser Illusion verbindet sich die Existenzberechtigung unseres EGOs. Obwohl nun in unserer Welt vieles geschieht, was wir als EGO niemals wollen, denken wir nur an die Enttäuschungen, Trennungen, Leiderfahrungen und eben auch unsere Erkrankungen, vermeidet unser EGO tunlichst die Erkenntnis, dass ganz andere Kräfte unser Leben gestalten. Als Erklärungsmodell erfand unser EGO das strafende, blinde oder zufällige Schicksal, dem es glaubt entgehen zu können, wenn es sich nur genügend anstrengt, also GUT genug ist. Wenn es aber doch vom Schicksal getroffen wird, so die Logik unseres EGOs, dann hat es sich eben nicht genug angestrengt!

Unserem EGO fehlt die Demut, sich dem SELBST zu unterwerfen!

Für uns Astrologen, die wir in Gleichnissen denken, verständlich, wird der Bewusstseinsfall (Sündenfall) im griechischen Uranos-Mythos geschildert. Vor Urzeiten war Uranus (*gr.* Uranos) der Herr unseres Bewusstseins (unseres Himmels). Diese Herrschaft wurde ihm von Saturn (*gr.* Chronos) genommen. Saturn beraubte Uranus mit einer Steinsichel seiner Potenz (Kastration). Die Sichel ist ein Symbol für die Identifikation (☽) und der Stein steht für das Urteil (♄). Dies bedeutet: Die Identifikation (☽) mit dem Urteil (♄) kostet dem Prinzip der Individualität (⛢) seine Potenz und damit dem Menschen seine Ganzheit. Gleichzeitig entstand aus den ins Meer gefallenen Geschlechtsorganen (Potenz) des Uranus das Eros- und Begegnungsprinzip als Heilmittel: Venus Urania (♀♎, *gr.* Aphrodite). Sie besorgt uns durch die *Begegnung* all das, was uns durch Verurteilung und Verdrängung von unserer göttlichen Schönheit und Ganzheit verloren gegangen ist.

Das Urteil und damit der Saturn in uns und gleichnishaft in unserem Horoskop ist es, das bzw. der die Energien unserer Anlagen hemmt und blockiert. Daraus entsteht eine »verzauberte« (Märchen) bzw. neurotische (Tiefenpsychologie) Welt. Eine Welt, der das *Urvertrauen* fehlt und die ständig in der *Angst* vor dem BÖSEN Schicksal lebt. Gegen dieses versuchen wir uns mit allen Mitteln abzusichern. Die Hauptmittel sehen wir im gesellschaftlichen Erfolg, der Anhäufung von Besitz und dem GUT sein. Denn, so eine weitere Illusion, dem GUTEN kann das BÖSE nicht widerfahren. Widerfährt es ihm aber dennoch, so war er eben noch nicht GUT genug. Letztere Logik ist der Grund, warum Menschen, Kinder und Erwachsene gleichermaßen, denen »BÖSES« geschieht, sich zutiefst schuldig fühlen.

In unserer neurotischen Welt können sich die in uns angelegten Fähigkeiten nicht mehr ihrer *wahren Natur* gemäß zur erwachsenen Form hin entwickeln (siehe Abb. Verzauberung menschlicher Fähigkeiten). Die Normen des Kollektivs, der Eltern und die Erwartungen der Sippe hemmen unsere Entwicklung. Oftmals bleiben wir auf einer kindlichen Entwicklungsstufe stehen. Wir leben dann unsere Fähigkeiten in der *Hemmung*[2]. Da die Hemmung (z.B. körperliche Schwäche, Armut, Sprachlosigkeit, Ungeborgenheit, Willensschwäche, Nutzlosigkeit usw.) meistens nur mit negativen Erfahrungen verbunden ist, versuchen wir gesellschaftlich erlaubte Ersatzfähigkeiten (Streitbarkeit, Reichtum, Sprachgewandtheit, Familienclan, Unternehmertum, Dienstleistung usw.) zu entwickeln. Wir gleichen dadurch unsere Hemmung aus, wir leben die *Kompensation*.

Die Kompensation ist für uns jedoch nicht die Erlösung, da wir hierdurch in keiner Weise die Angst vor dem BÖSEN Schicksal überwinden, ganz im Gegenteil wächst die Angst vor dem Verlust des Erreichten und dem möglichen Rückfall in die Hemmung. Zudem ist das Leben der Kompensation mit einer starken zwischenmenschlichen Konkurrenz, mit Sinnkrisen und depressiven Episoden verbunden. Lebensfreude entsteht nicht mehr natürlicherweise aus dem Spiel des Lebens selbst, sondern kurzfristig und künstlich aus dem Sieg – ob im Spiel, Sport oder Beruf – über die Konkurrenz und die damit verbundene gesellschaftliche Anerkennung. Damit wir uns unter diesen Bedingungen nicht gegenseitig die Köpfe einschlagen, bedarf es eines Verhaltenskodex, bedarf es der Gesetze, der Norm und der Moral.

Normalerweise begegnet dem Gehemmten ein Kompensator. Durch das Zusammentreffen mit dem Kompensator erlebt der Gehemmte seine Anlagenenergie als Projektion, ohne dass es ihm bewusst ist, dass es sich um seine eigene Energie handelt. Er wird durch den Kompensator in seiner Außenwelt ausgeglichen. In der Welt des Gehemmten sind

Voll entwickelte, erwachsene Fähigkeit des SELBST
1. Natur: angstfreies SELBST-Sein

LIEBE

♄

Erziehung
Gewissensbildung
Be-/Verurteilung

ANGST

Hemmung → Kompensation
Kind — Elternrollenspieler

»Verzauberte« Fähigkeit des EGOs
2. Natur: neurotisches / angstbesetztes Sein

Abb. 3: Verzauberung menschlicher Fähigkeiten

damit alle seine Energien lebendig. Meistens erfahren wir diesen Ausgleich schmerzhaft. Beispielsweise begegnet ja dem Machtlosen der Unterdrücker, der Sadist oder dem Bescheidenen und Zurückgenommenen der, welcher alles für sich beansprucht.

Eine der grundlegenden Forderungen an unser Leben besteht darin, dass sich unsere Energien im Laufe der Lebenszeit vollständig in unserem Leben manifestieren müssen. Entweder durch uns SELBST oder über die Begegnung (Projektion).

Leben wir unsere Anlagenenergien nicht selbst, weil wir sie blockieren (Hemmung), und vermeiden wir die ausgleichende Begegnung mit dem Kompensator, dann suchen sich die Energien – unserem EGO unbewusst, vom SELBST jedoch herbeigeführt – ihren Ausdruck über unseren Körper, wir werden krank (siehe Abb. Gesund, symptomfrei, krank). Krankheit ist daher immer der energetische Ausdruck einer ungelebten Anlage bzw. Fähigkeit.

Die Trennung in Hemmung und Kompensation ist selten so scharf, wie sie hier dargestellt wird. Meistens leben wir mehr oder weniger große Teilbereiche in der Hemmung und andere Teilbereiche der Anlage in der Kompensation. Der Übergang ist fließend und kann sich immer wieder verschieben.

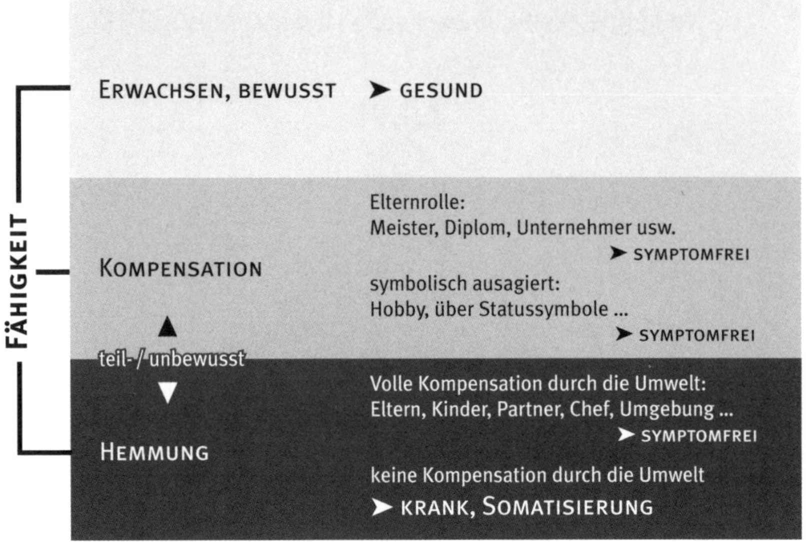

Abb. 4: Gesund, symptomfrei, krank

Da alle Erscheinungen ihren Ursprung im Geistigen haben, ist die Krankheit immer ein Ausdruck der geistigen Blockade (urteilendes Bewusstsein ♄) einer Anlage. Die Krankheit ist der *Ersatz* für unsere nicht zugelassene Lebendigkeit und die *Kompensation* der Anlagen-Hemmung über unseren Körper. Die Ursache für jede Krankheit liegt damit nicht in unserem Körper, sondern ist in unserem begrenzenden (urteilenden) Bewusstsein zu suchen. Deshalb wird die Suche der Medizin nach den Ursachen der Krankheit im körperlichen Organismus, in deren Funktionen und Regelkreisen keinen wirklichen Erfolg haben.

Die Erziehung (♄) und der gesellschaftliche Normendruck (♄) verleiten uns dazu, wollen wir die Anerkennung (♄) nicht verlieren, immer weiter von unserer Mitte und individuellen Wirklichkeit (♆) abzuweichen (siehe Abb. Erkrankungspotential). Dies führt dazu, dass wir immer weniger wir SELBST sein können. Als Ersatz wird uns von der Außenwelt und von unserer teilbewussten Persönlichkeit – unserem EGO – das Ideal der SELBSTlosigkeit und des gesellschaftlichen Erfolgs offeriert.

Leben wir uns SELBST nicht mehr (Hemmung), kann es beim Verlust der »Kompensatoren« in unserer Außenwelt (Partner, Kinder, Nachbarn, Chef, Arbeitskollegen, Haustiere usw.) passieren, dass alle Energi-

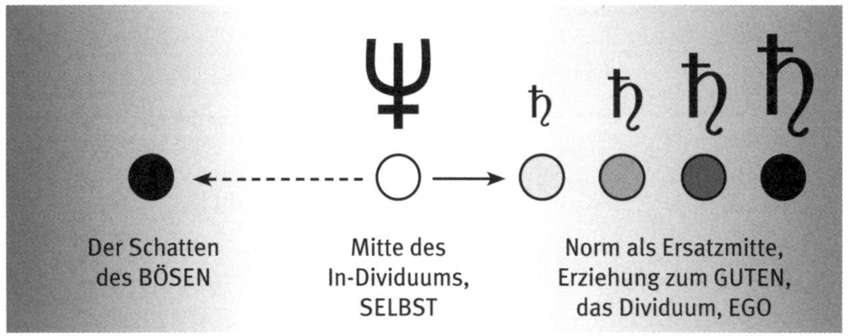

Abb. 5: Erkrankungspotential

en des SELBST nur noch den Ausweg in der Somatisierung sehen. Dann besteht höchste Gefahr, lebensbedrohlich zu erkranken. Unsere Angst, unser Sucht- und Erkrankungspotential hängen letztendlich davon ab, wie weit wir uns von der Mitte unseres SELBST entfernen. Die Sehnsucht und damit die Sucht, ein uns gemäßes Leben zu führen, wird umso größer, je größer die Distanz zu unserem SELBST geworden ist. Wir können uns zwischen unserer Mitte und der Ersatzmitte (Normalität) ein Gummiband gespannt denken, dessen Zugkraft (Sehnsucht) umso stärker wird, je weiter wir uns von unserer Mitte entfernen.

Erinnern wir uns an den eingangs beschriebenen grippalen Infekt. Aus der Sicht der Medizin liegt die primäre Ursache bei den Krankheitserregern, den Viren. Aus der ganzheitlichen Perspektive müssen wir aber sagen, der Grund liegt in unserem SELBST. Es benutzt die Viren, um mit deren Hilfe die von unserem EGO blockierte Energie ins Leben zu bringen, damit die Homöostase (Gleichgewicht), ohne die Leben nicht möglich ist, gewahrt bleibt.

Krankheit als Erkenntnisweg

Neben der Wahrung der energetischen Homöostase ist jede Krankheit ein *Gleichnis* für die zu entwickelnde Fähigkeit. Beispielsweise schlagen Gefühle nicht zufällig auf den Magen oder der Stress auf die Nerven. Wenn wir in der Lage sind, dieses Gleichnis im Organbezug und in der

<table>
<tr><th>Bewusstseins-
konditionierung</th><th>Aspekte der Planeten mit</th><th>Folge: Blockade des SELBST durch …</th></tr>
<tr><td rowspan="12">Urteil ♄:
GUT, ja!
BÖSE, nein!
➔ EGO
➔ Leistung
➔ Erfolg</td><td>♆</td><td>Missachtung des SELBST durch SELBSTlosigkeit</td></tr>
<tr><td>⛢</td><td>Distanz gegenüber dem SELBST</td></tr>
<tr><td>♄</td><td>Verantwortungsmangel gegenüber dem SELBST</td></tr>
<tr><td>♃</td><td>Verständnismangel gegenüber dem SELBST</td></tr>
<tr><td>♇</td><td>Opferung des SELBST an die Pflicht / Erwartungen</td></tr>
<tr><td>♀♎</td><td>Lieblosigkeit gegenüber dem SELBST</td></tr>
<tr><td>☿♍</td><td>Dienst am DU (dient sich nicht SELBST)</td></tr>
<tr><td>☉</td><td>Unternehmung fürs DU / Gesellschaft (handelt nicht im Interesse des SELBST)</td></tr>
<tr><td>☽</td><td>Umsorgung des DU (sorgt nicht für sich SELBST)</td></tr>
<tr><td>☿♊</td><td>korrekte Darstellung (redet nicht von sich SELBST)</td></tr>
<tr><td>♀♉</td><td>Angst um Sicherheit und Besitz</td></tr>
<tr><td>♂</td><td>Kampf um gesellschaftliche Durchsetzung</td></tr>
</table>

Abb. 6: Tabelle Verhaltensblockaden

Symptomatik zu verstehen, dann bietet sich uns die Chance, die Blockade unserer Fähigkeit zu erkennen und sie in weiteren Schritten zu überwinden. Hierdurch ermöglichen wir uns Entwicklung. Entwicklung aber bedeutet, dass unsere Anlagenenergien wieder zunehmend in unser Leben fließen können und sich deren Manifestation über unseren Körper (Krankheit) erübrigt. Dies ist der Weg zu wirklicher Heilung und zum eigenen SELBST.

Gleichnisse drücken sich symbolisch aus. Sie reden nicht in der uns gewohnten Landessprache mit uns. Deshalb fällt es uns so schwer, sie zu verstehen. Die Astrologie als Symbolsprache kann uns eine unschätzbare Hilfe bei der Entschlüsselung unserer Krankheit sein. Verstehen wir die »Zeichen« unserer Krankheit, dann erkennen wir auch unsere Verantwortung für unsere Entwicklung. Nehmen wir sie wahr, können wir wieder wir SELBST werden. Nur in diesem Zustand sind wir in der Lage, unseren Auftrag im Rahmen der göttlichen Schöpfung wirklich wahrzunehmen. Nur so können wir die Antwort geben, die zur Vollendung der Schöpfung führt. Vitalität, Erfüllung und Lebensfreude sind die Belohnung für unsere SELBSTverwirklichung.

Leider verwechseln wir in unserer verzauberten Welt allzu oft

SELBSTverwirklichung mit EGOverwirklichung! Der Unterschied liegt im Erfolg. Entweder sind wir erfolgreich in der Verwirklichung unseres wahren Wesens, unseres SELBST, oder wir verleugnen unser SELBST (siehe Abb. 6) und entwickeln das, was uns in der Gesellschaft Erfolg verspricht. Im zweiten Fall bekommen wir vom Satan (Saturn) »alle Reichtümer dieser Welt«!

Einige Beispiele sollen das Verständnis für die Abb. 6 »Verhaltensblockaden« fördern:

Haben wir in unserem Geburts-Horoskop einen Aspekt zwischen ☽ und ♆, dann blockieren wir uns in unserer Fürsorge deshalb, weil unser EGO die natürlichen Bedürfnisse ([☽] Nahrung, Nähe, Geborgenheit, Versorgung, Herzlichkeit ...) missachtet (♆). Es hält SELBSTlosigkeit (♆) für besser.

Bei einem Aspekt zwischen ☽ und ⛢, geht das EGO innerlich auf Distanz (⛢) zu den Gefühlen und Bedürfnissen (☽) des SELBST.

Bei einem Aspekt zwischen ☽ und ♀♉ dreht sich die ganze Sorge unseres EGOs nur noch um Sicherheit und Besitz (♀♉). Die natürlichen Bedürfnisse (☽) des SELBST bleiben unberücksichtigt. Bei ☽♀♎ gilt die Sorge des EGOs weitgehend der Schönheit.

Bei einem Aspekt zwischen ☉ und ♄ versucht unser EGO ein erfolgreiches (♄) Unternehmen (☉) in der Gesellschaft aufzubauen, sieht aber keine Verantwortung (♄) gegenüber dem, was unser Herz (☉) verwirklichen will. Dahinter verbirgt sich oft das Motiv, durch Leistung doch noch die Anerkennung des Vaters zu erhalten, die er in der Kindheit immer wieder aus Gründen strenger Erziehung verweigert hat.

Bei einem Aspekt zwischen ♂ und ♀♎ blockieren wir die Tatkraft des SELBST der Liebe oder Harmonie wegen. Oder unser Kampf um Durchsetzung verhindert die Liebe und Harmonie.

Pathophysiologie medizinisch – astrologisch

(Pathophysiologie: gr. Lehre von den Krankheitsvorgängen)

Um das Gleichnishafte des Krankheitsgeschehens besser erfassen zu können und zu unserer gewohnten naturwissenschaftlichen Betrachtungsweise eine Brücke zu schlagen, beschäftigen wir uns im Folgenden *beispielhaft* mit der meist in der zweiten Lebenshälfte vorkommenden *Osteoporose*. Bei dieser Krankheit vermindert sich die Knochenmasse und die Brüchigkeit der Knochen steigt.

Medizinische Pathophysiologie zur Osteoporose

Unsere Knochen sind ein Leben lang in stetem Auf- und Abbau begriffen. Knochen, astrologisch dem kardinalen Saturn-Steinbock-Prinzip zugeordnet, bringen hierüber zum Ausdruck, dass die strukturgebende Form der Knochen auf jeden Moment des Jetzt (kardinales Prinzip) neu ausgerichtet werden muss. Knochenzellen, Osteoblasten genannt, sorgen für den Aufbau und Osteoklasten für den Abbau des Knochens. Normalerweise befinden sich beide Seiten im Gleichgewicht (♀♎) und die Struktur des Knochens bleibt gleich.

Einer der wesentlichen Baustoffe für den Knochen (♄) ist das Calcium (♄). Die physiologische Forschung hat nun komplizierte Regulationsmechanismen zum Calcium-Stoffwechsel beschrieben.

Das Wachstumshormon der Hypophyse Somatotropin (♃) kann Akromegalie (u.a. Vergrößerung bestimmter Knochen) und wenn es fehlt, Kleinwuchs verursachen.

Calcitriol (Wirkform des Vitamin D3, ♄), mit seinen Bildungsorten Haut (UV), Leber und Niere, fördert ebenso wie das Calcitonin der Schilddrüse, den Calciumeinbau in den Knochen.

Demgegenüber sorgt das Parathormon der Nebenschilddrüse für einen ausgeglichenen Calcium-Spiegel im Blut. Bei Calciummangel besorgt es das fehlende Calcium durch Knochenabbau.

Der Knochenabbau kann aber auch durch einen »Knochen abbauenden Faktor« bedingt sein.

Ein Mangel an Phosphat (♅) erzeugt ebenfalls durch Knochenabbau eine Überfülle an Calcium im Blut.

Etwa 95 % der Osteoporoseerkrankungen haben als primäre Ursache eine stark verringerte Bildung der Wachstum fördernden Geschlechtshormone (Östrogen, Testosteron, ♀) in der Postmenopause oder im höheren Alter eine ungenügende Vitamin D3-Synthese.

Unsere Medizin macht sich die Mühe der Enträtselung der Regulationsmechanismen, um den Grund der Erkrankung zu erkennen und daraus eine kausale Behandlung ableiten zu können. Nehmen wir einmal an, die *erste Ursache* der Osteoporose liegt in einer Überfunktion der Nebenschilddrüse mit einer Überproduktion von Parathormon. Wie wir oben gesehen haben, kommt es unter der Wirkung von Parathormon zum Abbau der Knochen.

Die entscheidende Frage lautet dann aber: »Warum in Gottes Namen tut die Nebenschilddrüse das?« Auch wenn weitere Regulationsprobleme (z.B. Tumorbildung der Nebenschilddrüse → »Warum Tumor?«) benannt werden können, erklärt das nicht wirklich den Hintergrund der Krankheit. Die Suche nach der Ursache verrinnt also irgendwo in der Welt der materiellen Wechselwirkungen und wird nicht wirklich gefunden.

Auf dieser Basis kann natürlich keine echte Heilung eingeleitet werden, allenfalls eine Symptombekämpfung!

Astrologische Pathophysiologie zur Osteoporose

Die ganzheitliche astrologische Betrachtung der Erkrankung geht zunächst einmal davon aus, dass das, was geschieht bei den vorliegenden Lebenszusammenhängen *zutiefst sinnvoll* und *notwendig* ist, um das gefährdete Gleichgewicht (Homöostase) aller Lebensenergien sicherzustellen.

Zum Beispiel der Osteoporose:

1. Analyseschritt

Zunächst gilt es die Symbolik der beteiligten Organe zu klären:

- Der Knochen und die Nebenschilddrüse bilden eine Analogie zum Steinbock / Saturn (♄).
- Die übergeordnete Hormonsteuerung unterliegt Fische / Neptun (♆).

2. Analyseschritt

Das Gleichnis der Erkrankung kann nun formuliert werden, ohne sich in den Ursachen der Ursachen zu verirren:

Ein zu starres Über-ICH (strenges EGO, Normen ♄) verhindert, dass wir uns aus längst überlebten *Verantwortlichkeiten gegenüber anderen* (z.B. Elternrolle gegenüber erwachsenen Kindern) lösen. Die Lösung (♆) von dieser Verantwortungsübernahme (♄) wäre notwendig, um in Zukunft ein eigenverantwortlicheres Leben führen zu können. Die Hormonsteuerung (♆) stellt die Energie zur Loslösung von der Verantwortung (♄) zur Verfügung. Die Energie der Lösung (♆) wird jedoch vom Über-ICH (EGO) abgewehrt (♄). Dadurch kann sich die Energie der SELBSTverantwortung nicht in der *Lebendigkeit* manifestieren.

Ersatzweise findet der ganze Prozess im Körper anstelle im Leben statt. Feste Strukturen (Knochen ♄)werden anstelle der Verantwortung in einem energetischen Prozess mithilfe der Nebenschilddrüse aufgelöst (♆).

3. Analyseschritt

Im individuellen Horoskop des Patienten bzw. der Patientin können nun die angesprochenen Planeten gedeutet werden. Wir erhalten hierbei weitere Informationen zu folgenden Fragen:

- In welchem Lebensbereich soll die Entwicklung stattfinden (im Haus, über welches der Planet herrscht, dessen Energie somatisiert wird)?
- In welchem Lebensbereich kommt die Entwicklung zur Wirkung (im Haus, in welchem der betreffende Planet steht)?
- Welche Energien blockieren die Entwicklung?
- Welche Energien können die Entwicklung fördern?

4. Analyseschritt

Die Förderung des *Heilungsprozesses* (♆) besteht darin, sich der Blockade durch das Über-ICH (♄) zunächst einmal bewusst (♄) zu werden und zu erkennen, dass gerade die Verantwortung (♄) darin liegt, sich von alten überlieferten Strukturen (♄) zu lösen (♆), um sein eigenes Leben in SELBSTverantwortung (♄) gestalten zu können. Wo und unter welchen Bedingungen das zu geschehen hat, sagt uns das persönliche Geburts-Horoskop (siehe 3. Analyseschritt).

Um einem Konflikt mit der etablierten Medizin vorzubeugen, muss an dieser Stelle darauf hingewiesen werden, dass die Diagnose der Erkrankung und die resultierende medizinische Behandlung alleine Sache autorisierter Heiler (approbierte Ärztinnen, Ärzte und Heilpraktiker und Heilpraktikerinnen) ist!

Dies impliziert, dass eine Diagnose allein aus dem individuellen Horoskop weder sinnvoll noch erlaubt ist! Auch Erkrankungstendenzen sollten nicht benannt werden. Denn glaubt der Horoskopeigner daran, werden sie sich in seinem Leben manifestieren!

Jedoch kann es nur von Vorteil für unseren Heilungsprozess sein, die Entwicklungshinweise, welche uns die Krankheit gibt, ernst zu nehmen und das Leben in diesem Sinne zu ändern. Dies zu tun, liegt in der alleinigen Verantwortung des Patienten! Für den Prozess des Verstehens, kann die Astrologie eine unschätzbare Hilfe sein.

Körpersymbolik

Unser Körper ist aus Teilen (Zellen, Organe …) zusammengefügt. Sie bilden zusammen eine Ganzheit und diese wiederum ist gleichzeitig Teil eines übergeordneten Ganzen (Gesellschaft). Die *Körper-Organe*, die von ihnen gebildeten *Stoffe* und ihre *Funktionen* sind symbolisch. Verstehen wir ihren Symbolcharakter, dann eröffnet sich uns auch das Verständnis für spezifische Erkrankungen.

Der Körper als Ganzheit

Der kosmische Aufbau des Körpers

Eine der grundlegenden Feststellungen klingt banal und ist doch von enormer Bedeutung: *Das Ganze besteht immer aus Teilen.*

Das Allumfassende, dem wir den Namen Gott, Allah, schöpferische Energie oder beispielsweise kosmische Intelligenz geben können, besteht aus Teilen, die wiederum aus Teilen bestehen usw. Die größte von unserem Bewusstsein wahrnehmbare materielle Einheit besteht aus der Summe aller Galaxien. Wir vermuten, dass es einige Milliarden solcher Galaxien gibt. Jede dieser Galaxien besteht wiederum aus mehreren Milliarden Sonnensystemen. Unser Sonnensystem besteht aus einer Vielzahl von Himmelskörpern (Zentralsonne, Planeten, Monde, Planetoiden). Unser Planet, die Erde, ist ein Teil des Sonnensystems und besteht aus der unbelebten und der belebten Natur.

Einen Teil der belebten Natur bilden wir Menschen. Unser Körper teilt sich in seine Organe auf und diese wiederum in viele Milliarden Zellen. Die Zellen ihrerseits verfügen über eine Ansammlung von Zellorganen, die Organellen. Sie sind aus Molekülen aufgebaut und diese wiederum aus Atomen. Diese Atome galten für einen begrenzten Zeit-

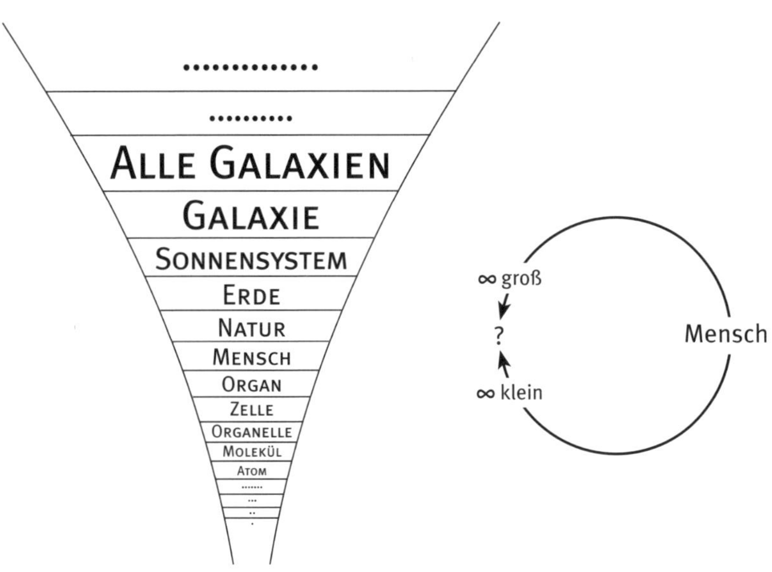

Abb. 7: Das Ganze und seine Teile

raum als die kleinsten nicht mehr teilbaren Bausteine der Materie. Seit geraumer Zeit zeigt sich auch in diesem Mikrokosmos, dass er aus Teilen zusammengesetzt ist, dem Atomkern und den um ihn kreisenden Elektronen. Zur Zeit ist man daran, zu erkennen, dass sich auch die atomaren Bausteine wiederum aus Teilen bzw. Energiekonzentrationen zusammensetzen. Denken wir weiter, so stellt sich uns die Frage: Wo findet das Große und das Kleine sein Ende? Vielleicht trifft sich ja das unendlich Große im unendlich Kleinen.

Hinter der unermesslichen Vielfalt der Erscheinungen würden wir einen äußerst komplizierten Aufbau der Schöpfung vermuten. Das Gegenteil scheint aber der Fall zu sein. Die Chaosforschung, die seit den 70er Jahren des 20. Jahrhunderts langsam an Bedeutung gewinnt, vermittelt uns ein verblüffend einfaches Grundprinzip der Schöpfung:

Die Strukturen des Ganzen wiederholen sich in jedem seiner Teile (Fraktale). Die Teile besitzen damit einen dem Ganzen gleichnishaft ähnlichen Aufbau. Sie sind SELBSTähnlich.

Aufgrund dieser Zusammenhänge konnte der dänische Physiker Niels Bohr (1885-1962) in der ersten Hälfte des 20. Jahrhunderts ein Modell für das Atom vorschlagen, das sich wegen seiner Kleinheit unserer Betrachtung entzieht. Nach seiner damaligen Überzeugung besitzt das

Abb. 8: Blumenkohl

Atom den *gleichen* (nicht denselben!) Aufbau wie unser Sonnensystem. Dieses Modell hat mittlerweile einige Veränderungen erfahren. Jedoch war es überraschend gut in der Lage atomares Verhalten berechenbar zu machen.

In der Chaosforschung schätzt man den Blumenkohl, weil wir an ihm besonders deutlich erkennen können, wie sich das Ganze in seinen Teilen wiederholt. Schneiden wir aus dem gesamten Blumenkohl eine Blütensprosse heraus, so gleicht sie dem Ganzen. Schneiden wir aus der Sprosse wiederum einen Teil heraus, so gleicht dieser der Blütensprosse und damit dem Ganzen usw. Stets wiederholt sich das Ganze des Blumenkohls in seinen Teilen.

Aus der Physik kennen wir ein weiteres beeindruckendes Beispiel aus dem Gebiet der Holographie. Zerteilen wir eine holografische Aufnahme (Fotoplatte) in beliebig viele Bruchstücke, so zeigt sich dennoch in jedem dieser Bruchstücke das ganze aufgenommene Objekt.

Auch für unseren Glauben haben diese Zusammenhänge ihre Bedeutung. Nennen wir das Ganze Gott, so tragen wir, als Teile des Ganzen, das Göttliche in uns.

Nun ist diese Erkenntnis nicht so neu, wie man glauben könnte. Schon der legendäre Hermes Trismegistos (Hermetische Philosophie) wies auf diese Zusammenhänge hin. Seine Aussage verkürzt wiedergegeben lautet: *Wie oben, so unten (wie unten, so oben)!*

Dieser Satz liegt auch der Astrologie zugrunde. Die Kernaussage der Astrologie besteht darin, dass die Energiezentren (Sonne, Mond,

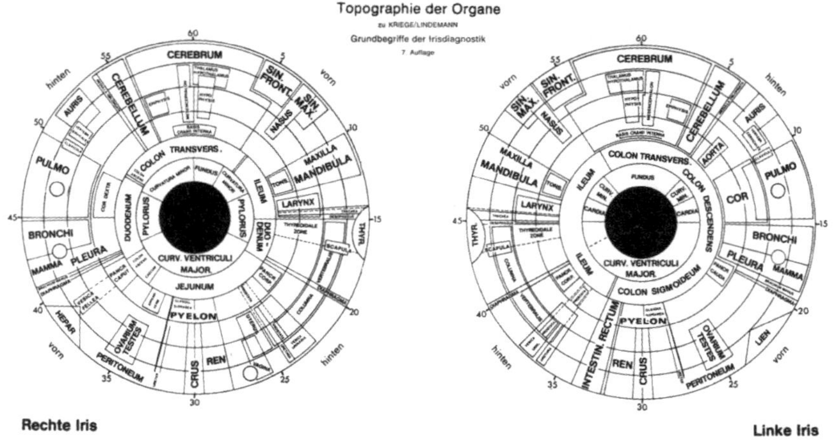

Abb. 9: Irisdiagnose (Kriege, Lindemann, Iris-Verlag)

Planeten, Planetoiden) unseres Sonnensystems sich in uns Menschen *gleichnishaft* (!) wiederholen. Die Energiezentren in unserem Körper sind unsere Organe. Das Herz gleicht beispielsweise der Sonne, der Magen dem Mond usw.

Diese SELBSTähnlichkeit gilt natürlich nicht nur für die *räumliche* Dimension, sondern auch für die *zeitliche*. Daher gilt, dass in uns Menschen das Verhältnis unserer Energiezentren zueinander dem Stand der Gestirne gleicht, wie er zur *Geburtszeit* existierte.

In der Naturmedizin macht man sich diese Zusammenhänge für die Diagnose und Behandlung zu Nutze.

In der Iris des Auges, als Teil des Ganzen, wiederholen sich die Organzonen des ganzen Menschen. Aus diesen Zusammenhängen ist die Funktion der Iris-Diagnose erklär- und verstehbar.

Am Fuß und an der Hand wiederholt sich ebenfalls das Ganze. Auch an ihnen kann man Diagnostik, aber auch Therapie betreiben.

Die gleichen Zusammenhänge zeigen sich am Ohr und werden in der Ohrakupunktur zur Therapie des ganzen Menschen herangezogen.

Ein erfahrener Internist lässt sich vom Patienten dessen Zunge zeigen. Da sie Teil des Verdauungstraktes ist, bildet sie auch gleichzeitig den ganzen Verdauungstrakt ab und ergänzt die diagnostischen Möglichkeiten des Arztes.

Die Liste der Beispiele ließe sich noch beliebig fortsetzen.

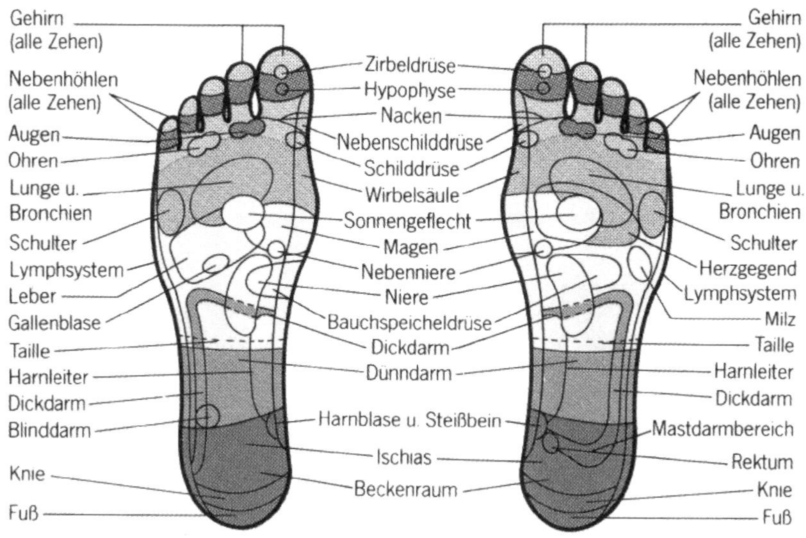

Abb. 10: Fußreflexzonen

Die Ganzheit im Krankheitsgeschehen

Die Gesetze der Ganzheit haben zur Konsequenz, dass es eine isolierte Krankheit des einzelnen Organs nicht gibt. Die Irisdiagnose beruht ja gerade darauf, dass die Erkrankung eines Organs zur Symptombildung (Lakunen, Flecke ...) im organanalogen Bereich der Iris führt. Für die Reflexzonen an Füßen und Händen gilt das Gleiche. Da sich in jedem Organ das Ganze wiederholt, erkranken nicht nur das betroffene Organ, sondern auch die analogen Bereiche der übrigen Organe.

Der Schluss liegt nun nahe, dass auch auf der den Organen nachgeordneten Ebene der Zellen eine Symptombildung an der organanalogen Organelle (*Organ* [der Z]*elle*) vorliegt (siehe Abb. Energiefluss der Somatisierung). Dies kann nur bedeuten:

Jede Erkrankung ist ein ganzheitliches Geschehen, das alle Organe und Zellen mit einbezieht.

Die Betrachtung kann auch umgekehrt werden. Dies hat Konsequenzen für die Therapie. Behandle ich einen Teil des Körpers, z.B. die organanaloge Reflexzone am Fuß, dann hat das Rückwirkungen auf das entsprechende Organ, die entsprechenden Bereiche der übrigen Organe und auf die entsprechenden Organellen aller Körperzellen.

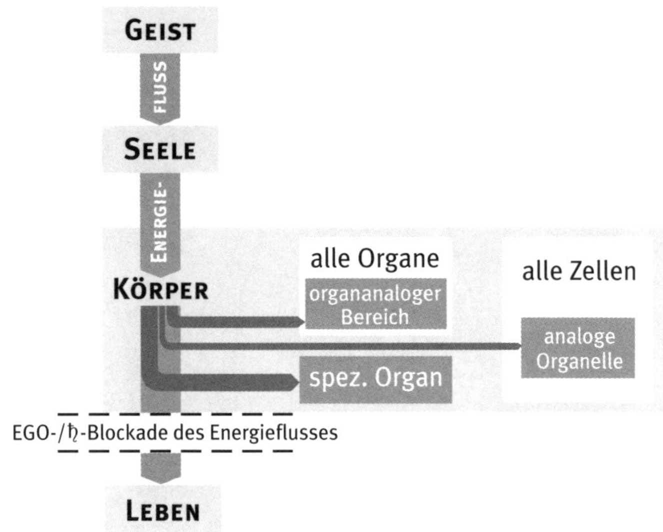

Abb. 11: Energiefluss der Somatisierung

Eine rein körperliche Behandlung wirkt jedoch nicht heilend auf die Seele oder gar auf den Geist bzw. das Bewusstsein. Jedoch können die *Erfahrungen* des Lebens und im Fall der Krankheit des Leids und der Heilungsprozesse, unser Bewusstsein (Geist) verändern.

Kollektive Krankheiten (epochenspezifische Krankheiten)

Der kranke Mensch als Teil des Ganzen beeinflusst das Ganze!
Das kranke Ganze beeinflusst seine Teile, den einzelnen Menschen!

Kollektive Erkrankungen drücken immer ein Schwerpunktproblem einer gesellschaftlichen Gruppe aus, welches sich aus den gleichartigen Schwierigkeiten vieler Einzelner ergibt, die sich in ihrem Verhalten der problemerzeugenden Kollektivnorm unterwerfen.

Der einzelne Mensch wird in eine Zeit hineingeboren, die ihre sich stets wandelnde, besondere Qualität besitzt. Der Wandel der Zeit und ihrer Qualität drückt sich in der Veränderung vorhandener geistiger, emotionaler und körperlicher Strukturen aus. In diesem Fluss des Schicksals bekommen selbst Berge über lange Zeiträume hinweg Bewegung und Lebendigkeit.

Diese sich stets wandelnde Welt erschaffen wir mit unserem Bewusstsein. Wir projizieren die Landschaften, Personen, ja die gesamte Umwelt, auf die Leinwand der Materie. Diese Außenwelt ist der Anteil *unserer* Ganzheit, den wir Menschen in uns tragen, der aber von uns aus dem Bewusstsein verdrängt wurde. Die ganze Welt im »Außen« ist nur inszeniert, um als Teil unseres SELBST erkannt und in unser Bewusstsein integriert zu werden. Auf diese Weise entwickeln wir uns zur letztendlichen Erkenntnis: Die Welt und ICH bilden eine Einheit. Bis dahin wird die Außenwelt unseres EGOs von den Bewusstseinsgrenzen bestimmt, die aus unserem Urteil von GUT und BÖSE oder Richtig und Falsch resultieren. Diese Urteile sind es, von denen es abhängt, was wir aus unserem Bewusstsein ausgrenzen und damit an eigener Wirklichkeit verdrängen.

Die *Projektion* unbewusster Anlagenteile und der dazugehörenden Energien auf den eigenen Körper, führt zum Krankheitssymptom und bleibt dabei zunächst unverstanden und schicksalhaft.

Diese Zusammenhänge gelten nicht nur für den einzelnen Menschen, sondern für alle kollektiven Ebenen, seien es Gruppen, Völker, die Menschheit, der Planet Erde, unser Sonnensystem, unsere Milchstraße usw.

Die Bewusstseinsgrenzen von Gruppen, Stämmen oder Völkern drücken sich in deren Kulturen aus. Kultur entsteht dabei – auf einer weltanschaulichen Grundlage (Wissenschaft, Religion, Philosophie, ...) – aus den Gepflogenheiten unseres Zusammenlebens und den sich daraus verfestigenden Regeln. Kultur bedeutet immer die Einschränkung unserer Kreativität und Lebensmöglichkeiten auf eine kleine Auswahl kollektiv akzeptierter Verhaltensnormen. Der jeweilige Glaube an die von Kultur zu Kultur, von Epoche zu Epoche jeweils unterschiedlichen Grenzen zwischen GUT und BÖSE durchdringt und dogmatisiert die Religion, Kunst, die Geistes- und die Naturwissenschaften. Der Glaube wird in der Gruppe, dem Stamm oder dem Volk durch die elterliche, kirchliche, schulische und universitäre Erziehung weitergetragen. Jede Kultur betreibt hierdurch ihre eigene Gehirnwäsche!

Auf diese Weise entwickeln wir kollektive Verdrängungen, die ihrerseits Bestrafungstendenzen, Verteufelung und Tabuisierung bestimmter Äußerungsformen des Lebendigen nach sich ziehen. Dabei müssen wir uns nicht wundern, dass bevorzugt die vitalsten Ebenen menschlicher Lebendigkeit, wie beispielsweise die der Sexualität, mit Tabus belegt werden. Wir opfern das individuelle kreative Spiel, das von der Selbständigkeit und der Handlungsfähigkeit des Einzelnen lebt, der Anpassung und Normierung durch die Erziehung, Schule und Universität. Dieses tun wir deshalb, damit genügend Unselbständige bereit sind, unter der Leitung einiger Selbständiger (Unternehmer) zu produzieren, was gleichzeitig die Machtverteilung und die Privilegien in unserer Gemeinschaft festlegt und bewahrt.

Kollektive Verdrängungen bewirken auf Grund der Projektion, ebenso wie auf der individuellen Ebene, die Manifestation der verdrängten Energien im »Außen«. Sie werden, ebenfalls unverstanden, zum »zufälligen« (zufallenden) Schicksal ganzer Gruppen oder Völker. Die verdrängten Energien zeigen sich in Naturkatastrophen (Erdbeben, Dürre, Überschwemmungen), Verfolgungen, Kriegen mit der Folge der Unterdrückung und des Flüchtlingselends oder der Versklavung und Ausbeutung (Kolonialisierung).

Die verdrängten Energien finden aber auch ihren Ausdruck in Krankheits-Epidemien und Pandemien (*gr.* ganze Völker erfassende Seuchen). Zu den kollektiven Erkrankungen zählen nicht nur die Infektionsepidemien (Pest, Cholera, Typhus, Ruhr, Lepra, Tuberkulose, Hepatitis, Malaria, Schlafkrankheit, Influenza [Grippe] usw.), sondern auch die so genannten Zivilisationskrankheiten (Kreislauferkrankung, Arteriosklerose, rheumatische Erkrankung, Krebs, Immunschwäche, Sucht usw.). Nicht »Aufklärung« und »Prävention« durch die Medizin kann zur letztendlichen Bewältigung dieser Krankheiten führen, sondern einzig und allein der Wandel im kulturellen Überbau und dessen Auflösung durch zunehmende Bewusstheit von uns Menschen. Ein solcher Wandel würde es uns erlauben, ein Leben zu führen, welches unserem SELBST mehr gerecht wird. Jedoch wäre es verfehlt auf einen solchen kollektiven Wandel zu warten. Daher sollte möglichst jetzt schon jeder mit dem Wandel bei sich SELBST beginnen. Möglicherweise entsteht daraus die kollektive Woge der Heilung.

Da der jeweilige kulturelle Überbau dem zeitlichen Wandel unterliegt, kommt es zu zeitepochespezifischen Krankheitsformen.

Jede Kultur und Zeit hat die ihr gemäßen Krankheiten!

Die Bedeutung einzelner kollektiver Krankheiten kann zunehmen oder bis zur Bedeutungslosigkeit abnehmen. Da Kultur regionalen Grenzen unterworfen ist, bleiben die Epidemien in der Regel auf Regionen begrenzt. Allerdings verändert die zunehmende Globalisierung auch in diesem Bereich die Grenzsetzungen.

Hintergrund der Epi- bzw. Pandemien ist in allen Fällen das Abweichen ganzer Menschheitsgruppen in ihren Gepflogenheiten und Verhaltensweisen von ihrer menschlichen Mitte, von ihrer wahren Natur. Der Verlust der Mitte zeigt sich in naturfremden und naturzerstörenden

Lebensformen und gipfelt in einem Verhalten, das wir von der Krebszelle kennen. Das ungezügelte Wachstum Einzelner (Konkurrenzprinzip) zerstört die Lebensgrundlage aller.

Hier können wir uns fragen, warum in der Vergangenheit auch Stämme und Völker betroffen waren, die bis zu ihrem Untergang in einem relativen Gleichgewicht mit der Natur lebten, wie beispielsweise die Eskimos, bestimmte Indianerstämme in Nord- oder Südamerika oder Stämme in Afrika, Asien und Australien?

Offensichtlich kommt es in unserem Leben nicht nur auf die Entwicklung ökologisch verträglicher Lebensformen an, sondern auch auf die Überwindung unserer Bewusstseinsgrenzen und der sie bewahrenden Kultur. Gerade das Verhaftetsein in der Natur, führt zum Verharren auf der »oralen« Stufe menschlicher Entwicklung und zur Behinderung spirituellen Wachstums. Dies zieht seit jeher den kollektiven Untergang nach sich.

In der Menschheitsgeschichte sind gerade die so genannten Hochkulturen vom Untergang betroffen. Deren kulturelle Gepflogenheiten erstarrten zu unverrückbaren und unantastbaren Ritualen. Sie glaubten, damit den Erfolg, den sie in der Blütezeit durch dieses Verhalten erringen konnten, in alle Ewigkeit bewahren zu können. Dadurch blockierten sie jede Wandlung, den Abbau von Bewusstseinsgrenzen und damit das spirituelle Wachstum. Die Rituale, einstmals erfunden, die Blüte der Kultur und damit deren Machtgefüge zu erhalten, lassen aus der »Blüte« eine Strohblume werden, die zwar äußerlich noch akzeptabel anzuschauen ist, deren lebendiges Inneres jedoch längst gestorben ist. Jede Form aber muss ohne Inhalt (Lebendigkeit) zerbrechen. Dies ist im nahen historischen Umfeld die Tragik all der kulturell streng abgegrenzten Völker, die an uralten, erstarrten und damit toten Ritualen festhalten.

So sind auch die Seuchen-Epidemien – wie beispielsweise die Pest – als Korrektur wirklichkeitsferner Kulturen zu verstehen, welche die Potenz zur Bewusstwerdung verloren haben. Letztendlich hatten und haben diese Epidemien und Pandemien mehr Einfluss auf die menschliche Entwicklung, als alle anderen kollektiven Schicksalsschläge. Sie kosteten mehr Menschenleben, als alle Kriege oder Naturkatastrophen zusammen. Oft traten sie im Zusammenhang mit Naturkatastrophen oder Kriegen auf und entschieden nicht selten über Sieg und Niederlage.

Hier stellt sich uns die Frage: »Sind wir einzelnen Menschen unweigerlich dem kollektiven Schicksal unterworfen oder können wir uns hiervon befreien?«

Die Erziehung des Einzelnen im Gruppensinne, prägt dessen Bewusstsein. Er erlaubt sich das, was die jeweilige Gesellschaft erlaubt und verdrängt das, was auch das Kollektiv verdrängt. In diesem Fall trifft das kollektive Schicksal auch den Einzelnen.

Erst durch die bewusste Absage an die Normen der Gruppe und die Entwicklung eigener individueller Maßstäbe, hat der einzelne Mensch die Chance sich hiervon zu erlösen. So sind nur diejenigen vor kollektiven Schicksalsschlägen gefeit, die es entgegen allgemeiner Gebote gewagt haben, ihre individuelle Form zuzulassen. Unter Verarbeitung der dabei entstehenden Schuldgefühle gegenüber den Mitgliedern ihres Kollektivs (Familie, Dorf, Volk), haben sie ihre Anlagen zur erwachsenen Form und Autonomie entwickelt.

Astrologische Bausteine

Wollen wir das Gleichnis der Krankheit entschlüsseln, so müssen wir die Symbolik unserer Organe, ihrer Aufgaben und Funktionen verstehen. Als Symbolgrundlage dienen die *Planeten* und der mit ihnen verbundene *astrologische Tierkreis*. So gilt es die Organe mit ihren Aufgaben den Planeten bzw. Tierkreiszeichen zuzuordnen.

Planeten, Energiezentren des Körpers

Vergleichen wir die Veröffentlichungen verschiedener Astrologen zur Körpersymbolik, so stellen wir fest, dass die astrologischen Zuordnungen der Organe und Symptome selten eindeutig und oftmals unterschiedlich sind. Dies liegt zum einen an dem unterschiedlichen Verständnis der Tierkreiszeichen und zum anderen am Mangel an grundlegender astrologischer Forschung der Heiler. Sollten sie der Ärztekaste angehören, riskieren sie allzu schnell ihren Ruf und ihre Approbation, wenn bekannt wird, dass sie auch auf astrologischer Grundlage arbeiten. Nur wenige wagen sich daher, ihre Patienten nach der genauen Geburtszeit zu fragen, um das »Geglaubte« am konkreten Horoskop zu überprüfen. Viele beginnen in ihrer Arbeit mit einer der überlieferten Zuordnungen und bleiben dabei.

Zusätzlich sind sich die Astrologen uneins, welchem astrologischen *Baustein* – Zeichen, Planet, Haus oder Tierkreisgrad – die Organe zuzuordnen sind. Überliefert ist die Zuordnung der Organe zu den

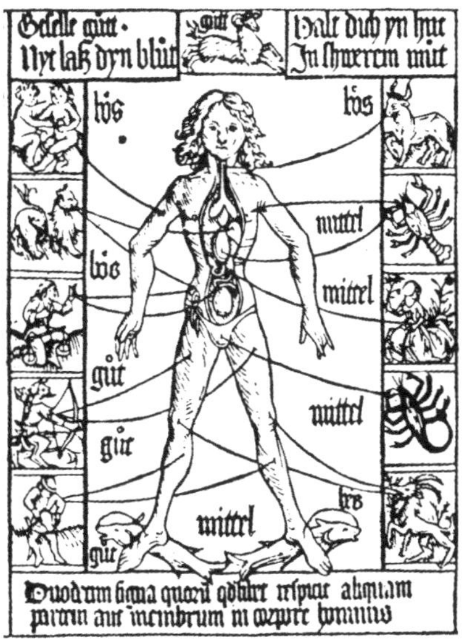

Abb. 12: Aderlassmännchen

Tierkreiszeichen. Es existieren mittelalterliche Zeichnungen, so genannte Aderlassmännchen (siehe Abb. 12), auf denen die Organe mit den Zeichen verbunden sind. Sie dienten den Heilern als Hinweis, möglichst keinen Eingriff bzw. Aderlass an einem Organbereich durchzuführen, wenn der laufende Mond sich in dem entsprechenden Zeichen aufhält.

Wiederum ordnen andere die Organe vorrangig den Häusern zu. Darüber hinaus wurden Zuordnungen der Organbereiche zu einzelnen Tierkreisgraden veröffentlicht.

Die **Himmelskörper** *(Planeten[3]) sind die Energiezentren unseres Sonnensystems. Die* **Organe** *sind die Energiezentren unseres Körpers und sie stehen daher in Analogie zu den Planeten.*

Da die Planeten aufs Engste mit ihren Tierkreiszeichen verbunden sind, bezieht sich die Organzuordnung sekundär auch auf die Zeichen.

Geist, Seele und Körper im Tierkreis

Die Welt gestaltet sich in der Wechselbeziehung dreier Wirkebenen, des *Geistes*, der *Seele* und des *Körpers*. Der Geist gibt den Gestaltungsauftrag und der Körper soll ihn über die Form und Bewegung ausdrücken. Der Geist will damit in der körperlichen Welt sichtbar werden.

PLANETEN

♆ (♃-)	♅ (♄+)	♄	♃	♇ (♂-)	♀+	☿-	☉	☽	☿+	♀-	♂
♓	♒	♑	♐	♏	♎	♍	♌	♋	♊	♉	♈

TIERKREISZEICHEN

– weiblich, + männlich, die in Klammer stehenden Planeten sind die klassischen Zeichen-Herrscher

Abb. 13: Zuordnung der Himmelskörper zu den Tierkreiszeichen

Der Körper übernimmt jedoch diesen geistigen Auftrag nicht so ohne weiteres. Die den Körper bildende Materie (stark verdichtete Energie) hat nämlich die Tendenz, die ihr aufgeprägte Ordnung zu verlieren, oder anders ausgedrückt, sie zerfällt ständig zu mehr Unordnung. Die Zunahme dieser »Unordnung« bezeichnet die Physik mit dem Begriff der *Entropie*. Dahinter steckt das Bestreben der Materie, zum ursprünglichen Chaos zurückzukehren. Im Chaos waren die Energien so gleichmäßig verteilt, dass es keinerlei energetische Dichteunterschiede und damit auch keine Strukturen, Formen und Ordnungen in unserem Sinne mehr gab.

Will sich der *Geist* nun im *Körper* ausdrücken, so muss er eine energetische Ordnung gegen die Zerfallstendenz der Materie erwirken. Die Kraft, welche die Materie unter Einsatz von Energie in die Ordnung zwingt, kann nicht in der Materie selbst gefunden werden, sondern sie muss außerhalb von ihr existieren. Beispielsweise wissen wir aus chemischen Experimenten, dass Bindungen zwischen den Atomen und Molekülen oft nur zustande kommen, wenn wir von *außen* Energie, beispielsweise durch eine Gasflamme, zuführen. Die Kraft wird damit zu einer neben der Physis (*gr.* Natur) vorhandenen, *metaphysischen Kraft*. Diese ordnende Kraft nennen wir *Seele*. Sie weiß vorhandene Energien wie beispielsweise die Sonnenenergie, für die von ihr herzustellende Ordnung zu nutzen.

Im Tierkreis umfasst der *Geist* die Zeichen Fische, Wassermann, Steinbock und Schütze. Die *Seele* schließt die Zeichen Skorpion, Waage, Jungfrau und Löwe ein. Der *Körper* erstreckt sich über die Zeichen Krebs, Zwillinge, Stier und Widder (siehe Abb. Geist, Seele und Körper im Tierkreis).

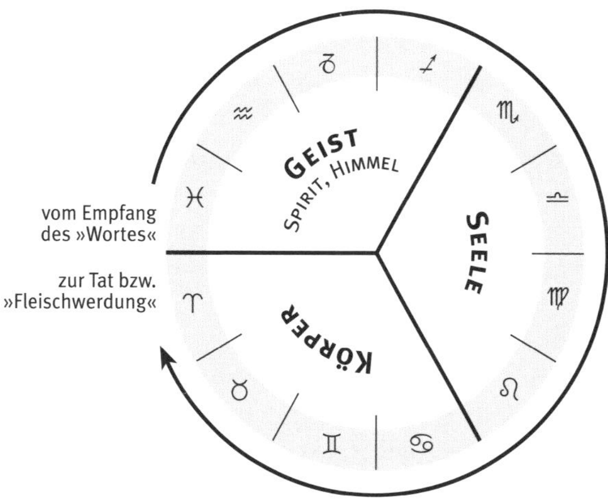

Abb. 14: Geist, Seele und Körper im Tierkreis

Schöpfungsablauf[4] im Tierkreis

Gehen wir im Urzeigersinn durch den Tierkreis und beginnen mit dem Geist und damit mit dem Zeichen Fische, so folgen wir dem Schöpfungsablauf. Was auch immer in unserer Welt geschieht, vom Kleinsten bis zum Größten, folgt ohne Ausnahme diesem Ablauf. Auf diese Weise geschieht der Wille des Himmels auf Erden:

Unsere geistige Seherin (♆) empfängt aus der Transzendenz die Inspiration (das »Wort«, das »Licht« ♅). Die Inspiration nimmt in uns Form (♄) an und wird zur Erscheinung der Zeit (♄). Diese Form wird zum begeisternden Gedanken (♃). Das geistige Feuer (♃) strahlt ihn als Auftrag für die Seele aus. Die Seele empfängt (♀) den Auftrag und verpflichtet (♀) sich ihm gegenüber. In einzelne Ideen (♀♎) zerlegt, bekundet die Materie dem Seelen-Auftrag zu dienen (☿♍) und er wird mithilfe der Sonnenenergie zum seelischen Wollen (☉). Der Körper empfängt (☽) den Willen der Seele (☉) und setzt ihn in Bewegungsinformationen um (motorische Nerven, ☿♊), welche auf der Basis des Körpers (♀♉) unsere Tatkraft (Muskeln, ♂) steuern.

So wird die göttliche Idee, das »Wort«, an uns und durch unser SELBST zu »Fleisch« und zur Frucht. All diese Früchte bilden die Welt in ihrer Ganzheit und damit GOTT als den Allumfassenden, um »zu vollbringen die Wunder eines einigen, einzigen Dinges« (Hermes Trismegistos).

Auf dem Weg durch den Tierkreis begegnen wir einer stets wechselnden Polarität. Jedem *weiblichen* Zeichen folgt ein *männliches* Zeichen. Die Polarität, wir verfügen über *weibliche* und *männliche* Anlagen und Fähigkeiten gleichermaßen, drückt sich auch in unserem Körper aus.

Lediglich Wasser und Feuer sind vollkommen polar rein weiblich oder rein männlich. Dagegen trägt die weibliche Erde und die männliche Luft jeweils einen gegenpolaren Anteil in sich.

Die *linke* Körperseite ist weiblich und die *rechte* männlich polarisiert. Bei unserem Kopf wechselt die Polarität, entsprechend der sich im Hirnstamm kreuzenden Nervenbahnen. Die linke Hirnhälfte versorgt die linke Kopfseite und die rechte Körperseite und die rechte die rechte Kopfseite und die linke Körperseite. Die linke Seite des Kopfes ist daher männlich und die rechte weiblich.

Die weibliche Energie ist aufnehmend, hineinnehmend, wahrnehmend, erlebend, reflektierend, gebärend und hat als Zentrum die »Ruhe der Mitte« (zentripetal, Implosion). Die männliche Energie strahlt nach außen in die *Aktivität* (zentrifugal, Explosion). Sie ist unternehmend und gebend.

Die von dem schweizerischen Psychologen Carl Gustav Jung stammenden Bezeichnungen – *Anima* und *Animus* – für die weibliche und männliche Seite in uns, hat auch Eingang in die astrologische Sprache gefunden. In Erweiterung der Begriffe verstehen wir jedoch nicht mehr unter Anima das gegenpolare *weibliche Such- oder Seelenbild* des Mannes und unter Animus das gegenpolare *männliche Such- oder Seelenbild* der Frau, sondern Anima und Animus coexistieren als weibliche und männliche Anlagen in jedem Menschen.

Im Ursprung waren sie in Harmonie miteinander verbunden. Sie trennten sich dann in unserem begrenzenden Bewusstsein aufgrund der Körper-Polarität (Frauen- bzw. Männer-Körper) und der daraus resultierenden gesellschaftlichen Rollenteilung. Beide sollen in unserem Leben wieder zur ursprünglichen Harmonie *in uns* zurückfinden. Auf dem Weg zu sich SELBST muss der Mann das Weibliche (Anima) in sich entdecken und in sein Leben integrieren und die Frau das Männliche (Animus).

In der Astrologie steht das Element *Wasser* für das *Urweibliche* (auf-/ an-/ wahr-*nehmen, gebären*) und das *Feuer* für das *Urmännliche* (schaffen, *geben*). Da beide Elemente im Tierkreis jeweils drei Zeichen bestimmen, sind also Frau und Mann in uns jeweils *dreigestaltig*! Von der

Frau[5] Anima Wasser	♓, ♆	*geistige* Seherin der göttlichen Gegenwart, Vertrauen, Weisheit, reines SELBSTsein ↔ Verlust des SELBST, Angst, Leid, Helferin der Leidenden	Lilith als Heilige
	♏, ♇	*seelische* Treue gegenüber dem SELBST ↔ Verpflichtung gegenüber dem DU, Sexualität	Lilith als Hure
	♋, ☽	Fürsorge gegenüber dem *Körper* des SELBST, Geburt *körperlichen* Lebens ↔ Bemutterung des DU (u.a. Kind)	Lilith als Mutter
Mann[6] Animus Feuer	♐, ♃	*Begeisterung* für den Schöpfungsauftrag ↔ Begeisterung für Verstand, Wissen (Logik) und gesellschaftskonformen Glauben	Mann als Priester
	♌, ☉	unternehmerischer (*seelischer*) Wille des SELBST ↔ Unternehmung mit gesellschaftlicher Orientierung und Bestimmung	Mann als Unternehmer
	♈, ♂	Vollendung der Schöpfung mithilfe der *körperlichen* Tatkraft ↔ Kampf für das GUTE (Erfolg) und gegen das BÖSE im gesellschaftlichen Rahmen	Mann als Krieger

Abb. 15: Tabelle weibliche und männliche Fähigkeiten

Großen Muttergöttin Lilith ist uns diese Dreigestaltigkeit überliefert. Die oben stehende Tabelle gibt uns einen Überblick über die weiblichen und männlichen Fähigkeiten. Der erwachsenen Form steht die verzauberte Form gegenüber (↔).

Körperseitenbezogene Krankheitssymptomatik

Blockaden der *weiblichen* Anlagen können im Körper bevorzugt links (Kopf: rechts) und die der *männlichen* Anlagen bevorzugt rechts (Kopf: links) Krankheitssymptome ausbilden. Symptome an der linken Seite des Körpers zeigen uns also, dass bestimmte weibliche Energien zu wenig in unserem Leben zugelassen werden. An der rechten Seite betrifft es die männlichen Energien, die unser EGO zu wenig im Leben duldet.

Da Uranus (⛢) für die Ungeteiltheit (Individualität) steht und Saturn (♄) ur-teilt, fällt der Ver-ur-teilung oftmals ein ganzer Pol – der weibliche bzw. der männliche – zum Opfer. Die daraus resultierende halbseitige Blockade kann zur Halbseitensymptomatik (Migräne, Schlaganfall, ...) führen. Die Tendenz hierzu zeigt uns Uranus in unserem Horoskop.

Zeichen-Qualität	Wasser	Luft	Erde	Feuer
beweglich	♓ langfristige Anpassung an das »Ganze» (Hormonsteuerung)	♊ Steuerung der Körperbewegung (motorisches Nervensystem)	♍ Adaptation (Vegetatives Nervensystem)	♐ Stoffwechselsteuerung (Leber)
fix	♏ Gedächtnis (Gene)	♒ elektrisches Potential (Zelle, Nerven)	♉ materielle Lebensbasis (Körper)	♌ Energieversorgung (Herz, Kreislauf)
kardinal	♋ Nahrungsaufnahme (Magen)	♎ Gleichgewicht (Niere)	♑ Strukturgeber (Knochen, Gelenke)	♈ Tatkraft (Muskulatur)

Abb. 16: Tabelle Zeichenqualitäten

Körperfunktionen und Zeichenqualitäten

Die Funktionen der Organe hängen eng mit den *Qualitäten* der Zeichen zusammen. *Bewegliche Zeichen* steuern die Anpassung der Körperfunktionen an die jeweilige Situation und bedienen sich u.a. des Nerven- und Hormonsystems. *Fixe Zeichen* geben dem Körper Ausdauer und Beharrungsvermögen. An der Aufgabe unseres Herzens (☉, ♌, fix) erkennen wir, dass sich fixe Zeichen keine Unterbrechung oder Pause in ihrer Funktion gönnen dürfen. *Kardinale Zeichen* stehen für Fähigkeiten im Hier und Jetzt zu agieren bzw. zu reagieren. Abbildung 16 gibt hierzu einen beispielhaften Überblick.

Somatisierung und Planeten-Aspekte

An dieser Stelle sei betont, dass wir keine zukünftigen Erkrankungstendenzen oder Erkrankungen aus dem Horoskop prognostizieren dürfen, da vielfältige Kompensationsmöglichkeiten die Erkrankungswahrscheinlichkeit gering halten, die Prognose aber als »sich selbst erfüllende Prophezeiung« wirken kann.

Des Weiteren zeugt es von einem großen Missverständnis, wenn wir glauben, es läge an den Konstellationen in unserem Horoskop, dass wir erkranken. Alle Anlagen können so gelebt werden, dass wir gesund bzw. symptomfrei bleiben. Es liegt alleine an uns SELBST, wenn unser EGO deren Energien blockiert und sie sich dann als allein verbliebene Möglichkeit in der Krankheit leben.

Die Astrologie sollte im medizinischen Bereich einzig dazu dienen, den Hintergrund tatsächlicher Erkrankungen zu verstehen. Aus diesem *Verständnis* heraus, kann dann der Patient Veränderungen in seinem Leben anstreben, die in Zukunft die Anlagenenergien ins Leben fließen lassen, statt in körperliche Symptome.

Das Geburtshoroskop zeigt unsere Anlagen, wie diese miteinander verflochten sind und wo sich diese auswirken. Das Mit- oder Gegeneinander unserer Anlagen, von denen die Energieblockade und damit die Somatisierungstendenz abhängig ist, können wir an den *Aspekten* und *Herrscherketten* erkennen, welche die entsprechenden Planeten untereinander oder zu weiteren Horoskopstrukturen bilden.

Die Krankheit zeigt gleichnishaft, um welche Anlagen und die sie repräsentierenden *Planeten* es geht. Entscheidend dabei ist, welches *Organ* erkrankt ist und welche *Funktion* beeinträchtigt ist. Von Bedeutung ist auch der so genannte *Krankheitsauslöser* (z.B. Bakterien, Viren, Gift …). Bei der Entschlüsselung will uns das Kapitel »*Astrologische Physiologie und Pathophysiologie*« (S. 48 ff.) helfen. In ihm werden die Organe, Funktionen, Stoffe und Symptome den einzelnen Planeten und Tierkreiszeichen zugeordnet. Häufige Erkrankungen werden dort mit ihrer astrologischen Symbolik verknüpft. Dem leichteren Auffinden der Zuordnungen dient das *Sachverzeichnis* am Ende des Buches (siehe S. 192 ff.).

Als Aspekte bezeichnen wir nicht nur Planetenverbindungen mit bestimmten Winkelgraden (0°, 45°, 60°, 90° usw.). Bei einem erweiterten Aspekt-Verständnis können wir vier Arten unterscheiden:

- Aspekte zwischen den Planeten (Energiezentren)
- Aspekte der Planeten zu Häuserspitzen (AC, MC)
- Planeten in den Häusern
- Planeten unter der Häuserherrschaft (Tierkreiszeichen und herrschender Planet)

Aspekte zwischen Planeten

Treffen *Planeten unterschiedlicher Polarität* aufeinander, so können sie sich gegenseitig hemmen. Trifft der Mond (weiblich) beispielsweise auf die Sonne (männlich), so treffen in unserer verzauberten Welt zwei gegensätzliche Anliegen aufeinander. Der Drang etwas zu unternehmen oder zu geben, steht gegen das gleichzeitige Interesse zu ruhen oder zu nehmen.

Aspektart		Aspektwirkung	Somatisierungs-tendenz
Konjunktion	☌	Hemmung durch gegensätzliche Planetenpolaritäten (weibliche trifft auf männliche Anlage)	bis sehr stark
Quadrat (Halbquadrat, Anderthalbquadrat)	□ ∠ ⚼	Das im Inneren Angelegte behindert die Aktivität nach außen und umgekehrt; ♄-Analogie	sehr stark (stark)
Opposition	☍	Der gegenüberliegende Planet bleibt gehemmt; Somatisierung, wenn die Begegnung mit dem Kompensator dieses Planeten unterbleibt	stark
Halbsumme	HS	Die Entfaltung der die Halbsumme bildenden Planeten ist von dem Planeten abhängig, der in der Halbsumme steht, denn über ihn bringen sie ihre Energie ins Leben	mittel bis stark
Planeten in Abhängigkeit von Häuserherrschern		Abhängig vom Häuserherrscher (♓→♆-Aspekt, ♒→♅-Aspekt, ♑→♄-Aspekt, ♐→♃-Aspekt, ♏→♇-Aspekt …)	mittel bis stark
Quinkunx	⚻	Bei unterlassener Wandlung, behindern Anpassungszwänge die Energien; ☿♏♇-Analogie	mittel
Spiegelpunkt	s	Ähnlich der Konjunktion bzw. dem Quadrat	mittel
Planeten in Häusern		abhängig vom Hauscharakter (12. Haus ♆, 11. Haus ♅, 10. Haus ♄, 9. Haus ♃, 8. Haus ♇ …)	mittel
Sextil	⚹	Wir leben oft nicht die uns gebotenen Möglichkeiten, da wir aus Gründen der Normalität und Moral das Neue, Grenzüberschreitende nicht wagen; ☿♊♅-Analogie	mittel bis gering
Trigon	△	Die Energien fließen meist wie von selbst in die Kompensation	sehr gering

Abb. 17: Tabelle Wirkungen der Aspekte

Treffen *Planeten gleicher Polarität* aber mit unterschiedlichen Strebungen aufeinander, wie es beispielsweise der Fall ist, wenn die Venus (Waage, männlich) mit dem Mars (männlich) verbunden ist, dann hemmt das Harmoniebedürfnis das Ausleben der Aggressionen und umgekehrt.

Bilden *Planeten mit* ♃, ♄, ♅, ♆ *oder* ♇ einen Aspekt, dann bewirken letztere in unserem EGO eine überpersönliche bzw. dem SELBST gegenüber feindliche Einstellung und blockieren sie mehr oder weniger in ihrer Entfaltung (siehe Tabelle: Verhaltensblockaden S. 24).

Der Charakter der Aspekte bewirkt zudem eine stärkere oder geringere energetische Hemmung und damit eine unterschiedliche Erkrankungsneigung (siehe Tabelle: Wirkungen der Aspekte).

Halbsummenaspekte schaffen oftmals Verbindungen, die auf den ersten Blick nicht zu erkennen sind. Wenn in dieser Anordnung der in der Halbsumme stehende Planet blockiert wird, werden gleichzeitig die Energien der beiden die Halbsumme bildenden Planeten blockiert. Denn diese wollen ja über ersteren zum Ausdruck kommen.

Aspekte der Planeten zu Häuserspitzen (AC, MC)
Die mit den Häuserspitzen verbundenen Planeten stehen in ihrer Entfaltung in Abhängigkeit von der Persönlichkeitsentwicklung (AC) bzw. der gesellschaftsbezogenen Erziehung (MC). Die durch sie bedingte Somatisierungstendenz ist mittel.

»Aspekte«, die sich aus dem Häuserstand ergeben
Die Häuser stehen in Analogie zum Tierkreis und den sie beherrschenden Planeten. So steht beispielsweise das 12. Haus in Analogie zu Fische/Neptun. Die Planeten, die im Geburtshoroskop im 12. Haus stehen, haben im übertragenen Sinne einen Aspekt mit »Neptun«, die im 11. Haus mit »Uranus« usw. Dabei ist zu berücksichtigen, dass diese »Aspekte« nicht so stark wirken, wie direkte Aspekte zwischen den Planeten.

»Aspekte«, die sich aus der Häuserherrschaft ergeben
Die in einem Haus befindlichen Planeten sind zudem vom Häuserherrscher abhängig. Steht Saturn beispielsweise in dem von Fische/Neptun beherrschten 5. Haus, dann ergibt sich im übertragenen Sinn ein »Saturn-Neptun-Aspekt«. Da der Einfluss des Herrschers recht bedeutend ist, ergibt sich daraus eine mittlere bis starke Somatisierungstendenz.

Astrologische Physiologie und Pathophysiologie

Die medizinische Physiologie befasst sich mit den funktionellen Vorgängen im Organismus. Eine astrologische Physiologie befasst sich mit der *Symbolik* der Organe und funktionellen Vorgänge. Sie ordnet sie den einzelnen Planeten und deren Tierkreiszeichen zu. Die im jeweiligen Anschluss an die »Planeten-Fähigkeiten und -Anlagen« beschriebenen *Symptomatiken* deuten die Krankheitssymbolik nur kurz an. Sie zeigen nur einen kleinen Ausschnitt aus der umfangreichen Gesamtproblematik. Umfassende Betrachtungen der Zusammenhänge bleiben der individuellen Beratung auf der Grundlage des Geburtshoroskops vorbehalten.

Bei der nachfolgenden Betrachtung der Planeten und Zeichen bietet sich der Gang rückwärts durch den Tierkreis an. Wir beginnen also mit dem Planet Neptun und dem Zeichen Fische und enden mit Mars und Widder. Dem entspricht der Schöpfungsprozess, der mit dem Empfang (♆) des Schöpfungsauftrags (»Am Anfang war das Wort ...«) beginnt und mit der Tat ([♂] Fleischwerdung des Wortes) endet.

Neptun (Jupiter), Fische

Fähigkeit und Anlage[7]

Neptun gibt uns die *Empfänglichkeit* gegenüber der Transzendenz, dem schöpferischen Prinzip, dem viele Namen gegeben wurden (Brahman, Gott, Allah, Großer Geist, Kosmische Intelligenz, ...). »Er« ist die geistige Seherin in uns und die wahre Brückenbauerin zu Gott (= der *weibliche* [!] Jupiter, Pontifica maxima). In der Chakren-Lehre entspricht Neptun dem *Scheitelchakra*. Aus der neptunischen Empfänglichkeit gebiert sich unser Lebensfluss: unser Schicksal. Haben wir unsere Bewusstseinsblockaden überwunden, dann erleben wir durch sie das REINE SEIN unseres SELBST. Als oberste steuernde Energie (Zeichenqualität: beweglich!) obliegt ihr die *Anpassung an das Ganze*, an den Fluss des Lebens. Wir können uns den Weg des Empfangs bis hin zur anpassenden Steuerung so vorstellen: *Scheitelchakra* → *Limbisches System des Gehirns (ZNS)* → *Hypothalamus* → *Hypophyse*.

Das *Limbische System*[8] beeinflusst das dem normalen Menschen *unbewusste* Verhalten. Wir können in ihm die Vermittlungsstation zwischen dem *Scheitelchakra*, das mit der transzendenten Schöpfungsenergie in Verbindung steht, und der obersten Körpersteuerung, dem *Hypothalamus*, sehen.

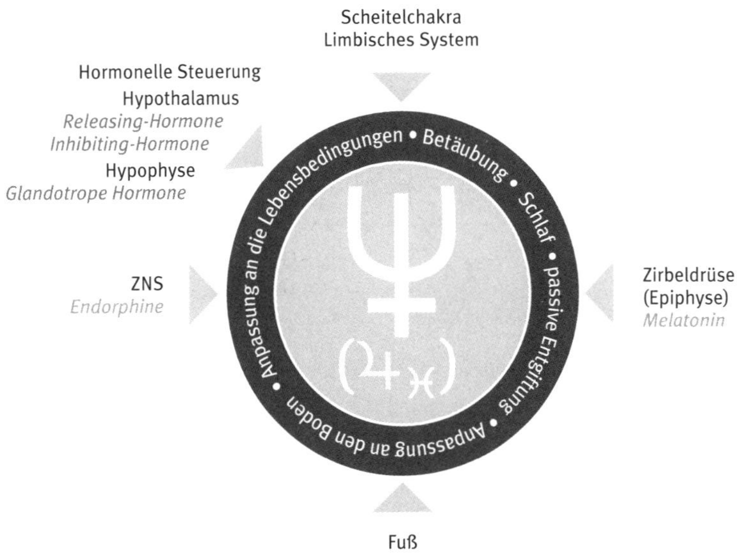

Abb. 18: Neptun (Jupiter), Fische

Der *Hypothalamus* ist die Schaltstelle zwischen dem limbischen System des ZNS (Zentral-Nerven-System) und der Hormonsteuerung. Er koordiniert über das Nervensystem alle vegetativen Prozesse und mit seinen *Releasing-* und *Inhibiting-Hormonen* via *Hypophyse* die meisten hormonellen Prozesse. Seine integrale Regelung wirkt auf das gesamte innere Milieu, den *Wach-Schlaf-Rhythmus*, die geistige und körperliche *Entwicklung* und die *Fortpflanzung* (siehe Abb. Die integrale Steuerung der Hormone durch Neptun). Dabei sind die Steuersignale des Hypothalamus mehr globaler Natur (z.B. *Releasing-Hormone* [*engl.* Freigabe], *Inhibiting-Hormone* [*engl.* Hemmung]). Die Hypophyse setzt sie um in konkrete Informationen, Signale und Handlungsanweisungen (*Glandotrope Hormone* [auf die Drüse einwirkend]) für die Zielorgane, die im Körper verteilten Hormondrüsen.

Aus der Quelle des Neptun gestalten sich unsere nächtlichen *Träume.* Sie dienen einerseits der Verarbeitung des Erlebten und werden andererseits, sofern wir ihnen Beachtung schenken, zu einer wichtigen Führung für unsere Entwicklung.

Auf den Wach-Schlaf-Rhythmus nimmt auch die *Zirbeldrüse* Einfluss. Sie bildet das Hormon *Melatonin*, worüber sie einen hemmenden Einfluss auf die Schilddrüsen-, Geschlechtsdrüsenfunktion und Melaninbildung (Farbpigmente) in der Haut ausüben kann.

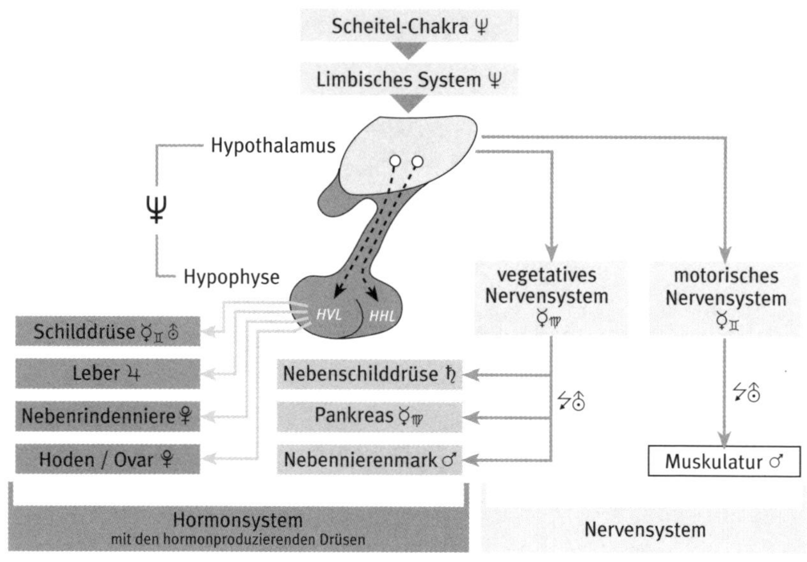

Abb. 19: Die integrale Steuerung der Hormone durch Neptun

Im Zentral-Nerven-System (ZNS) werden körpereigene *Opioide*, so genannte *Endorphine* gebildet, die bei hoher körperlicher Belastung oder schweren schmerzhaften Verletzungen ausgeschüttet werden und einen *Rauschzustand* oder eine *Selbstbetäubung* bewirken.

Unsere *Füße* leisten oft unbewusst und daher wenig beachtet einen großen Beitrag zur Anpassung an das Ganze. Die Füße stellen unseren direkten Kontakt mit der Erde her und verhalten sich gegenüber den oft erheblichen Unebenheiten des Bodens (z.B. Waldboden, Gebirge) erstaunlich flexibel und anpassungsfähig.

Jupiter sorgt in der Leber für die aktive (männliche) Entgiftung. Neptun, der weibliche Jupiter, möchte uns ebenfalls von Unpassendem, Giftigem erlösen. Er entgiftet jedoch passiv (weiblich). Die Giftstoffe werden über Eiterungen, Fäulnis und Gewebezerfall (Nekrose) ausgeschieden.

Neptun will, dass wir ganz wir SELBST sind. Er repräsentiert das Heil und damit unsere *SELBSTheilungskraft*. Mit der Beseitigung der Blockaden (Urteil [♄]) in unserem Bewusstsein werden wir uns des Urgrundes unserer Krankheit bewusst. Im Zustand dieses bewussten SEINS gibt es keine Krankheit, die nicht von dieser inneren Kraft geheilt werden könnte. Da Neptun eine *weibliche Energie* ist, wirkt sie im Heilungsprozess um so erfolgreicher, je weniger unser Organismus übersäuert (männlich) ist. Auch unser Wohlgefühl korrespondiert mit einem basischen Milieu. Je mehr unser Milieu übersäuert, entwickelt sich zunächst eine leichte Müdigkeit. Sie geht in eine Leistungsschwäche über und kumuliert in einem starken Leistungsabfall. Am Ende fühlen wir uns schlapp und ausgelaugt. All dies ist Ausdruck eines Neptun-Defizits.

Bei irreparablen körperlichen Defekten steht Neptun für die entsprechenden *Prothesen* (Hilfen). So täuschen uns manchmal die schönsten künstlichen Zähne über die dahinterliegende Zahnlosigkeit (♂♆).

Neptun (Jupiter♓)-Symptome

Die Symptome erzeugt die vom Neptun bereitgestellte *Energie der Lösung* von der Norm, damit wir wieder zur Mitte unseres SELBST und Quelle unseres SEINS zurückkehren. Neptuns Wirkung geschieht nach dem Motto: »Das weiche Wasser (♆) bricht den Stein (♄).« Er kann über die ganzheitliche Steuerung auf alle körperlichen Bereiche Einfluss nehmen und uns über die Symptome zeigen, in welchem Bereich unser EGO diesen Lösungs- und Heilungs-Prozess blockiert. Es müsste nämlich die Normalität, wie sie von unseren Eltern und der Gesellschaft vorgegeben (Erziehung) wurde, hinterfragen und zu großen Teilen überwinden. Mit diesem Schritt stellen wir uns jedoch außerhalb der Gesellschaft und davor haben wir Angst.

Allgemeine Symptome: Sinkt die Wirkung Neptuns auf die körperliche Ebene, so bedeutet dies: *Auflösung fester Strukturen* (Gewebe). Seine Wirkung ist oft verborgen und *schleichend*. Seine Energie erzeugt *unklare Symptome* und verursacht vielfach *Fehldiagnosen*.

Angst-Symptome: *Irreale Ängste* (alle ♆-Aspekte) entstehen häufig aus dem Gefühl, nicht dazuzugehören, nicht zu genügen oder an etwas schuld zu sein. Sie entstehen dann, wenn wir in Lebenssituationen verharren, die mit unserem SELBST nicht übereinstimmen. Unser EGO erlaubt uns jedoch in diesen Situationen aus Gründen der Anerkennung kein Verhalten, das mehr mit unserer inneren Wirklichkeit übereinstimmt.

Ein Ausdruck unbewusster Ängste kann der *Angstschweiß* (♆♄, ♆♇) sein, der besonders im Zusammenhang mit Situationen steht, in denen wir Verurteilungen fürchten, unter Erwartungsdruck stehen oder uns verfolgt fühlen.

Die *Herzneurose* (☉♆) zeigt uns eine unbewusste Angst, die aus dem

Scheitern der SELBST-Verwirklichung resultiert. Wir sollten aufhören alles andere zu leben statt uns SELBST.

Schuldgefühle (♄♆) sind die Folge eines EGO-Verhaltens, das dem SELBST kein Recht auf Existenz einräumt. Entziehen wir unserem SELBST die Existenzberechtigung, dann werden wir an ihm schuldig. Dies besonders dann, wenn wir über alle Maßen GUT sein wollen (Heiligentrip) und immer größere Bereiche unseres SELBST verdrängen. Die Schuld gegenüber unserem SELBST verdrängen wir jedoch und projizieren sie nach außen, sodass wir glauben, gegenüber jemand anderem schuldig zu sein. Dies verleitet uns wiederum dazu, die Schuld im Außen wieder GUTmachen zu wollen, was eine weitere Vernachlässigung unseres SELBST bedingt: ein »Circulus vitiosus«.

SUCHT*:* Je weiter sich unser EGO von der Mitte des SELBST entfernt, desto mehr Kraft entfaltet Neptun, um uns zur Mitte zurückzuführen. Wir spüren diese Kraft als ein tiefes Gefühl der *Sehnsucht*. Wir haben unsere Mitte (Paradies) verloren und suchen sie wieder. Das EGO glaubt aber aus vielerlei Gründen in der entfremdeten Situation ausharren zu müssen, denn die Verantwortung (♄♆) drückt. »Die Familie muss ernährt, die Miete überwiesen und die Raten abgezahlt werden.« Es kann diese verzweifelte Situation nur dadurch aushalten, indem es die Sehnsucht betäubt. Eines der beliebtesten Betäubungsmittel ist der Alkohol. Aus der Suche nach veränderten Verhaltensweisen wird ersatzweise die *Sucht* (♄♆). Im Hintergrund existieren oft enorme Schuldgefühle, die aus der Schuld des EGO gegenüber dem SELBST bestehen, jedoch als Schuld gegenüber anderen (Projektion, siehe oben: Schuldgefühle) erfahren wird.

SCHWÄCHE: Eines der Hauptsymptome ist die *Schwächung* vieler körperlicher Funktionen (z.B. Schwächung des Kreislaufs, der Körperkraft, der Gewebe, der Organe). Unser EGO reagiert darauf meist mit Stärkungsmaßnahmen (Aufputschmittel: z.B. Koffein). Es begreift nämlich nicht, was die lösende Kraft Neptuns mit der Schwächung erreichen will. Für ein Leben, das sich nur noch an den vom Kollektiv vorgegebenen Zielen orientiert, entzieht uns Neptun die Energie, sodass wir auf die Dauer mit dieser Lebensweise scheitern. Aus diesem Scheitern entsteht die Chance, dass wir uns wieder auf uns SELBST besinnen. Wenn wir dies tun, bekommen wir all unsere ursprüngliche Energie und Stärke zurück. Wenn wir uns in unserem Alltag auf die Dauer geschwächt fühlen, dann ist es an der Zeit, dass wir uns mehr auf uns SELBST besinnen müssen!

Beim *chronischen Müdigkeitssyndrom* (*Erschöpfungssyndrom*, *CFS*, ♂♆, ☉♆, ♃♆) steht die Schwäche im Mittelpunkt der Symptomatik. Unser Wecker kann uns am Morgen kaum noch ins Leben zurückholen. Kinder zeigen uns, worum es dabei geht. Lebt ein Kind noch ungebrochen aus ganzem Herzen sein Lebensspiel, dann verfügt es über unglaubliche Energien. Versuchen wir das Kind zu einer Tätigkeit zu bewegen, zu dem es *nicht* von Herzen »ja« sagen kann, dann fällt im gleichen Moment eine tiefe Müdigkeit über das Kind. Sie verschwindet ebenso schnell wie sie gekommen ist, wenn es zu seinem eigenen Spiel zurückkehren kann. Wir Erwachsenen spielen nur noch selten unser eigenes Spiel. Wen wundert es da, dass wir müde sind. Schwäche und Müdigkeit fordern uns auf, aus der bisherigen Lebensführung auszusteigen, in der wir unsere Tatkraft (♂♆) nicht mehr für unser SELBST einsetzen, in der wir nicht mehr unser Herz (☉♆) fragen und für die uns die Begeisterung (♃♆) fehlt, weil sie uns zunehmend sinnlos erscheint.

HORMONELLE DYSFUNKTIONEN: Die Missachtung der eigenen Weiblichkeit und in der Folge die Geringschätzung der Gefühle und der natürlichen Bedürfnisse des SELBST, führen dazu, dass wir als Frau keine Beachtung finden (Projektion der eigenen Missachtung) und deshalb Angst haben, Frau zu sein und Mutter zu werden. Entsprechend unterbleibt auf der körperlichen Ebene der Periodenzyklus (*Dysmenorrhoe, Amenorrhö* [☽♆]).

Morbus Addison (NNR-Insuffizienz [♆♇]) → siehe: Pluto, Skorpion)

Cushing-Syndrom (NNR-Überfunktion [⛢♆♇]) → siehe: Pluto, Skorpion)

SCHLAFSTÖRUNGEN: Verzweifelte Wut (♂♆), als Ausdruck der Angst, sich nicht durchsetzen zu können, kann uns *kurzfristig* den Schlaf rauben. Die Angst vor dem Verlust der materiellen Sicherheit (♀♉♆) und die Sorgen um die Befriedigung der natürlichen Bedürfnisse (☽♆), wobei unser EGO die Bedürfnislosigkeit preist, können *mittelfristige Schlafstörungen* erzeugen.

Der Druck der Verpflichtungen (♇♆), die Last der Verantwortung (♄♆) und der Stress (⛢♆), der entsteht, wenn wir besondere Leistungen erbringen wollen, führen uns oft in *langfristige Schlafstörungen*. Schlafmittel (Gifte ♆) sind keine Lösung. Der Schlaf kann zu uns zurückkommen, wenn wir zu unserer Wut stehen, auf die eigenen Gefühle achten und uns vermehrt um die eigenen Bedürfnisse kümmern, wenn wir aufhören, die Erwartungen der anderen erfüllen zu wollen, wenn wir Verantwortung an die anderen zurückgeben und die Besonderheit durch Originalität (ausgefallene Ideen) und nicht durch besondere Leistungen erringen.

SCHLAFFE LÄHMUNG: Im Muskelbereich erzeugt Neptun *schlaffe Lähmungen* (♂ ♆), um uns aus langandauernden Verhaltensabweichungen zu erlösen. Meist kämpft unser EGO tatkräftig für die anderen (u.a. Militär, Polizei) und hat Angst die Kraft für sein SELBST einzusetzen.

VERGIFTUNG: Neptun steht für das *Gift*, das Heilmittel sein und in höherer Dosis auch töten kann. Gift (*mhd.* Gabe) ist das, was uns gegeben wird, wenn wir die Welt unter der Perspektive unseres Urteils (♄) betrachten. Das GUTE verkehrt sich ins BÖSE und umgekehrt. Der Mangel an Vertrauen, das fehlende Einverstandensein mit dem, was ist, und die einseitige Sicht der Wirklichkeit bewirken die Vergiftung (♆). Hieraus entsteht insgesamt ein durch Zweifel vergiftetes Bewusstsein (spirituelles Defizit). Da uns die »innere Vergiftung« unbewusst ist, begegnet uns diese in äußeren Giften (Projektion), welche uns erkranken oder gar sterben lassen.

Alle Überzeugungen und Glaubenssätze (♃ ♆), die nicht der Wirklichkeit entsprechen und unser SELBST negieren, vergiften uns. Damit einher geht oft eine hohe Giftbelastung der Leber.

Oft vergiften wir uns auch durch Gifte in der Umwelt oder in der Nahrungskette (☽ ♆). Die neptunische Energie kommt von außen und kompensiert unser inneres Neptundefizit: Mangel unseres EGOs an Vertrauen in die Natur, das Weibliche und die eigenen Gefühle zum Hier und Jetzt (☽ ♆). So kommt es immer wieder zur Missachtung der Gefühle und der sie widerspiegelnden eigenen natürlichen Bedürfnisse.

Aus den ungelebten Aggressionen kann eine *Blutvergiftung* (*Sepsis* [♂ ♆]) entstehen. Unsere scheinbare Aggressionslosigkeit fordert die Aggression der Erreger heraus.

Wenn die nicht gelebte Aggression uns, wie oben beschrieben, »vergiftet«, dann kann der *Abszess* als *passiver Entgiftungsprozess* verstanden werden. Die Aggression (Entzündung, Eiterbildung [♂ ♄ ♆, ♇ ♄ ♆]) wird durch die Haut (♄) nach außen transportiert.

FUSSERKRANKUNGEN: Das Gefühl (Wasser) der Sehnsucht nach Erlösung und Heilung unseres SELBST, von unserem EGO unbeachtet, kann sich in einem *Fußödem* (♄ ♆, ♇ ♆) somatisieren. Unser SELBST spielt in der Lebensgestaltung kaum mehr eine Rolle. Das Ödem will uns auffordern, uns endlich auf die Suche nach dem SELBST zu machen und ein ganzheitlicheres Bewusstsein zu entwickeln. Unsere spirituelle Entwicklung ist überfällig. Die Verantwortungslosigkeit gegenüber dem

SELBST, die Schulden gegenüber dem SELBST und die damit verbundenen *Schuldgefühle* wollen überwunden werden. Manchmal ist es auch eine Rolle (♇), die wir spielen und die uns nicht zu uns SELBST kommen lässt.

Fußschmerzen (♂♆) entstehen dann, wenn das Bewusstsein, dass all unsere Taten (♂) im Dienste des SELBST stehen sollten, verloren gegangen ist. Die Taten unseres EGOs sind SELBSTlos geworden. Wir kämpfen nur noch für die anderen (u.a. Militär). Die körperliche Kraft wieder in den Dienst des SELBST zu stellen unterbleibt, sodass sich die Energie somatisieren kann. Die Problematik des *Hallux valgus* (♂♆) ist dem ähnlich. Der große Zeh (♂), unsere Tatkraft, ist nur noch auf die anderen Zehen, welche die anderen Menschen darstellen, ausgerichtet.

Allzu häufig besteht unser Leben aus der SELBSTlosen (♆) Erfüllung der Erwartungen (♇) anderer. Wir leben nur noch die Pflicht und bringen dafür unser SELBST zum Opfer. Lässt unser EGO diese alten, überholten Rollen nicht los, dann kommt es ersatzweise zur Ausscheidung (dieser üblen Rollen) am Fuß. Wir klagen über üblen *Fußschweiß* (♆♇).

Die Problematik des *Fußpilzes* (♄♆♇) ist ähnlich der des Fußschweißes. Unter dem von Verantwortung (♄) und Normalität fremdbestimmten (♇) Leben stirbt unsere Wirklichkeit (♆), unser SELBST. Von der abgestorbenen (♇) Haut (♄) des Fußes (♆), welcher der Symbolträger unserer Wirklichkeit ist, ernährt sich der Pilz (♇).

Der *Senk-, Spreiz-, Plattfuß* (♄♅♆), bei dem das Fußgewölbe zusammengebrochen und damit die Elastizität und Spannkraft des Fußes verloren gegangen ist, zeugt von einer übergroßen Anpassung an die gesellschaftlich vorgegebenen Verhaltensformen (Norm, Moral, Ideal, Perfektion, Verantwortung, Leistung ...). Die Individualität unseres SELBST ging darüber verloren. Das Himmelsgewölbe ist eingestürzt (♅). Unsere Verbindung mit dem Ganzen ist verflacht und die elastische Sprungkraft fehlt. In uns gibt es zwar die Sehnsucht nach Veränderungen, Neuem und mehr Freiheit, jedoch existiert gleichzeitig eine tiefe Angst davor.

Uranus (Saturn), Wassermann

Fähigkeit und Anlage[9]

Uranus versorgt uns mit *inspirierten* (*lat.* eingehauchten) *Ideen* (Informationen). Sie entstammen der Transzendenz und geben uns unser »Licht« und »Leben« (Elektrizität!). Folgen wir diesem, unserem *inne-*

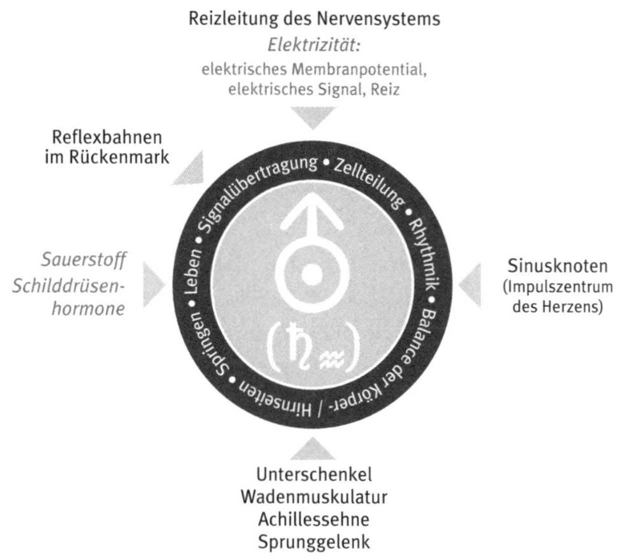

Abb. 20: Uranus (Saturn), Wassermann

ren Licht, dann leben wir wahrhaft lebendig, originell und individuell. Wir bekommen zudem aus kosmischer Folgerichtigkeit alle *Freiheit* von gesellschaftlichen Einschränkungen die wir brauchen, um diese Ideen zu verwirklichen, denn wir verwirklichen den *Willen des Himmels* auf Erden.

Ein Individuum zu sein bedeutet, ungeteilt zu leben. Uranus will, dass wir die *weibliche* und die *männliche Seite* in uns gleichberechtigt leben. Die gestörte Gleichberechtigung kann sich in *halbseitigen Körpersymptomen* (Kopf / Gehirn, Körper) zeigen.

Auf der körperlichen Ebene repräsentiert Uranus die *Elektrizität der Zellen* (Membranpotential) und die *elektrischen Informationsimpulse*, die im Zentral-Nerven-System (ZNS) erzeugt und von den Nerven zu den entsprechenden Vollzugsorganen »transportiert« werden. Es überrascht nicht, dass die elektrische Funktion der Nerven von dem Arzt Luigi Galvani (1737–1798) zeitlich synchron zur Entdeckung des Planeten Uranus erkannt wurde.

Über das vegetative Nervensystem stimulieren die elektrischen Informationsimpulse bestimmte Hormondrüsen. Das *Hormon der Nebenschilddrüse* (Nebenschilddrüse ♄) beeinflusst den Calciumstoffwechsel. Die *Hormone des Nebennierenmarks* (NNM ♂, Adrenalin, Noradrenalin) beeinflussen den Kreislauf und die Energiebereitstellung. Die *Hormone der Pankreasinseln* (☿♍ u.a. Insulin) beeinflussen den Zuckerstoffwechsel.

Der *Sinusknoten des Herzens* steuert mit einer gewissen Autonomie den *Herzrhythmus* (Lebensimpulse). Die Herzfrequenz liegt durchschnittlich bei 70-80 Schlägen pro Minute.

Berühren wir etwas, was uns starke Schmerzen bereitet (heiße Platte, spitze Gegenstände ...), dann sorgen *Reflexbahnen* auf der Rückenmarksebene für eine fluchtartige Gegenbewegung.

Uranus wirkt über die *Schilddrüsenhormone* (Schilddrüse ☿♊). Sie beeinflussen die Verbrennungsvorgänge (Grundumsatz), die Herztätigkeit und die Reaktionsfähigkeit.

Uranus steht für den Sprung in die Freiheit. Beim Springen spielen die *Unterschenkel* mit der *Wadenmuskulatur* und dem *Sprunggelenk* die entscheidende Rolle. Schon in der Mythologie durchtrennte man Daidalos (Dädalus) seine *Achillessehne* als Ausdruck geraubter Freiheit.

Uranus entspricht dem *Sauerstoff* (frische Luft ≈ neue Ideen), der den Zellen ihr organisches »Feuer« (Leben) ermöglicht.

Uranus (Saturn♒)-Symptome

Die Symptome erzeugt die vom Uranus bereitgestellte *Energie des Bruchs* mit der Norm und dem Alten *zugunsten des Neuen*. Als geistiger Vater aller Lebensimpulse unseres SELBST will er, dass wir mit althergebrachten Formen und Verhaltensmaßstäben brechen, um dem Neuen, Einmaligen, der Inspiration und dem *wahren Menschen* ein wenig mehr zum Durchbruch zu verhelfen. Seine Impulse wahrhaftig zu leben, erfordert sehr viel Mut, denn wir müssen auf die Anerkennung der Masse (Gesellschaft) verzichten! Die wahre Anerkennung kommt aus uns SELBST.

Allgemeine Symptome: Uranus steht für *plötzlich* eintretende Symptome und *schubartig wiederkehrende* (*rezidivierende*) Erkrankungen.

Brüche: Ist unser EGO zum Bruch mit dem Alten (Eltern, Tradition, Norm ...) nicht bereit, weil es um seinen guten Ruf fürchtet, kann es ersatzweise zum *Knochen-Bruch* (♄ ♅) kommen. Der Knochen ist im Körper der Strukturgeber. Da wir der uranischen Energie auf der geistigen Ebene nicht erlauben, zugunsten von neuen Verhaltensstrukturen mit althergebrachten zu brechen, bricht sie Strukturen auf der Körperebene. Welcher Knochen dabei gebrochen wird ist symbolisch und gibt uns weitere Hinweise darauf, was erneuert werden soll.

Halbseitensymptomatik: Da von der ganzheitlichen uranischen Idee (Vision, Inspiration) durch das Urteil unseres EGOs meist die Hälfte verdrängt wird oder die weibliche bzw. die männliche Seite in uns benachteiligt wird, zeigt sich die Energie dieser verdrängten bzw. benachteiligten Hälfte oft in einer *halbseitigen Symptomatik*. Beispielsweise bei der *Migräne* (siehe Mars, Widder), dem *Schlaganfall* (siehe Nervenerkrankungen) oder körperhälftenbezogenen Symptomen.

Hyperaktivität: In der *Hypermotorik, Hyperaktivität* (*Aufmerksamkeitsdefizitsyndrom, ADS*, ♂ ⛢) der Kinder zeigt sich, dass die Eltern ihre Originalität und Einmaligkeit bei sich selbst unterdrücken (⛢-Hemmung). Ihre Unfreiheit und ihren unbewussten inneren Protest dagegen erleben sie in der Projektion auf ihre Kinder. In der Erziehung ihrer Kinder versuchen sie unbewusst deren Originalität und Einmaligkeit ebenso zu beschneiden, wie sie bei ihnen beschnitten worden sind. Diese reagieren darauf mit Protest (⛢-Kompensation).

Nervenerkrankungen: Unser SELBST will die alte Haut der Begrenzungen abstreifen (Häutung), damit ein neuer Reiz (Ideenimpuls) nach außen in unser Leben dringen kann. Wird er aber durch das ÜBER-ICH unseres EGOs abgeblockt, dann meldet sich der ungelebte Reiz als *Juckreiz der Haut* (♄ ⛢). Er ist dann oft so intensiv, dass wir am liebsten aus der Haut (der Begrenzung) fahren würden.

Gibt Uranus unserem SELBST seine Originalität und Einmaligkeit, so versucht unser EGO den durch das Urteil und die Verdrängung entstandenen Verlust an Einmaligkeit durch besondere, auf die Gesellschaft zielende Leistungen auszugleichen. Diese Kompensation erzeugt *Stress* und eine enorme Nervenbelastung. *Nervosität* (♄ ⛢), *explosive Gereiztheit* und *Jähzorn* (♂ ⛢) sind die Folgen.

Haben wir die Aufgabe, die innere Distanz gegenüber uns SELBST aufzulösen, dann werden alle von der Norm bestimmten Signale, die uns von uns SELBST fernhalten, abgeschwächt. Daraus entsteht eine *Nervenschwäche* (*Neurasthenie* [⛢ ♆]), die so lange andauert, bis unser EGO bereit ist, sich der Angst vor Veränderungen zu stellen und das Einmalige, Originelle und Neue im Leben zuzulassen.

Hat unser SELBST das Ziel, uns von der Verantwortung gegenüber anderen zu befreien und blockiert das EGO diese Entwicklung, dann findet die Bewegung in die Freiheit und ihre Blockade in einer rhythmischen, körperlichen Bewegung ihren Ausdruck. Es kommt zur *Schüttellähmung* (*Morbus Parkinson* [♄ ⛢]).

Blockiert unser EGO jede neue Idee (Information), die nicht vor seinem Urteil als GUT bestehen kann, dann sammelt sich ein explosives Informationsgemisch im Zentral-Nerven-System an. Unserem SELBST bleibt nur noch die Entladung in einem *ZNS-Krampf* (*Epilepsie* [♄ ♅, ♇ ♅]), um dieses Gemisch ins Leben zu bringen.

Unser SELBST will, dass wir die Begrenzungen in unserem Kommunikationsverhalten sprengen, damit wir hinter der Maske der Normalität sichtbar werden. Unser EGO jedoch will seine Maske nicht fallen lassen und wir zeigen uns weiterhin konservativ. In der Folge kann es zur »Sprengung« der Gefäße im motorischen Bereich des Gehirns kommen. Wir erleiden einen *Schlaganfall durch Hirnblutung* (*Apoplex* [☿♊ ♄ ♅]).

Erkrankungen der Unterschenkel: Der *Wadenkrampf* (♇ ♅) ist der Ersatz für den unterdrückten Sprung in die Freiheit. Befreien wollen wir uns u.a. von Bindungen, lieb gewonnenen Vorstellungen und Verpflichtungen gegenüber anderen.

Zu *Knöchelverletzungen* (♄ ♅) kommt es dann, wenn wir uns von Verantwortlichkeiten, Leistungs- oder Karrierewahn befreien sollten, unser EGO dies jedoch nicht zulässt.

Treten wir nicht kämpferisch für unsere Freiheit von Verantwortungen, Leistungen und Begrenzungen ein, streben wir dagegen nach sportlichen Höchstleistungen, kann es zum *Achillessehnenriss* (♂ ♄ ♅) kommen.

Krampfadern im Unterschenkelbereich (*Varizen* [☿♊♀♅]) bringen eine Blockade des Neuen durch das konservative Bewusstsein unseres EGOs zum Ausdruck. Wir sind im zwischenmenschlichen Austausch auf Anerkennung und Liebe bedacht. Deshalb verbieten wir uns unsere Originalität. Wir glauben, sie ruiniere unseren guten Ruf und wir würden daraufhin die Anerkennung und Liebe der Umwelt verlieren.

Saturn, Steinbock

Fähigkeit und Anlage[10]

Der Saturn des Steinbock schenkt uns die Fähigkeit Energie zu *konzentrieren*, sodass *energetische Ordnungen, Strukturen* und *Formen* zunächst auf der geistigen Ebene entstehen können. Diese geistigen Strukturen sind die Vorgaben der materiellen Formen und bewirken die Verfestigung (Kristallisation) der Materie. Sie dienen der Abbildung der Ideen (Wassermann) und sind unsere *Antwort* auf unsere Inspiration (Licht in uns). In diesem Sinn wird die materielle Struktur zum »Licht-

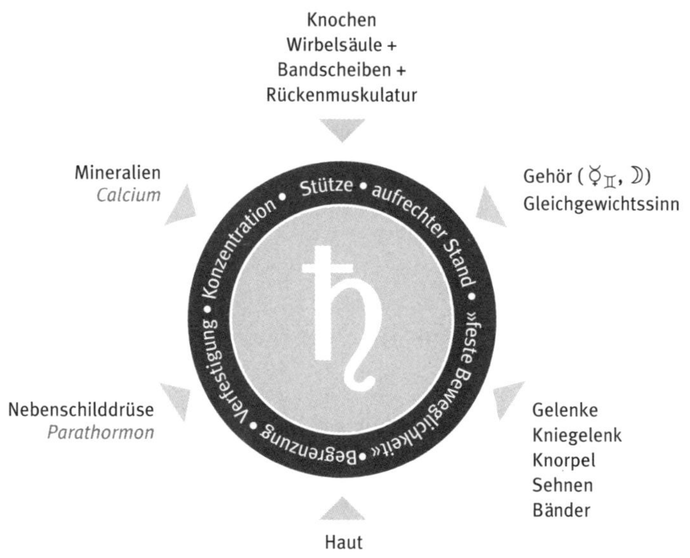

Abb. 21: Saturn, Steinbock

träger« (Luzifer = Träger der Idee). Unsere wirkliche *Verantwortung* liegt in dieser »Antwort«. Strukturen entstehen aus der *Polarität* (Fülle – Leere) und der *Begrenzung*. Strukturbildung ist ohne das Phänomen der *Zeit* unvorstellbar. Da Lebendigkeit die stete Änderung der Formen fordert, verfügen wir über unsere *Gelenke*, die der Körper-Struktur ihre Beweglichkeit verleihen.

Der wesentliche Strukturgeber unseres Körpers ist das *Knochenskelett*. Die größte Einheit hierin, wesentlich für unseren *aufrechten Gang*, bildet die *Wirbelsäule (WS)*. Die einzelnen Wirbel sind mittels *Bänder* und über knorpelige *Bandscheiben* miteinander verbunden. Dies gibt der WS eine relativ große Flexibilität. Die *Rückenmuskulatur* verleiht der WS ihre Bewegung.

Die Knochen sind durch *Sehnen*, *Bänder* und *Knorpel* gelenkig miteinander verbunden. Die *Gelenke* verleihen der statischen Struktur ihre Beweglichkeit. Saturn bezieht sich auf alle Gelenke, insbesondere aber auf die beiden größten Gelenke, die *Kniegelenke*.

Der Knochen erhält seine Stabilität durch eingelagerte Mineralstoffe, allen voran das *Calcium*. Die eingelagerten Mineralien machen ca. 50 % der Knochentrockenmasse aus. Das Hormon der *Nebenschilddrüse*, das *Parathormon*, steuert den Blut-Calciumspiegel. Der Knochen wird ständig durch Knochenzellen auf- und abgebaut (Osteoblasten, Osteoklasten). Die Blutzellen (Leukozyten, Erythrozyten, Thrombozyten) werden hauptsächlich im *roten Knochenmark* gebildet. Saturn spielt damit eine wichtige Rolle bei der *Blutgerinnung*.

Die Grenze unseres Körpers, die auch gleichzeitig von unserem EGO als Grenze seiner Welt gesehen wird, bildet die *Haut*. Die Haut bietet uns Schutz gegenüber mechanischer und klimatischer Beanspruchung sowie vor Krankheitserregern. Sie ist an der Regelung des Wasser- und Wärmehaushalts (Schweiß) beteiligt, hilft bei der Ausscheidung von Schlackenstoffen und dient uns als Organ des Tastsinns. Die meist freiliegenden, sichtbaren Hautflächen (im Wesentlichen Gesicht und Hände) haben einen sekundären Bezug zur Venus der Waage (♀♎). Sie spielen in der zwischenmenschlichen Erotik eine wichtige Rolle.

Saturn repräsentiert das Urteil und damit die Gebote und Verbote. Diese wiederum stehen in Beziehung zum Gehorsam und unserem *Gehör*. Unser Gehör, als wesentliches Organ der Kommunikation, besitzt jedoch auch einen sekundären Bezug zum Zwillinge-Merkur (☿♊) und als Wahrnehmungsorgan zum Mond (☽).

Der aufrechte Stand ist ohne *Gleichgewichtsorgan* nicht denkbar. Es hat seinen Sitz zusammen mit dem Hörorgan im Innenohr.

Saturn-Symptome

Die Symptome erzeugt die vom Saturn bereitgestellte *Energie der Formgebung*. Sie soll im Rahmen der SELBSTverwirklichung die Formen, Strukturen, Gesetze, Moral, Normenmaßstäbe so verändern, dass die zu unserem Schöpfungsauftrag gehörende ganzheitliche Struktur und Form – sie ist individuell und unterscheidet sich deutlich von der Norm – entwickelt werden kann. Saturn vertritt seit dem Bewusstseinsfall (»Sündenfall«) von uns Menschen eine spezielle Polarität: das Urteil. Durch die Zweiteilung der Schöpfung in GUTE Schöpfung und in BÖSE Schöpfung entsteht eine verzauberte Welt. Aus unserem SELBST wird durch Verdrängung eine Teilpersönlichkeit: unser EGO, das immer nur GUT sein (erfolgs-/karriereorientiert) will! Ist unser EGO aufgrund seiner konservativen (*lat.* am Hergebrachten festhaltend) Überzeugung nicht bereit, von der Norm abweichende Verhaltensformen zu entwickeln, dann fließt die bereitgestellte Energie in die bereits vorhandene Form auf der körperlichen Ebene und verstärkt diese (Verfestigung, Erstarrung).

Allgemeine Symptome: Die Energie der Konzentration und Strukturierung erzeugt *Verhärtungen* der Organgewebe und der Gefäße (*Sklerose*). In welchem Bereich wir SELBSTbezogenere Verhaltensformen hätten entwickeln müssen, zeigt uns gleichnishaft das verhärtete Organ. Im Bereich der Gelenke führt unser bewahrendes (konservatives) Verhalten zur *Einschränkung der Gelenkigkeit, Steifheit* und *Erstarrung*.

Unsere Aufgabe ist es, sich ständig neue, zu unserem SELBSTsein passende Verhaltensformen zu entwickeln. Hierdurch bleiben wir »neu«. Hält unser EGO an alten überlieferten Strukturen fest, so sorgt es für seine *Alterung*. *Chronische Erkrankungen* (betrifft alle ♄-Aspekte) haben dieses Festhalten am Alten zum Hintergrund.

Mangelerkrankungen deuten auf eine allzu starke Disziplinierung und Begrenzung unserer natürlichen Bedürfnisse. Wo wir uns zu stark beschränken, zeigt sich gleichnishaft in dem körperlichen Bereich, in welchem sich der Mangel einstellt. Beispielsweise findet ein Mangel an Gefühlen (☽ ♄) seinen Ausdruck in trockenen Schleimhäuten. Wenn wir die Gefühle verdrängen, die uns unsere Bedürfnisse signalisieren, dann finden unsere Bedürfnisse keine Erfüllung mehr.

Verschlusserkrankungen: Unser SELBST will, dass wir im Austausch (Kommunikation) mit der Umwelt unsere Maske der Normalität fallen lassen, damit wir eigene, spezifische Kommunikationsstrukturen ausbilden und damit wir mehr über und von uns SELBST reden. Unser EGO jedoch will seine Maske nicht fallen lassen und behindert (verstopft) zunehmend seine Kommunikation mit anerzogenen Verhaltensformen. Lassen unsere Lebensumstände diese konservativ, autoritäre Darstellung nicht mehr zu, können die formgebenden Energien eine *Arteriosklerose* (☿♊ ♄) erzeugen. Kommt es zum letztendlichen Verschluss oder zur Embolie der Gehirngefäße, so erleiden wir einen *Schlaganfall durch Gefäßverschluss* (*Apoplex* [☿♊ ♄, ☿♊ ♄ ♅]).

Gefäße können durch Blutgerinnsel (*Thromben* [♂ ♄]) blockiert werden (*Embolie* [☿♊ ♂ ♄]). Unser EGO verbietet eine kämpferische und von körperlicher Vitalität zeugende SELBSTdarstellung.

Steinbildungen: Der Prozess der Verfestigung kann bis zur *Steinbildung* gehen. *Harnblasensteine* (♄ ♇) entwickeln sich, wenn unser EGO die Strenge und die Verantwortung anderen gegenüber nicht loslassen will.

Nierensteine (♀♎ ♄) deuten auf einen traditionsbewussten Umgang mit dem DU und dem Partner hin. In ihm spielt die gegenseitige Verantwortung eine wichtige Rolle. Dabei gilt es zu bedenken, dass die Verantwortungsübernahme einer Verantwortungs*wegnahme* gleichkommt, und der andere auf diese Weise zum Kind degradiert wird.

Gallensteine (♂♏ ♄, ♇ ♄) deuten auf eine zu große Bereitschaft die

Erwartungen anderer zu erfüllen, Pflicht und Verantwortung über alles zu stellen und dann zu erleben, wie eigene Erwartungen von den anderen nicht erfüllt werden. Auf die Dauer erzeugt dies in uns Groll und Hass. Da wir nicht bereit sind unser Verhalten zu ändern, kommt es zur Steinbildung (Fixierung des Grolls) auf der Gallenblasenebene.

KREBSERKRANKUNG: Die Entwicklungsblockade durch den Saturn ist die Basis der *Krebserkrankung*. Unser EGO verhindert durch eine starke Identifikation (☽♄, ♄♆, ♄♇) mit der Norm in extremem Maße das Wachstum bestimmter Anlagen und Fähigkeiten. Daher sieht unser SELBST keine Möglichkeit mehr, diese Anlagen auf der Lebensebene zu entwickeln. Welche Anlage hier wachsen sollte zeigt gleichnishaft das betroffene Organ. In ihm wächst anstelle der Anlage ein Tumor, der die Organ-Grenzen vollkommen missachtet. In diesem Zusammenhang sprechen wir von infiltrativem bzw. bösartigem Wachstum. Die Krankheit zeigt uns, wo wir statt in unserem Organbereich in unserem Leben die Grenzen (Anerkennung, Verantwortung, Leistung, Disziplin, Genügsamkeit …) hätten missachten und überschreiten sollen. Der Krebs trifft damit meist die so genannten »Anständigen«, weil sie extrem unanständig zu ihrem SELBST sind.

KNOCHENERKRANKUNGEN: Der *Knochenbruch* (♄♅) zeigt uns, dass unser EGO zu Gunsten der SELBSTverwirklichung mit dem Alten, Anerzogenen hätte brechen müssen. Das EGO ließ jedoch das Neue nicht zu. Ersatzweise erzeugten die Erneuerungsenergien den Bruch auf der körperlichen Ebene.

Zur *Osteoporose* (♄♆) kommt es dann, wenn das SELBST unsere Verhaltensstrukturen auflösen will, damit wir zu unserer Mitte und zur Lebendigkeit unseres SELBST zurückfinden können, das EGO jedoch an der »fremden Mitte« (Norm, konservative Maßstäbe, Tradition, Erziehung usw.) festhält.

Rachitis (*Osteomalazie* [♄♆]) bewirkt eine zu geringe Mineralisierung der Knochen im Kindesalter und Fehlwuchs. Dies bringt zum Ausdruck, dass wir nicht zu unserer Form und SELBSTverantwortung stehen. Wir sehen immer nur unsere Verantwortung gegenüber den anderen. Wir lebten und leben daher in einer »falschen« Form, an unserem SELBST vorbei (siehe hierzu auch Neptun, Fische: *Schuldgefühle*, siehe S. 52).

Knochenkrebs (☽♄, ♄♇, ♄♆) entsteht zu dem Zeitpunkt, an dem unsere Verantwortung unserem SELBST gegenüber wachsen soll, unser EGO jedoch stur, unter SELBSTverleugnung, an der DU- und gesellschaftsbezogenen Verantwortung festhält.

Osteomyelitis (♂ ♄) zeigt, dass wir uns zwar unbewusst über die Einschränkungen durch die Normalität und Leistungsforderungen ärgern, der Ehrgeiz des EGOs es jedoch verhindert, gegen die Einschränkungen (Erziehung, Autoritäten, Vorgesetzte …) und für eigene Verhaltensformen zu kämpfen. Der Kampf findet dann auf der Knochenebene seinen Ausdruck.

Gelenkerkrankungen: *Wirbelsäulenerkrankungen* (*Hexenschuss* [♄ ♅, ♄ ♇], *Bandscheibenvorfall* [♄ ♇]) deuten darauf hin, dass sich unser EGO verpflichtet fühlt, jedwede Verantwortung an sich zu ziehen. Die Verantwortungsüberlastung führt zur Verkrampfung der Rückenmuskulatur und über Jahre zur chronischen Überlastung der Bandscheiben, da die verkrampfte Muskulatur die einzelnen Wirbelkörper chronisch aufeinander zieht. Die Bandscheiben werden dadurch zusammengepresst, was ihre Versorgung mit Nährstoffen behindert. Gleichzeitig verringert sich der Nervendurchlass, sodass es auf die Dauer zur Einklemmung der Nerven kommen kann. Die Beteiligung der Nerven (♄ ♅) verweist uns darauf, dass wir uns von dem Anerzogenen hätten befreien sollen. Die Angst vor dem möglichen Skandal aber veranlasste unser EGO diese Entwicklung zu blockieren.

Rückgratverkrümmungen (*Skoliose*, *Morbus Scheuermann*) zeigen, dass die Kräfte der Formentwicklung keine eigene Lebensform gestalten können. Wir stehen für uns nicht gerade und verhalten uns dem SELBST gegenüber nicht aufrichtig (aufrechter Gang). Meist steht dahinter die Furcht unseres EGOs, die Anerkennung zu verlieren.

Leben wir bei ausgeprägtem Pflichtbewusstsein allzu leistungs- und erfolgsbetont, dann kann es zur chronischen Rückgratverkrümmung, der *Bambusstab-Wirbelsäule* (*Morbus Bechterew* [♄ ♇]) kommen. Sie verweist uns darauf, dass wir bei dieser Lebenshaltung seit langem nicht mehr aufrecht zu uns SELBST stehen.

Wir neigen dann zu *Gelenkerkrankungen* (*Chronische Polyarthritis* [♄ ♇], *Gicht* [♄ ♂], *Arthrose* s.u.), wenn wir nicht mehr bereit sind, beweglich und flexibel auf das Leben zu reagieren. Wir sind in der Normalität erstarrt. Besteht die Erstarrung im Geistigen, kann sich eine *Arthrose des Hüftgelenks* (♃ ♄) entwickeln. Sind wir in der Norm erstarrt, kann es zur *Kniegelenk-Arthrose* (♄ ♇) kommen. Bezieht sich die Verhaltensblockade auf die Kommunikation und körperliche Geschicklichkeit, so sind die *Hand-* und *Fingergelenke* (☿♊ ♄) betroffen. Wagen wir nicht den Schritt in die Freiheit des SELBST, dann ist unser *Sprunggelenk* (♄ ♅) Ort der Somatisierung.

Hauterkrankungen: *Akne* (♃ ♂♏ ♄, ♃ ♄ ♇) ist eine *Hauterkrankung* während der Pubertät. Sie zeigt, dass die Energie der Sexualität bejaht und gelebt werden will, die Entfaltung jedoch vom EGO oftmals aufgrund einer moralbesetzten Überzeugung (♃ ♄) begrenzt wird. Gerade die fettige Haut verweist uns auf den Glaubenshintergrund (♃).

Blockieren wir unsere körperliche Vitalität, weil Streit, Kampf oder Aggressionen nicht erlaubt sind, kann sich die Durchsetzungsenergie in einem *Ekzem* (*Neurodermitis* [♂ ♄], siehe auch Mars♈-Symptome S. 106) somatisieren.

Verhornungen oder die *Schuppenflechte* (*Psoriasis* [♄-Betonung]) zeigen, dass unser Ego glaubt, sich durch dicke »Mauern« der Moral und des Anstands schützen zu müssen. Die Energie, die wir haben, fließt dann nicht in die Entwicklung eigener Maßstäbe, sondern in die Verfestigung der schon existierenden Form (Haut).

Masern (♄ ♇), *Röteln* (♄ ♇), *Windpocken* (♄ ♇) und *Warzen* (♄ ♇) sind Viruserkrankungen der Haut. Viren zeigen uns immer, dass wir uns von einem uns fremden Verhaltensprogramm leiten lassen, das stets kontrolliert, ob wir oder andere auch RICHTIG sind. Unser ganzes Verhalten zielt darauf ab, die Anerkennung derjenigen zu bekommen, deren Erwartungen wir erfüllen. Gelingt es nicht, uns von diesem Verhalten durch einen akuten Transformationsprozess zu lösen, dann kann sich die Energie der Wandlung in einer Hautkrankheit somatisieren. Zu diesem Prozess gehört natürlich auch, dass wir uns von unseren Erwartungen verabschieden, dass andere Verantwortung für uns zu übernehmen haben.

Erkrankungen des Innenohrs: Erkrankungen des Gehörs stehen im Zusammenhang mit dem Gehorsam. An sich dürften wir nur uns SELBST gehorsam sein. Das EGO glaubt aber, zur Gehorsamkeit gegenüber fremden Autoritäten verpflichtet zu sein. Wenn wir akut zu sehr auf andere hören, statt auf uns SELBST und dadurch unter Leistungs-Stress geraten, kann es zum *Hörsturz* (♄ ♅) und zu *Ohrgeräuschen* (*Tinnitus* [♄ ♅]) kommen. Die Geräusche stammen von den durch eigenes überzogenes Leistungs- und Anerkennungsstreben überreizten Nerven und sind Ausdruck davon, dass wir zu wenig originell und zu unfrei leben. Wird unsere Gehorsamkeit chronisch, entwickelt sich eventuell eine *Schwerhörigkeit* (♄ ♆). Statt dass unsere Gehorsamkeit abnimmt, nimmt unser Hörvermögen immer mehr ab. Hierdurch werden wir gezwungen, vermehrt auf uns SELBST zu hören.

Zur *Mittelohrentzündung* (♂ ♄) kommt es dann, wenn wir unsere Wut über das aktuell Gehörte verdrängen.

Weichen wir zu sehr von unserer Mitte (♆) ab und finden wir in der von den anderen gelebten Form (Moral, Norm [♄]) unsere Sicherheit, so sind wir »Schwindler« gegenüber unserem SELBST. Wollen wir zur Mitte unseres SELBST zurückkehren, so müssen wir uns von der Norm lösen. Sind wir dazu jedoch nicht bereit, so löst sich das auf, was uns bisher scheinbar Sicherheit gegeben hat. Es entsteht dabei das Gefühl, den Boden unter den Füßen zu verlieren: uns wird *schwindlig* (*Schwindel* [♄♆]).

Jupiter, Schütze

Fähigkeit und Anlage[11]

Das Feuer des Geistes schenkt uns unsere *geistige Vitalität* und *Überzeugungskraft*. Da wir durch die »Erblindung« unseres Neptuns die Wirklichkeit[12] nicht mehr sehen, verkünden wir voller Begeisterung unsere subjektiven Auffassungen der Wirklichkeit. Wir erzeugen sie, indem wir mit unserem *Verstand* über die *Sinnzusammenhänge* nachdenken und Erklärungsmodelle (*Wissenschaft*) für die Welt der Erscheinungen aufstellen. Dabei verwenden wir unsere subjektiven Erfahrungen als Bausteine für unsere *Gedankengebäude*. Wir bringen die ständig anfallenden Erfahrungen in Synthese und erzeugen dadurch das *Wachstum* des Wissens. Dieses Wachstum erfahren wir als *»Fortschritt«*. Dem auf diese Art erzeugten Wissen fehlt es jedoch an Weisheit!

Da unsere Gedankengebäude wegen ihrer subjektiven Basis nicht die Wirklichkeit beschreiben, haben sie nur eine befristete Gültigkeit. Periodisch bringen Paradigmenwechsel die Glaubens- und Wissenschafts-Gebäude zum Einsturz. Es ist dies eine Art *aktiver Entgiftung* unserer »vergifteten«, weil subjektiven Weltsicht. Wir glauben an den Fortschritt und immerwährendes Wachstum. Unsere *Kultur* hat die alten Religionen zur Seite gedrängt und ein neues Religionsgebäude geschaffen. Im Zentrum des neuen Glaubens steht die materielle Wissenschaft, die lediglich Glaubenssätze kreiert, von diesen aber behauptet, dass sie bewiesenermaßen die Wirklichkeit beschreiben.

Zur geistigen Synthese steht unsere *Leber* in Analogie. Sie ist die Herrin über den *Synthesestoffwechsel*. Alles, was wir über den Magen (Erleben) und Darm (Auswertung, Nutzung) aufnehmen, gelangt über die Pfortader direkt bzw. über die Lymphbahnen indirekt zur Leber. Dort baut sie Zucker, Eiweiß und Fett um und ab. Die meisten Blut-Eiweiße werden in der Leber gebildet. Sie speichert u.a. Eisen, Vitamine und den Zucker als Glykogen. Mit der Synthese reagiert die Leber flexibel auf

Abb. 22: Jupiter, Schütze

die jeweiligen materiellen Bedürfnisse des Körpers (Zeichenqualität: beweglich!).

Die Leber regiert den *Fettstoffwechsel. Fett* ist einer der drei Grundnahrungsstoffe, über die unser Körper sein Feuer unterhält bzw. seinen Energiebedarf (ca. 25%) deckt und eigene Strukturen aufbaut. Auffällig am Fett ist dessen Unlöslichkeit im Wasser. Dies zeigt uns gleichnishaft die Gegensätzlichkeit zwischen der Energie unseres nach Zusammenhängen und Erklärungen suchenden *Denkens* (Feuer) und der Energie unseres *Fühlens* (Wasser). Auf der einen Seite ist diese Trennung sinnvoll, auf der anderen Seite gerät sie zum Problem, wenn Denken und Fühlen nicht mehr im Bedeutungs-Gleichgewicht sind. Kollektiv geben wir leider dem Verstand und damit dem Denken das größere Gewicht.

Aus dem Fett synthetisiert die Leber *Cholesterin,* den Grundbaustein vieler Hormone und ein wesentlicher Bestandteil der *Galle.* Die Galle ist nicht nur Hilfsmittel zur Ausscheidung und gleichzeitig Ausscheidungsprodukt, sondern sie dient auch der Fettresorption im Darm.

Die Leber *entgiftet,* in Analogie zum männlichen Element Feuer, *aktiv,* indem sie die körpereigenen und körperfremden Giftstoffe an die Galle bindet oder die Gifte für die Niere ausscheidungsfähig macht. So bindet sie das Abbauprodukt der roten Blutkörperchen (Erythrozyten), das *Bilirubin,* an die Galle. Den *Harnstoff* (Abbauprodukt der Eiweiße)

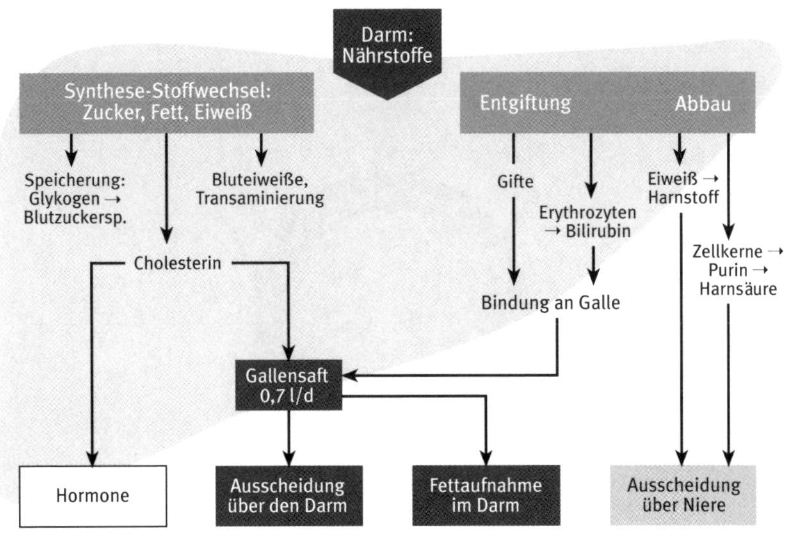

Abb. 23: Leberfunktionen

und die *Harnsäure* (Abbauprodukt des Purins aus den Zellkernen) bereitet sie für die Nierenausscheidung vor.

Jupiter steht für die Wachstum erzeugende Synthese. Die Steuerung des *Körperwachstums* liegt daher in seiner Hand. Über das Hormon *Somatomedin* steuert er die Wachstumshormonfreisetzung. Jupiter befindet sich im Tierkreis und im Sonnensystem diesseits des Saturn. Deshalb ist das Wachstum, welches er induziert, glücklicherweise begrenzt. Nur in unserer Wirtschaft suggeriert er uns das Märchen vom stetigen Wachstum, das eigentlich einem Verhalten maligner Tumore (Krebs) entspricht.

Es ist auch nicht verwunderlich, dass zum Jupiterbereich die größten Muskeln unseres Körpers zählen: die *Gesäß-* und *Oberschenkelmuskulatur*. Unser *Becken* ist mit den *Oberschenkelknochen* über das *Hüftgelenk* verbunden, welches es uns ermöglicht, raumgreifend fortzuschreiten (Fortschritt).

Jupiter-Symptome

Die Symptome erzeugt die vom Jupiter bereitgestellte *Energie der Verständniserweiterung*, sofern unser EGO am alten überlieferten Glauben festhält und zur geistigen Horizonterweiterung nicht bereit ist. Jupiter-Schütze befindet sich an der Nahtstelle von Geist und Seele

(Symbolfigur Zentaur: halb Mensch [Geist], halb Tier [Seele/Körper]). Alles, was unser innerer »Priester« (♃) verkündet, wird zum Auftrag (♇) unserer Seele. Sie hat dafür zu sorgen, dass er in der körperlichen Welt realisiert wird. Leider hat unser »Priester« die Verbindung zur Inspiration (Uranus, unser Wille im »Himmel«) verloren und verkündet daher seine sehr persönlichen Überzeugungen (Dogmen), Glaubenssätze und Wissenschaftstheorien. Unser verzauberter Geist reduziert sich auf diese Weise auf das *Verstandesbewusstsein.* Dieses übernimmt die Sinnvorgaben unserer Gesellschaft, Kultur, Kirche und Wissenschaft, deren Verständnis entsprechend begrenzt ist.

LEBERERKRANKUNGEN: Bei der *Leberentzündung* (*Hepatitis* [♂♃, ♃♇]) handelt es sich in der Regel um eine Virusinfektion. Sie gibt uns ein Gleichnis für unsere Fremdbestimmtheit in philosophischen, religiösen und weltanschaulichen Überzeugungen und sie bringt unsere Fixierung und Gebundenheit (♇) an unseren Verstand (♃) zum Ausdruck. Der Verstand beherrscht unser Leben und wir nutzen ihn oft auch dazu, Macht über andere auszuüben. Das wirkliche Verständnis aber ist in uns gestorben und unsere Toleranz ist zum Prinzip verkommen. Der Lebenssinn besteht im Leben von Pflichten und in der Opferbereitschaft. Wir lassen uns von totalitären, fundamentalistischen Weltanschauungen beeinflussen. Zur aktuellen Erkrankung kommt es dann, wenn das SELBST einen Sinneswandel einleiten will, das EGO aber unbeirrt am Überlieferten festhält.

Halten wir unbeirrbar an alten Überzeugungen fest und blockiert unser EGO auf lange Zeit den Sinneswandel, dann kann sich aus einer akuten Entzündung eine *chronische Leberentzündung* (♂♃♄, ♃♄♇) entwickeln.

Ist in unserem Verständnis die SELBSTlosigkeit unüberwindbar verankert, kann es zur Degeneration der Leber durch die Nekrose des Leberzellgewebes kommen: *Leberzirrhose* (♃♄♆). Dem geht meist ein lang anhaltendes Gefühl der Schuld und Sinnlosigkeit voraus, das wir durch Gifte (u.a. Alkohol) zu betäuben suchten.

WACHSTUMSERKRANKUNGEN: Unser begrenztes Verständnis von der Welt, das von Besserwisserei und mangelnder Toleranz bestimmt ist, kann sich auch im begrenzten Wachstum zeigen, im *Kleinwuchs* (♃♄). Oft wird er von einer Überschätzung (♃) der eigenen Bedeutung und Größe (♄) begleitet.

TUMORBILDUNGEN: Die Bildung *gutartiger Tumore* zeigt uns, dass unser Verständnis und geistiger Horizont zu bestimmten Themen wachsen will. Die Themen zeigen sich im befallenen Organbereich. Ein Tumor der Schleimhaut (*Polyp* [☽♃]) z.B. verweist uns auf das Thema: Gefühle zur gegenwärtigen Situation stehen im Widerstreit zu unserem Verstand. Hier will an sich das Verständnis für die Fürsorglichkeit uns SELBST gegenüber wachsen. Unser EGO jedoch lässt diese SELBSTbezogenheit nicht zu, denn sie ist nach der Überzeugung unseres EGOs reiner EGOismus!

Hüftgelenkserkrankungen: Pflegen wir eine fortschrittsfeindliche Überzeugung und lassen uns in ihr nicht beirren, dann kann dies Ausdruck in einer *Hüftgelenkarthrose* (♃♄) finden. Besonders, wenn unser Verstand allzu sehr vom Urteil (GUT / BÖSE) begrenzt und damit wenig »gelenkig« ist. Sehen wir den Lebenssinn in Rollenübernahmen, Opferbereitschaft und Pflichterfüllung, dann kommt es zur *degenerativen Hüftgelenksarthrose* (♃♇). Statt des Sinneswandels wandelt sich das Gelenk.

Propagiert unsere Weltanschauung die Verpflichtung, zu den Anliegen unseres SELBST auf innere Distanz zu gehen oder zu SELBSTloser Hilfsbereitschaft, dann ist dies der Hintergrund einer *Hüftgelenkluxation* (♃♇⛢, ♃♆). Auch hier blockieren die Überzeugungen unseres EGOs den Fortschritt unserer SELBSTverwirklichung. Die Hüftgelenkluxation ist oft angeboren. Dies deutet darauf hin, dass die Blockade des Fortschritts schon seit Vorleben besteht.

Fettleibigkeit: Statt dass wir unserem SELBST Wert geben, es verständnis- und liebevoll annehmen und uns in diesem Wertebewusstsein gegenüber anderen abgrenzen, geben wir uns durch unsere Körperfülle (*Adipositas* [♀♉♃]) mehr »Gewicht« und halten die anderen durch diese ersatzweise auf Distanz.

Unterbleibt die Sinnsuche, weil unser EGO an lieb gewonnenen alten Überzeugungen und Glaubensmustern festhält, so wird die Suche zur Sucht. Der Sinn und die Bildung haben ihre Analogie auf der Körperebene im Fett. Die Sinnsuche wird zur *Fettsucht* (♃♆).

Pluto (Mars), Skorpion

Fähigkeit und Anlage[13]

Die Energie des Pluto (weiblicher Mars) in uns bewirkt die absolute *Verbindlichkeit* der Seele gegenüber den geistigen Aufträgen des SELBST. Diese werden zu *Leitbildern* unseres Handelns und Pluto sorgt für deren vollständige Umsetzung. Zur Umsetzung gehören im-

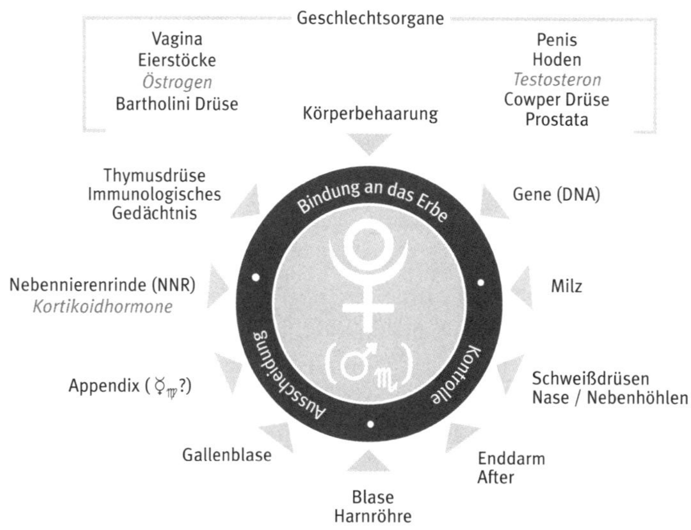

Abb. 24: Pluto (Mars), Skorpion

mer zwei Teilbereiche der Verwirklichung: Der aktiv gestaltende Täter (männlich) und das passiv erlebende Opfer (weiblich). All unsere Taten werden in unserem bildhaften *Gedächtnis* gespeichert. Da wir unsere Taten auch noch *erleben* müssen, kehren sie in der Gestalt eines äußeren Täters (Projektion) zu uns zurück und wir werden sein Opfer. Auf diese Weise schließt sich der Kreis unseres Karmas (*sanskr.* Wirken).

Sperrt sich unser EGO gegenüber den geistigen Aufträgen und nehmen wir uns auf diese Weise in unserer Lebendigkeit zurück, dann sorgt die *Sexualität* für die Zeugung neuen Lebens. Hierdurch bekommen unsere geistigen Aufträge eine erneute Chance auf Verwirklichung. Diesmal durch die Nachkommen. Die Gebundenheit der Nachkommen an uns zeigt sich in deren *Genen*, die sie von uns übernommen (*Vererbung*) haben.

Die Weitergabe unserer Gene geschieht im Sexualakt. Die komplette teilungsfähige Urzelle mit einem vollständigen Gensatz wird aus der weiblichen *Eizelle* und dem männlichen *Spermium* gebildet. Die *Geschlechtsorgane* sind von der ursprünglichen Anlage her gleich. Sie differenzieren sich jedoch ohne das Hormon Testosteron in die weiblichen und unter Testosteroneinwirkung in die männlichen Organe. Zu den weiblichen Organen gehören die *Eierstöcke*, in denen die Eier und die weiblichen Geschlechtshormone (v.a. *Östrogen*) gebildet werden, die

Eileiter, die *Vagina* mit der *Klitoris*, die *Schamlippen* und die *Schleimdrüsen* (Bartholini). In der Reihenfolge korrespondieren die männlichen Organe, die *Hoden*, in welchen die Spermien und die männlichen Geschlechtshormone (*Testosteron*) gebildet werden, die *Samenleiter* und *Samenblase*, der *Penis*, der *Hodensack* und die *Schleimdrüsen* (Cowper). Hinzu kommt beim Mann noch die *Prostata*[14].

In unserem Körper übernimmt Pluto die *Speicherung* der Stoffe, die ausgeschieden werden sollen und sorgt in einem gewissen Rhythmus für deren *Ausscheidung*. Viele Stoffe werden im Unterhautgewebe abgelagert und über den *Schweiß* ausgeschieden. Das Ausscheidungsprodukt der Leber, die Galle, sammelt sich zum Teil in der *Gallenblase*. Die aus der Nahrung stammenden Ballast- und Abfallstoffe häufen sich im *Enddarm* an und das Verschlusssystem des *Afters* kontrolliert deren Ausscheidung. Der *Urin* sammelt sich in der *Blase* und entleert sich über die *Harnröhre*. In der *Milz* hat das Blut einen Speicherbereich, in dem die roten Blutkörperchen auf ihre Funktion kontrolliert, gegebenenfalls ausgemustert und u.a. über die Leber (Galle) abgebaut und ausgeschieden werden. Die entsorgten Stoffe werden zum Humus und Dünger, auf dem neues Leben heranwachsen kann.

Jede Zelle verfügt über einen kompletten Satz der *Erbinformation* (Genom = Summe der Gene, DNA). Über die DNA, die in sich eine schwingungsfähige Struktur (Doppelhelix) bildet, ist jede Zelle mit individuellen und kollektiven Gedächtnisfeldern (morphogenetische Felder, siehe Abb. Gedächtnis) verbunden. In diesen Feldern sind all unsere Erfahrungen der Vergangenheit (auch Vorleben) bildhaft gespeichert. In Verbindung mit diesen Feldern verfügen wir zum einen über unser *Gedächtnis* und zum anderen über energetische *Leitstrukturen*, an denen sich unsere Zellen bei ihrer Differenzierung orientieren können. Aus den ursprünglich omnipotenten Zellen werden auf diese Weise spezialisierte Organzellen.

Bestimmte Zellen verfügen zusätzlich über ein *immunologisches Gedächtnis*. Aufgabe der *Thymusdrüse* ist die immunologische Prägung dieser Zellen (T-Lymphozyten) in der Kindheit und Jugend.

Die *Nebennierenrinde* (NNR) ermöglicht mit ihren Hormonen (*Kortikoide*) die Kontrolle über die Ausprägung der Sexualorgane, sekundären Geschlechtsmerkmale und der Potenz (*Sexualhormone*), über die Abwehr- bzw. Immunreaktion (u.a. *Cortisol*) und über die Ausscheidung von Mineralstoffen (u.a. *Aldosteron*).

Die *Schweißdrüsen* sondern einen charakteristischen, teilweise sexuell stimulierenden Geruch ab und dienen bevorzugt der Ausscheidung (ca.

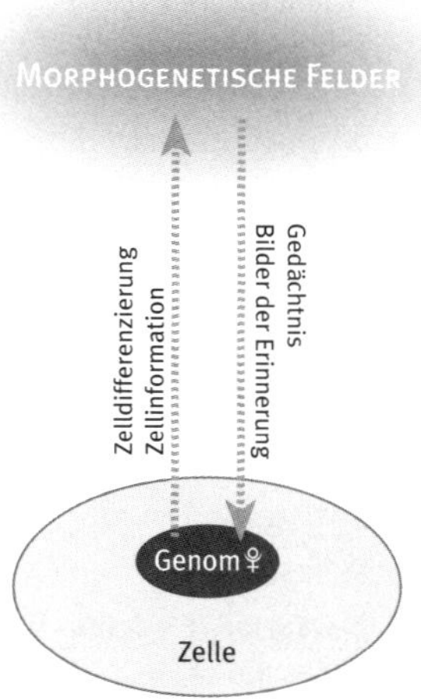

Abb. 25: Gedächtnis (♀)

0,5 l Schweiß pro Tag). Daneben besitzen sie Kühlungsfunktion (Mond-Beteiligung). Der Angstschweiß steht in Verbindung zu Neptun.

Über die Schleimhäute der *Nasennebenhöhlen* leben wir bei viralen Infekten unsere Katharsis (*gr.* Reinigung) als Schnupfen. Mit der *Nase* riechen wir. Das Riechen ist eng mit der Erinnerung verbunden.

Pluto (Mars$_{♏}$)-Symptome

Alte Rollen und Verhaltensmuster unterdrücken die Entwicklung der Anlagen. Die Symptome erzeugt die vom Pluto für den Wandel (von der Fremdbestimmung hin zur SELBSTbestimmung) bereitgestellte Energie. Diese Energie will an sich für das Absterben unserer fremdbestimmenden Muster sorgen. Erwachsen zu leben heißt nämlich unter anderem, sich (seinem) SELBST *treu* zu sein und die einzige *Pflicht* darin zu sehen, die Schöpfungsaufträge, die unserem SELBST durch Inspiration gegeben werden, zu verwirklichen.

Unser EGO jedoch ist der Auffassung, erst dann ein GUTER Mensch zu sein, wenn es die *Erwartungen* anderer erfüllt und *Pflichten* gegenüber anderen übernimmt. Es ist damit dem SELBST untreu, *opfert* (Hemmung) dessen Interessen und blockiert damit die Wandlung. Die Energie Plutos sinkt dann auf die Körperebene und lässt ersatzweise dort Teile unseres Organismus sterben oder verkrampfen.

Zur Heilung müssen wir aufhören, die Erwartungen anderer zu erfüllen. Dies wird aber nur dann gelingen, wenn wir gleichzeitig unsere

Erwartungen an die anderen aufgeben. Die eine Seite ist ohne die andere nicht zu haben.

ALLGEMEINE SYMPTOME: Durch die Opfer, welches unser EGO bringt, liefern wir unser SELBST einem langsamen *Sterbeprozess* aus. Auf der Körperebene sterben Organ- und Gewebestrukturen ab.

Pluto sorgt dafür, dass all unsere Taten zu uns zurückkehren und wir ihr Opfer werden. Pluto richtet also den »Stachel der Tat« gegen uns selbst. Auf der körperlichen Ebene kann dies bedeuten, die Aggression richtet sich gegen uns selbst. Wir leiden dann unter einer *Autoaggressionserkrankung* (alle ♇-Aspekte). Sie will uns zeigen, wie sehr bestimmte von uns gelebte Verhaltensmuster / -zwänge unser SELBST zerstören, wenn wir sie nicht »sterben« lassen.

Zwangssymptome (alle ♇-Aspekte) sind Verhaltensmuster, die wir unter dem Erwartungsdruck in der Kindheit herausgebildet haben. Die Erwartungen, mit denen wir als Kinder konfrontiert werden, stammen scheinbar von unseren Eltern und deren Vorfahren (Familienskript, Sippenprogramm). Sie verlangen, dass wir eine bestimmte Rolle oder ein bestimmtes Verhalten übernehmen und dafür unser eigentliches Sein opfern. Diese Erwartungen jedoch sind nichts anderes, als die Projektion unbewusster eigener Erwartungen auf die Sippe.

In diesem Zusammenhang sind auch Versprechungen und *Schwüre* aus der Vergangenheit zu nennen, die es nicht zulassen, dass wir uns wandeln. Sie legen uns auf unbestimmte Zeit in unseren Verhaltensmustern fest, es sei denn, wir lösen die betreffenden Schwüre mental auf.

Verkrampfungen (*Spastik*) und *degenerative Symptome* (alle ♇-Aspekte) zeigen uns, wie sehr wir uns kontrollieren (verkrampfen), um in »Treue zur Umwelt« bestimmte Verhaltensmuster einzuhalten. In der Folge fühlen wir uns aufgrund unserer Opferbereitschaft berechtigt, von anderen ebenfalls die Erfüllung von Erwartungen und Verpflichtungen fordern zu dürfen. Wir fühlen uns zur Macht über andere berufen. Sie sollen sich bitteschön genauso opfern (sterben), wie wir SELBST. Die Erfüllung wird durch uns eifersüchtig überwacht und kontrolliert. Die Symptome entstehen dann, wenn wir unseren Machtanspruch nicht durchsetzen können, sodass sich die mit ihm verbundene Energie staut. Die Kontrolle im Außen spiegelt die unbewusste Kontrolle in unserem Inneren. Unser Leben verkrampft sich zunehmend. Um wieder *SELBSTbestimmt* zu werden und die Verkrampfungen hinter uns zu lassen, müssen wir jegliche Pflicht (*Fremdbestimmung*) anderen gegenüber sterben lassen (*Wandlungsprozess*), jedoch gleichzeitig auch unsere Erwartungen an die anderen aufgeben.

Wir glauben, dass unsere Tatkraft dazu da sei, die Erwartungen der anderen zu erfüllen oder andere mit körperlicher Gewalt zwingen zu dürfen, unsere Erwartungen zu erfüllen. Sind wir mit dem einen oder anderen erfolglos, dann kann die Energie sich in *Muskelverkrampfungen* somatisieren und letztendlich zu *spastischen Lähmungen* (♂ ♇) führen.

Verkrampfungen können auch *Gefäßverschlüsse* erzeugen. Betroffen sind dabei die Gefäße, welche in ihrer Wand Muskulatur enthalten (Arterien [☿♊ ♂ ♇], Herzkranzgefäße [☉ ♇] → *Herzinfarkt*, *Darmverschluss* [☿♍ ♇]).

INFEKTIONSKRANKHEITEN: *Viruserkrankungen* weisen uns darauf hin, dass wir fremdbestimmt leben. Viren sind kurze Genstrukturen, die sich in den Zellstoffwechsel einschleusen und ihn für ihre Zwecke missbrauchen. Die Zelle übernimmt ein von den Viren vorgegebenes zellfremdes genetisches Programm (Fremdbestimmung, Rollenübernahme) und geht langsam daran zugrunde, weil sie ihre eigenen Aufgaben nicht mehr erfüllen kann. Ist unser EGO nicht bereit aus fremdbestimmten Verhaltensweisen (Verpflichtungen, Erwartungen) auszusteigen, dann kann sich die Wandlungsenergie auf der Zellebene in einem *Virusinfekt* (*grippaler Infekt* [♂ ♇], *Windpocken* [♄ ♇], *Herpes* [♄ ♇], *Warzen* [♄ ♇] u.a.) somatisieren.

Parasitäre Erkrankungen (*Milben*, *Läuse*, *Zecken*, *Würmer*) zeigen uns, dass andere – wie Vampire – von unserer Lebensenergie (körperlich ♂ ♇, seelisch ☉ ♇, geistig ♃ ♇) zehren. Wir sind dann gefährdet, wenn wir nicht bereit sind, unsere Rolle, in der wir unsere ganze Energie für andere opfern, sterben zu lassen.

Pilze (je nach Organbefall spezifische ♇-Aspekte) leben von bereits gestorbenem Gewebe. Pilzbesiedelungen wollen uns also darauf aufmerksam machen, dass unter unserer Lebensführung bestimmte Anlagen absterben. Was stirbt und wo wir unser Verhalten sterben lassen sollen, zeigt uns der vom Pilz befallene Organbereich als Gleichnis. Nicht die Pilze sind die BÖSEN. Im Gegenteil, sie helfen uns auf Veranlassung unseres SELBST bei unserem Erkennen. Die Energie für den vom EGO blockierten Wandlungsprozess fließt destruktiv in die analogen Organstrukturen. Statt dass wir unsere Pflichten sterben lassen, findet der Sterbeprozess auf der körperlichen Ebene statt. Arbeitsdruck, Arbeits- oder Anpassungszwänge (»Sklaverei«) lassen die Darmschleimhaut sterben und den *Darmpilz* (☿♍ ♇) wachsen. SELBSTlose und hilfsbereite Pflichterfüllung lässt das sterben, was wir in Wirklichkeit sind und führt zum *Fußpilz* (♆ ♇). Opfern wir all unsere körperliche Kraft und

Vitalität an die Pflicht, kann es zum *Nagelpilz* (♂ ♇) kommen. Opfern wir uns an die Verantwortung anderen gegenüber, so stirbt die Haut und es kann sich ein *Hautpilz* (♄ ♇) entwickeln.

AMPUTATION: Opfern wir uns in bestimmten Bereichen und sind in keinem Fall zur Wandlung bereit, dann kann es zur *Amputation* (♇-Aspekte) der entsprechenden Körperzonen kommen. Die Amputation ist die unumkehrbare Opferung schlechthin.

AUSSCHEIDUNGSORGANE: In der Gallenblase wird ein Teil der Gallenflüssigkeit gesammelt, um bei einem hohen Fettanteil in der Nahrung zusätzlich zur Verfügung zu stehen. Verfestigt sich die Gallenflüssigkeit zu *Gallensteinen* (♂♏ ♄, ♄ ♇), dann wollen die »Steine« uns mitteilen, dass ein Leben der Erwartungserfüllung, welches wir aus einer bestimmten Glaubenshaltung (♃) heraus führen, unbewusste Hassgefühle bewirkt, die sich verfestigen. Unser Hass als unbewusster Machtanspruch entzündet sich insbesondere daran, dass wir zwar die Erwartungen der anderen erfüllt haben, diese aber nicht im Traum daran denken, sich zu opfern und unsere Erwartungen zu erfüllen.

Hält unser EGO zu sehr an alten Verantwortungsmustern und Autoritätsrollen fest, dann will unser SELBST dieses Verhalten ändern. Blockiert jedoch unser EGO die Wandlung, dann kann sich der Sterbeprozess destruktiv auf den *Enddarm* (♄ ♇) richten.

Hämorrhoiden (♀♎ ♇, ♄ ♇) sind eine häufige Erkrankung im Bereich unseres Afters. Stehen wir in unseren Beziehungen zu anderen Menschen unter aktuellem Erwartungsdruck, dann erhöhen wir unwillkürlich die Spannung unserer Schließmuskulatur. Wir kneifen die Pobacken zusammen. Dadurch wird das venöse Geflecht im Analbereich abgedrückt. Der Blutfluss stagniert, das Blut gerinnt und die Venen sacken aus.

In unserer Partnerschaft will unser SELBST eine notwendige Veränderung veranlassen, weil wir, nur einer scheinbaren Geborgenheit wegen, allzu sehr in der Fremdbestimmung durch den Partner gefangen sind. Weil zur Änderung eine streitbare Auseinandersetzung notwendig wäre, sperrt sich unser EGO jedoch gegenüber diesem Wandlungsprozess. Die Streitenergie manifestiert sich dann in einer *Harnblasenentzündung* (*Cystitis* [♂ ♇]).

ERBKRANKHEITEN: Wir inkarnieren in einer Familie, deren Vorfahren eine genetisch bedingte Behinderung in sich tragen. Diese Behinderung existiert unbewusst auch in uns selbst und zeigt sich in einer *Erbkrankheit* (♄ ♇). Hier wirkt ein altes, verfestigtes und die Lebendigkeit sehr stark einschränkendes Verhaltensprogramm aus den Vorleben bzw. ein scheinbar (Projektion!) vererbtes Verhaltensprogramm der Vorfahren (Sippenprogramm) auf das jetzige Leben. Es gilt den Verantwortungszwang, das autoritäre Machtgehabe und das manchmal gnadenlose Urteilen zu überwinden.

Immunerkrankungen: *Autoimmunerkrankungen* (♂ ♇) wollen uns darauf aufmerksam machen, dass wir unbewusst wütend sind, wenn wir die Erwartungen der anderen erfüllen. Die angenommene Rolle erscheint uns jedoch so wichtig, dass wir lieber Teile des SELBST zerstören, als die Rolle und die damit verbundene Macht oder Kontrolle zu »zerstören«. Wir richten lieber unser Immunsystem (♂) zerstörend gegen Teile von uns SELBST.

Krankheiten der Sexualorgane: Tabus, religiöse Überzeugungen, moralische Urteile und die damit verbundenen Schuldgefühle verhindern, dass wir unsere Sexualität als natürlichen Teil unseres Liebeslebens akzeptieren. Die konfliktreich bzw. nicht gelebte Sexualenergie kann sich dann in *Geschlechtskrankheiten* (♄ ♇, ♃♇, ♀♎ ♇, ♂♏♄) somatisieren.

Statt dass wir verständnisvoll mit der Sexualität umgehen und das Talent der Sexualität wachsen lassen, kann es zur *Prostatavergrößerung* (♃♇) oder gar zum *Prostatakrebs* (♄ ♇) kommen.

Die *Trockenheit der Geschlechtsorgane* (♄ ♇) bringt zum Ausdruck, dass wir uns, meistens aus Gründen der Moral oder Schuld, nur schwer in das Gefühl der sexuellen Geilheit fallen lassen können.

Entzündlicher Ausfluss (*Fluor genitalis* [♂ ♇]) kann sich dann bilden, wenn wir nicht bereit sind, unser Sexualverhalten, das allzu sehr auf Erwartungserfüllung ausgerichtet ist, zu verändern. Das EGO sperrt sich aus Gründen der Moral oder Anerkennung gegenüber einer zunehmenden SELBSTbestimmung im sexuellen Verkehr. Die daraus entstehende unbewusste Wut wird als Scheidenentzündung gelebt.

Erkrankungen der Nebennierenrinde (NNR): Die Fremdbestimmung im Zusammenhang mit selbstloser Erfüllung der Erwartungen anderer, das symbiotische Partnerschaftsverhalten und die damit verbundene Untreue sich SELBST gegenüber, kann sich in der *Addison-Krankheit* (NNR-Insuffizienz [♆ ♇]) somatisieren. Insbesondere dann, wenn uns unser SELBST im Zuge unserer Entwicklung aus den oben beschriebenen Verhaltensweisen lösen (♆) will, unser EGO aber aus Verlassenheitsängsten oder aus der Angst, die Macht und Kontrolle zu verlieren, die Lösung blockiert.

Das Pflichtbewusstsein (♇) als Lebenssinn (♃) und der innere Zwang (♇) edel (♃) sein zu müssen, lassen die Pflichten wachsen. Auf diese Weise opfern wir uns immer mehr. Unser SELBST drängt auf Wandlung. Unser EGO jedoch blockiert diese Energien. Diese bewirken daraufhin eine Erhöhung der Nebennierenrinden-Tätigkeit und fördern damit die Entwicklung des *Cushing-Syndroms* (NNR-Überfunktion [♃♇]). Die charakteristische Fetteinlagerung im Gesicht und am Körperstamm verweisen auf die Jupiterbeteiligung.

Venus, Waage

Fähigkeit und Anlage[15]

Die Venus der Waage ist die Kraft, die in der Begegnung das *Gleichgewicht* zwischen ICH und DU herstellt. Befinden sich beide Seiten in Harmonie zueinander, dann entsteht das, was wir *zwischenmenschliche Liebe* nennen. Die Venus ist der Planet der Projektion. Sie bewirkt, dass uns das in der Außenwelt begegnet, was wir unbewusst in uns tragen. Dadurch erhalten wir über die Begegnung die Möglichkeit, unbewusste Anlagen unseres SELBST kennen zu lernen und sie wieder in unsere Persönlichkeit und unser Leben zu integrieren. Die Integration ist insofern schwierig, weil es sich dabei um von uns verurteilte und abgelehnte Anlagenteile handelt. Wenn wir am Ende unserer Entwicklung alles inte-

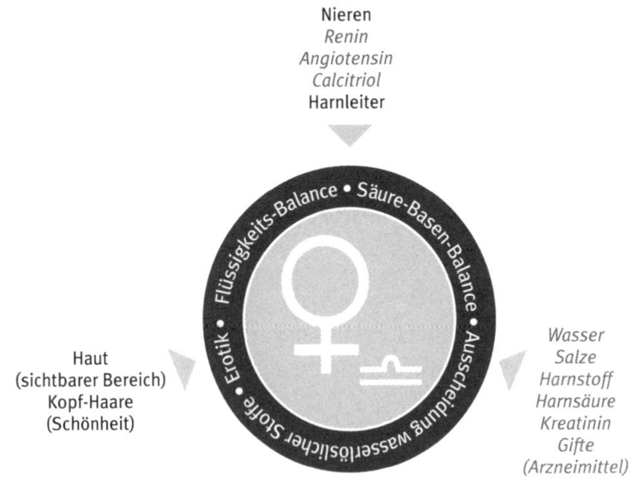

Abb. 26: Venus, Waage

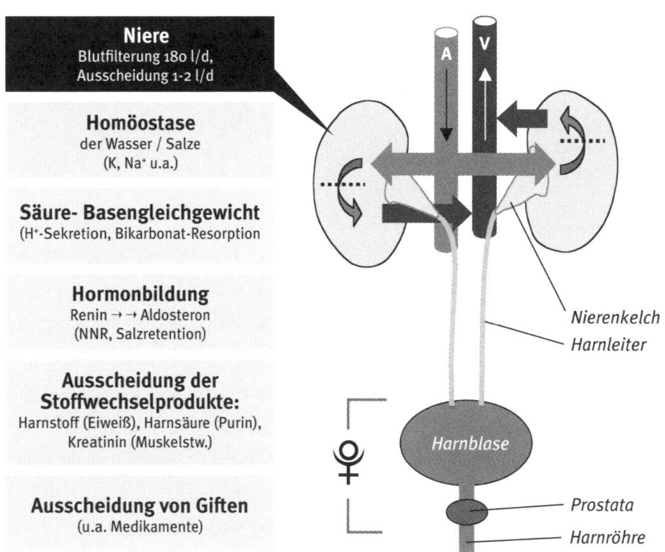

Abb. 27: Nierenfunktion

griert haben, dann sind wir wieder ganz und ungeteilt (Individuum) und erstrahlen in unserer ursprünglichen *Schönheit*. Analog dazu sorgt die Energie der Venus in uns für den Ausgleich von männlichen und weiblichen Anlagen, z.B. für die Homöostase von Abgabe und Aufnahme.

Die *Nieren* sorgen für den Ausgleich zwischen *Säure* (männlich) und *Base* (weiblich). Haben wir viel Flüssigkeit zu uns genommen, scheiden die Nieren entsprechend viel aus und wachen auf diese Weise über einen *ausgeglichenen Wasserhaushalt*. Sie scheiden je nach Aufnahme Mineralstoffe aus oder halten sie zurück und stellen damit die *Salzbalance* (Natrium – Kalium) mithilfe des Hormons Aldosteron der Nebennierenrinde (NNR) her. Sie scheiden Abbauprodukte wie Harnsäure, Harnstoff und Kreatinin sowie Medikamente und Gifte aus. Zu diesem Zweck filtrieren sie in ihren Filtereinheiten (*Glomeruli*) ca. 180 Liter Blut pro Tag. Davon resorbieren sie fast 179 Liter. Etwa 1,5 Liter pro Tag geben sie über die *Nierenkelche*, *Nierenbecken* und *Harnleiter* zur Ausscheidung an die Blase.

In der Niere wird das Hormon *Renin* gebildet, welches die Angiotensinbildung anregt und damit eine *Gefäßengstellung* bewirkt (Blutdrucksteigerung).

Unter der Mitwirkung der Niere wird das *Calcitriol* (aus Vitamin D3) gebildet, ein wichtiges Hormon des Calcium-Stoffwechsels (*Calcium-Aufnahme im Darm, Knochenaufbau*).

Sekundär verbindet sich das Venus-Waage-Prinzip mit der *Haut* (erotischer Aspekt) und den *Haaren* des Kopfes (Schönheitsaspekt).

Venus♎-Symptome

Die Symptome erzeugt die von der Venus (Waage) bereitgestellte *Energie für einen tatsächlichen Ausgleich*. Das Harmoniestreben und Liebsein unseres EGOs behindert oftmals die Entwicklung der mit Venus im Aspekt stehenden Anlagen. Mit diesem Liebesverhalten zerstört es das Gleichgewicht zur Außenwelt, zwischen ICH und DU, Mann und Frau, Partner und Partnerin immer mehr. Entweder besitzt der Mann mehr »Gewicht« als die Frau oder umgekehrt. Die äußeren Verhältnisse sind jedoch nur die Widerspiegelungen (Projektion) der eigenen inneren. Die Debalance zwischen der männlichen (aktives Handeln) und der weiblichen Seite (nehmen, erleben) zeigt sich in entsprechenden Symptomen.

NIERENERKRANKUNGEN: Unser SELBST will das zwischenmenschliche Gleichgewicht herstellen. Hierzu gehört die Balance (Liebe) zwischen Mann und Frau. Die Balance wird aber nur erreicht, wenn beide bereit sind für sich einzutreten, notfalls auch für sich zu streiten und zu kämpfen (♀♎ ♂). Das EGO jedoch glaubt die Liebe nur über »lieb sein« erreichen zu können. Der Konflikt unterbleibt und die unbewusste Aggression wird auf den Partner projiziert. Er ist dann der BÖSE Aggressive. Fällt der Partner aus, weil er zu lieb oder nicht mehr da ist, so veranlasst unser SELBST den aktuellen, aber uns unbewussten Streit auf der organischen Ebene in einer *Nierenentzündung* (*Glomerulonephritis* [*akute* ♀♎ ♂, *rezidivierende* ♀♎ ♅, *chronische* ♀♎ ♄]).

In der Verarbeitung dessen, was wir in der Partnerschaft erleben, gibt unser EGO den Gefühlen der Aggression und Wut zu wenig Raum. Es belässt sie im Unbewussten, um die scheinbare Harmonie nicht zu gefährden. Dort, wo sich das filtrierte Abwasser (die zu verarbeitenden Gefühle [♀♎ ♂♏, ♀♎ ♇]) sammelt, in den Nierenbecken, drücken sich die unverarbeiteten Konflikte in einer *Nierenbeckenentzündung* aus.

Nierenversagen – oft vor dem Hintergrund einer Zuckerkrankheit – ist der Hinweis auf eine chronisch gestörte Balance zwischen Mann und Frau. Dabei werden von unserem EGO die Entwicklungsenergien wegen seiner Harmoniesucht dauerhaft geblockt, welche die Balance in einer zwischengeschlechtlichen Auseinandersetzung wiederherstellen wollen. Diese Energien somatisieren sich dann in einer chronischen *Niereninsuffizienz* (♀♎ ♄ ♆). Hier hilft oft nur noch die Blutwäsche (Bearbeitung der im Blut stecken gebliebenen Aggression, Dialyse).

Der *Bluthochdruck* kann auch durch die Nieren (Nierenhormone: Renin → Angiotensin) bedingt sein. Er ist dann Ausdruck lang andauernder zwischenmenschlicher Konflikte (♀♎ ♂, ♀♎ ♄, ♀♎ ♇), die wir nicht lösen, weil wir dem Streit (♂), Autoritätskonflikt (♄) oder Machtkampf (♇) ausweichen. Die Konflikte werden, um den Schein der Harmonie und Liebe (♀♎ ♆) zu wahren, ins Unbewusste verbannt.

Aus falsch verstandener »Liebe« verzichten wir auf unsere eigenen Rechte und sehen das Recht immer auf der Seite des anderen (♀♎ ♄ ♆). Wir haben das Gefühl der Schuld und Rechtlosigkeit und stehen nicht mehr zu uns (-erem) SELBST. Der Mangel an Stabilität kann sich in der Instabilität der Knochen (*Osteoporose* [♄ ♆]) durch Probleme im Calcium-Stoffwechsel zeigen.

Merkur, Jungfrau

Fähigkeit und Anlage[16]

Der Merkur der Jungfrau gibt uns die Fähigkeit zu erkennen, wozu uns die vorhandenen materiellen Bedingungen nützlich sein können. Entsprechend lässt er uns die materiellen Ressourcen für unseren Schöpfungsauftrag nutzen. Die Materie will der Diener unseres Schöpfungsprozesses sein.

In vorbildlicher Weise zeigt uns unser *Darm* diesen Umgang mit der Materie. Er analysiert die vom Magen angebotene Speise daraufhin, welche Anteile für die körperliche Existenz nützlich und welche Teile nur Ballast sind. Die nützlichen Bestandteile resorbiert (*lat.* aufnehmen) er, damit wir sie für unsere körperliche Existenz nutzen können und die Ballaststoffe gibt er zur Ausscheidung an den Enddarm weiter.

Zunächst neutralisiert er mit dem *Bikarbonat* aus der *Bauchspeicheldrüse* den vom Magen kommenden sauren Speisebrei. Zur weiteren Analyse (*gr.* Zergliederung) des Speisebreis verwendet er zucker-, eiweiß- und fettspaltende *Enzyme*, die ebenfalls in der Bauchspeicheldrüse erzeugt werden. Der Darm hält sich sogar »Haustiere« (*Darmflora*) zur Unterstützung seiner Tätigkeit: z.B. *Milchsäurebakterien* im Dünndarm und *Dickdarmbakterien* (Kolibakterien), die u.a. Vitamin K produzieren, das unser Organismus selbst nicht herstellen kann.

Im *Dünndarm* (*Duodenum, Jejunum, Ileum*) werden Fette, Zucker, Eiweiße und Mineralien und im *Dickdarm* (*Colon*) neben weiteren Mineralien im Wesentlichen das Wasser resorbiert (*lat.* aufnehmen).

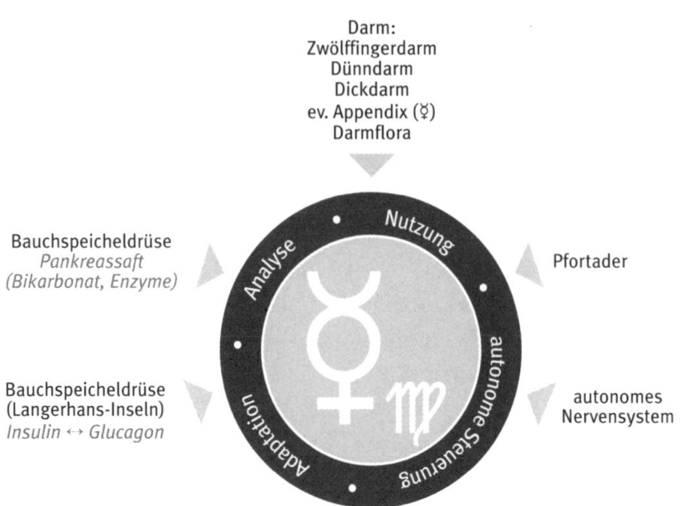

Abb. 28: Merkur, Jungfrau

Die Aufgabe des *Appendix* ist weitgehend ungeklärt, ebenso wie seine astrologische Zuordnung. Neben seiner Zugehörigkeit zur Jungfrau könnte eine Zugehörigkeit zum Pluto/Skorpion existieren. Zumal er eine Rolle im Rahmen des Immunsystems spielt.

In den *Langerhans-Inseln* der Bauchspeicheldrüse wird das Hormon *Insulin* und *Glucagon* gebildet, welches die Zuckeraufnahme (☽) und damit die Energieversorgung (☉) der Zellen steuert.

Der Jungfrau-Merkur, als Götterbote unseres SELBST, steuert alle autonomen Prozesse mithilfe des *autonomen Nervensystems* (vegetatives NS). Dieses System verfügt über zwei Wege, über die es flexibel die Anpassung an die jeweiligen Situationen steuert (Zeichenqualität: beweglich!). Der *Sympathikus* arbeitet mit den *männlich* orientierten Organstrukturen/Funktionen (hauptsächlich Aktivität) und sein Gegenspieler, der *Parasympathikus*, mit den *weiblich* orientierten Organstrukturen/Funktionen (hauptsächlich Verdauung, Sexualfunktionen) zusammen.

Merkur♍-Symptome

Die Symptome erzeugt die vom Merkur bereitgestellte *Energie der Nutzung*. Unser SELBST will, dass wir die Materie für unsere Schöpfungszwecke nutzen. Darin besteht unsere wirkliche Arbeit. Unser EGO jedoch glaubt ein besserer und edlerer Mensch zu sein, wenn es sich zum Diener der anderen macht und an diese anpasst. Wegen dieser Anpassung verlieren wir uns zunehmend SELBST. Solange wir dienen (Kompensation), bleiben wir symptomfrei. Werden wir aber nicht mehr gebraucht und fallen in die Nutzlosigkeit (Hemmung), dann kann sich die Energie der Nutzung somatisieren.

DARMERKRANKUNGEN: Lassen wir uns grenzenlos (SELBSTlos) ausnutzen, dann bleibt unsere tatsächliche Arbeit liegen und wir spielen das Aschenputtel für die anderen. Analog bleiben unsere Nährstoffe unverdaut. Über bakterielle, anaerobe (ohne Sauerstoff) Fäulnisprozesse entstehen besonders bei eiweißreicher Nahrung (Fleisch) *Gase*. Bei ungenügender Zuckerverdauung entstehen in Gärungsprozessen unsere Leber belastende Alkohole und Kohlensäure. Wir leiden dann unter *Blähungen* (☿♍♆).

Macht sich unser EGO nur nützlich und nutzen wir deshalb die materiellen Bedingungen nur unzureichend für unser SELBST, so kann sich die Energie der Begrenzung (♄), Distanzierung (⛢), oder Schwächung (♆) in der *Malabsorption* (☿♍♄, ☿♍⛢, ☿♍♆), einer ernsten Mangelernährung, zeigen.

Setzt unser EGO in seinem Dienst am anderen auf Leistung, dann arbeiten wir nicht mehr für uns SELBST. Blockiert zudem unser EGO einen Entwicklungswandel, dann kann sich die Anlagenenergie in einer chronischen Entzündung des Dünndarms (*Morbus Crohn* [☿♍♂♄, ☿♍♄, ☿♍♇]) somatisieren.

Unser EGO arbeitet mit Pflichtbewusstsein und Opferbereitschaft. Das SELBST will aber durch einen Wandlungsprozess diesen Arbeitsdruck überwinden. Bei einer Blockade der Wandlung durch unser EGO, kann sich die Wandlungsenergie (♇) im Darm somatisieren. Sie erzeugt eine Allergie (*Zöliakie / Sprue* [☿♍♂♇]) der Dünndarmschleimhaut gegen das Klebereiweiß des Getreides.

Unser EGO will in einer aktuellen Situation nicht von seinem Nützlichkeitsverhalten lassen. Das von unserem SELBST veranlasste Loslassen geschieht dann auf der somatischen Ebene als *Durchfall* (☿♍⛢, ☿♍♆).

Wenn unser EGO an einem überholten Verantwortungs- (♄) oder Pflichtbewusstsein (♇) im Dienst- und Arbeitsbereich festhält, kann sich dies in *Verstopfungen* (☿♍♄, ☿♍♇) zeigen. Bleibt die Entwicklung weiterhin aus, kann unser SELBST einen *Darmverschluss* (☿♍♇) inszenieren.

Dickdarmerkrankungen weisen uns darauf hin, dass wir im Arbeitsbereich ausgenutzt werden und dabei zu wenig auf unsere Gefühle achten. Der Dickdarm ist ja der Bereich, wo dem nutzlosen Ballast das Wasser (Gefühle) entzogen wird. Sind wir nützlich anderen gegenüber, sind wir nutzlos unserem SELBST gegenüber. Der Ärger über die Ausnutzung führt zu einem *Reizcolon* (☿♍♂). Bei einer chronischen Blockade der Entwicklung kann es ersatzweise zur *Colitis ulcerosa* (☿♍♄, ☿♍♇) kommen.

Darmkrebs zeigt, dass ein anderes Arbeits-, Dienst- und Anpassungsverhalten heranwachsen will. Die extreme Blockade dieser Entwicklung durch unser EGO (Über-ICH) veranlasst unser SELBST, das was sich entwickeln will, ersatzweise auf der körperlichen Ebene als *Darmkrebs* (☿♍ + ♄☽, ♄♆, ♄♇) wachsen zu lassen.

Darminfektionen sind akute Erkrankungen und verweisen uns auf unseren momentanen unbewussten Ärger (☿♍♂) über die Arbeits-, Dienst, und Anpassungsbedingungen. Wird die Infektion von Parasiten (☿♍♇) hervorgerufen, dann verweist dies auf einen zu hohen Arbeitsdruck, der uns gleichermaßen unbewusst ist.

In der *Appendizitis* (Blinddarmentzündung) (☿♍♂) zeigt sich der Kampf des SELBST gegen die Ausnutzung und Anpassung. Es ist der Kampf, der auf der zwischenmenschlichen Ebene hätte stattfinden sollen, der jedoch vom EGO vermieden wird und deswegen auf die körperliche Ebene sinkt.

Erkrankungen der Bauchspeicheldrüse: Ist unser EGO nicht bereit die Aschenputtelrolle bzw. Sklaverei im Arbeits- und Dienstbereich zugunsten einer SELBSTbezogeneren Arbeit aufzugeben, so kann die *Bauchspeicheldrüse* (*Pankreatitis* [☿♍♇♆, ☿♍♂♆]) erkranken. Dabei kommt es zur Selbstverdauung des Organs. Statt der Lösung aus der Arbeit, löst sich die Bauchspeicheldrüse auf.

Erkrankungen des autonomen Nervensystems: Steuert unser EGO unser Leben so, dass wir uns immer an die anderen anpassen, dann ist dies aus der Perspektive unseres SELBST eine Fehlsteuerung. Versucht unser SELBST eine Korrektur der Fehlsteuerung, wird dabei jedoch von unserem EGO blockiert, dann erzeugt die Energie der Korrektur auf der somatischen Ebene eine Veränderung im Tonus des autonomen Nervensystems (*Vegetative Dystonie* [☿♍♅, ☿♍♆, ☿♍♇]).

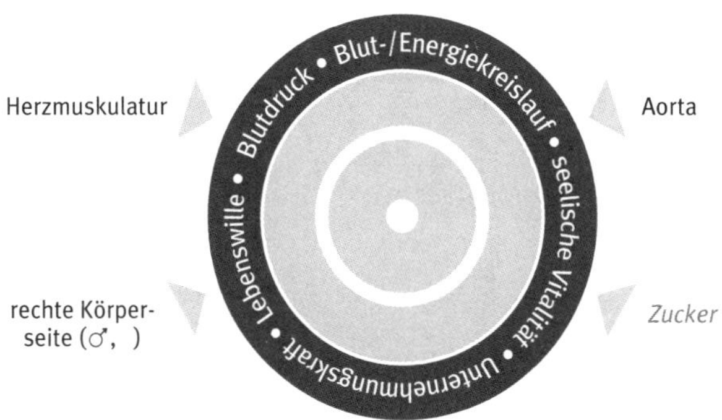

Abb. 29

Sonne, Löwe

Fähigkeit und Anlage[17]

Die Sonne ist das Zentrum unserer seelischen Vitalität, des Drangs zu spielen, etwas zu unternehmen und lebendig zu sein. Mittels ihrer Energie verwirklichen wir unsere Herzenswünsche. Herzlich ist in Wirklichkeit nur der, der aus seinem Herzen lebt, das von uranischen Ideen inspiriert ist. Er hat die Lebensfreude gefunden!

Der *Zucker* (*Kohlenhydrate*) ist einer der drei Grundnahrungsstoffe, über die unser Körper sein Feuer unterhält bzw. seinen Energiebedarf (ca. 63%) deckt und eigene Strukturen aufbaut. Er repräsentiert reine Sonnenenergie. Die Pflanze erzeugt ihn mithilfe der Photosynthese aus dem Sonnenlicht und der Kohlensäure der Luft. Aus ihm bildet sie ihren Pflanzenkörper. Wir nehmen den Zucker mit der Nahrung auf. Unser *Herz* verteilt diese *Energie* (*Blutzucker*) mit dem Blut an unsere Zellen und ermöglicht damit deren Leben und SELBSTändigkeit.

Zwei muskuläre Kammern mit Vorhöfen bilden das Herz. Die *rechte Herzkammer* pumpt das von der Körperperipherie zurückfließende (venöse) Blut in den Lungenkreislauf. Dort gibt das Blut die Kohlensäure ab und nimmt frischen Sauerstoff auf. Die *linke Herzkammer* pumpt das von der Lunge kommende (arterielle) Blut in den großen Körperkreislauf. Sie ist die eigentliche den Blutdruck erzeugende Kammer.

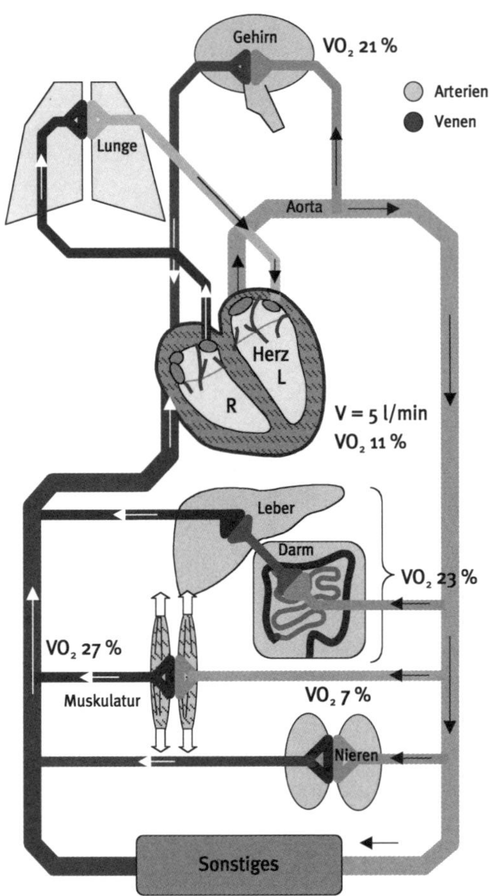

Abb. 30: Kreislauf

Vor der Geburt sind beide Kammern direkt miteinander verbunden. Mit der Geburt schließt sich die Wand zwischen den beiden Kammern.

Das Herz selbst verfügt über ein System von *Herz-Klappen*. Die Muskulatur des Herzens unterscheidet sich deutlich von der Skelett-Muskulatur. Ist die Skelett-Muskulatur für kurz- und mittelfristige Belastungen gebaut, so ist die *Herzmuskulatur* auf Dauerleistung (Zeichenqualität: fix!) ausgelegt. Unser Herz schlägt in einem Leben ohne Unterbrechung ca. 3 Milliarden Mal! Dabei pumpt es 233 Millionen Liter Blut durch unseren Körper. Neben der Muskulatur ist unser Gehirn mit einem Verbrauch von 21% des Sauerstoffvolumens (VO_2) einer der Energie-Großverbraucher.

Die linke Herzkammer mündet in die *Aorta,* einen dicken elastischen Schlauch. Die Elastizität der Aorta gleicht die Blutdruckspitzen aus und sorgt dadurch für einen relativ konstanten Blutdruck.

Das Herz verfügt über einen eigenen Rhythmusgeber, den *Sinusknoten* (♅). Dieser wird vom autonomen Nervensystem (☿♍) je nach Leistungsanforderung beeinflusst. Hier wird auf der körperlichen Ebene deutlich, dass das Leben nicht durch die Sonne (Herz) entsteht, sondern dass das Leben dem uranischen Impuls entspringt.

Die Ernährung des Herzmuskels erfolgt vom Inneren der Kammer aus und von außen über die *Herzkranzgefäße* durch Diffusion der Nährstoffe in die Muskelwand.

Das Herz liegt im *Herzbeutel,* dessen innere Schleimhaut die Reibung bei der Herzaktion auf ein Minimum reduziert.

Das Herz bestimmt grundlegend unseren *Kreislauf* und unseren *Blutdruck.* Darüber hinaus beeinflusst der Mars über die Muskeln in den Arterienwänden (arterieller Hochdruck) und die Waage-Venus über das Hormon Renin (renaler Hochdruck) unseren Blutdruck.

Sonnen-Symptome

Die Symptome erzeugt die von der Sonne bereitgestellte *Energie der Verwirklichung.* Die Kraft der Seele, unsere innere Sonne, will die Schöpfungsaufträge (den Willen des Himmels) unseres SELBST auf Erden verwirklichen. In der neurotischen Welt spielt unser EGO aber nicht mehr dieses, sondern ein gesellschaftlich orientiertes Spiel, bei dem es um das Gewinnen, Erfolg und Anerkennung – eben die Reichtümer dieser Welt – geht.

Solange wir unsere Sonnenenergie in ein Spiel oder irgendeine Unternehmungen fließen lassen, bleiben wir weitgehend symptomfrei. Körperliche Symptome können sich dann manifestieren, wenn unser EGO diese Energien aus Angst vor einem Leben blockiert, in dem nicht mehr der gesellschaftliche Erfolg zählt, sondern wieder das Herz entscheiden soll.

Herz-Kreislauferkrankungen: Ist das Wollen und Handeln unseres EGOs allzu *selbstlos* und sind wir nicht bereit unser Handeln aus der SELBSTlosigkeit zu erlösen, dann wirkt sich die Lösungsenergie im Körper aus und erzeugt eine *Herzschwäche* bis hin zur *Herzinsuffizienz* (☉♆). Im Vorfeld dieser Entwicklung leiden wir unter einem schwachen Kreislauf, unter *Hypotonie (niedriger Blutdruck)* (☉♆) oder an einer *Herzneurose* (☉♆).

Setzen wir uns mit unserem Willen nicht durch, obwohl wir hierzu über viel Tatkraft verfügen, so kann die Tatkraft sich in einer *Herzklappenerkrankung* (☉♂, ☉♇) oder *Herzmuskelentzündung* (☉♂, ☉♇) manifestieren. Häufig ist sie die Folge einer Blutvergiftung (Sepsis [♂♆]). Oft geht die Behinderung unserer Selbständigkeit von anderen Alpha-Rollenspielern (☉♂♄, Vater, Vorgesetzter usw.) aus. Die dabei entstehende Wut und Aggression belassen wir im Unbewussten, damit wir weiterhin GUT erscheinen. Diese Wutenergie ist es, die sich somatisiert.

Orientiert sich der Lebensrhythmus unseres EGOs nicht an uns SELBST, dann leben wir einen unpassenden Rhythmus. Unser SELBST will dies ändern. Meist müssten wir uns vom väterlichen Verhaltensvorbild bzw. aus den bisherigen Lebensumständen befreien. Der Verstand bzw. der Glaube unseres EGOs findet jedoch tausend Gründe, es beim Alten zu belassen. Ändern wir deshalb unseren Lebensrhythmus nicht, ändert die Energie der Befreiung auf der körperlichen Ebene den Herzrhythmus. Wir leiden an *Herzrhythmusstörung* (☉⛢). Diese Zusammenhänge werden dann besonders deutlich, wenn wir einen *Herzschrittmacher* tragen. Wir leben dann nach einem vorgegebenen, starren Rhythmus.

Lebt unser EGO die Leistung, die Perfektion und sucht über sein Handeln den gesellschaftlichen Erfolg, dann sind es die gesellschaftlichen Formen (♄), nach denen wir leben. Das SELBST will uns zur eigenen Form des Handelns zurückführen. Es will, dass wir die Verantwortung (♄) für die anderen hinter uns lassen und endlich die Verantwortung gegenüber unserem Herzen (☉) einlösen. Lassen wir diese Entwicklung nicht zu, somatisiert sich die Formkraft in der Einengung der Herzkranzgefäße. Wir beginnen unter *Angina pectoris* (☉♄) zu leiden, die im Herzinfarkt enden kann.

Lebt unser EGO ein Leben der Pflichterfüllung (♇) und Verantwortung (♄) und bekommt dafür in der Gesellschaft Macht (♇) und Anerkennung (♄), dann leben wir uns nicht mehr SELBST. Wir leben unter dem Erwartungsdruck der Eltern, des Partners, des Berufs oder des Unternehmens. Dieser Druck kann auf die Dauer zur *Hypertonie (Bluthochdruck)* (☉♄, ☉♇) führen. Dies ist der Vorbote zum Bankrott der SELBSTverwirklichung. Verlieren wir dann unsere berufliche, gesellschaftliche oder familiäre Position, erzeugen die unter diesem Verlust nicht mehr lebbaren Energien die »Insolvenz« des Herzens, einen *Herzinfarkt* (☉♄, ☉♇).

Depression: Unser Ego hat vor lauter SELBSTlosigkeit verlernt, etwas aus sich SELBST heraus zu unternehmen. Es ist willenlos und damit leblos geworden. Leben wir nicht, dann erleben wir auch nichts. Das Leben verliert seine Perspektiven und die ungelebten Energien lassen uns in eine *Depression* (☉♆) gleiten.

Mond, Krebs

Fähigkeit und Anlage[18]

Der Mond empfängt das Sonnenlicht (Energie der Sonne) und gebiert die belebte Materie, die Natur (Pflanzen, Tiere, menschliche Körper). Aus dieser Natur beziehen wir unsere Nahrung. Dabei stehen wir oft am Ende einer Nahrungskette, da für uns gewisse organische Strukturen (z.B. Cellulose) unverdaulich sind. Nahrung ist nichts anderes, als gespeicherte Sonnenenergie. Energieaufnahme auf der organischen und zellulären Ebene ist eine der wichtigsten Aufgaben des Mondes in uns. Der Mond in uns empfängt aber auch die Aufträge der Seele (Sonne) und sorgt dafür, dass sie in die körperliche Lebendigkeit »geboren« werden. Auf diese Weise verbindet er die Seele mit dem Körper.

In der *Gebärmutter* besitzen die Frauen die Fähigkeit, lebende Körper aus zu tragen, die es uns geistig-seelischen Wesenheiten ermöglichen, zu inkarnieren. Mit ihr ist der *Menstruationszyklus* verbunden, der mit der durchschnittlichen Dauer von 28 Tagen dem Mondzyklus entspricht. In der Mitte des Zyklus (näherungsweise Vollmond-Analogie [Lunation: 29,53 Tage]) erfolgt der Eisprung. Die Empfängnisbereitschaft ist auf dem Höhepunkt.

Die *weibliche Brust* nährt das Neugeborene in seiner ersten Lebenszeit. Dabei ist die *Muttermilch* für das Kind von überragender Bedeutung, nicht nur als Nahrung, sondern auch als Erfahrung der mütterlichen Fürsorge.

Zum Mond gehören unsere *Sinnes-Empfindungen*, die in uns zur Wahrnehmung und zum Erleben werden. Wir empfangen die Reize der Umwelt. Wir sehen mit unseren *Augen (Netzhaut)*, hören mit unseren *Ohren* (Analogie auch zum ☿♊, ♄), tasten mit den *Sinneszellen* der Haut, riechen mit der Nase (Analogie auch zum ♇, ♂♏) und schmecken mit der *Zunge* all das, was im Hier und Jetzt an Reizen vorhanden ist. Die Anpassung der Empfangsorgane, insbesondere der Augen (Entfernung, Helligkeit) wird durch den Parasympathikus (Autonomes Nervensystem [☿♍]) gesteuert. Zu allen Sinnes-Eindrücken erhalten wir einen inneren Kommentar: unsere *Gefühle*. Sehr intensive Gefühle der Freude oder des Leids zeigen sich in unseren *Tränen*. Die *Tränendrüsen* sorgen zudem für die Feuchtigkeit der Augäpfel. Unsere *Augenlider*

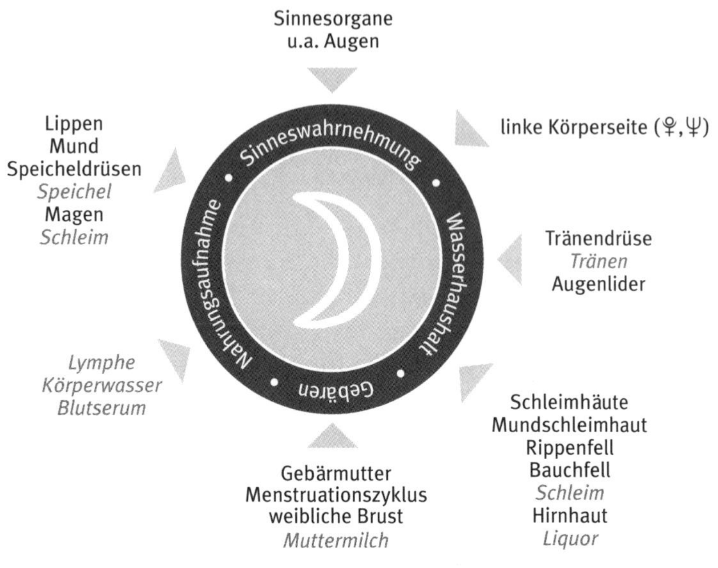

Abb. 31: Mond, Krebs

sind die »Kleidung« der Augen. Die momentane Gefühlslage (Laune, *lat.* luna) drückt sich auch über die Stellung der *Lippen* aus. Über den Kuss erfahren wir die Nähe zum anderen.

Der Mond in uns und damit das Gefühl entscheidet über unsere *Ernährung*. Die erste Station für die aufgenommene Nahrung ist der *Mund*. Dort wird die Nahrung auf ihren Geschmack hin überprüft, zerkleinert und mit dem *Speichel* aus den *Speicheldrüsen* vermischt. Schon im Mund beginnt die Spaltung der Zucker (Kohlenhydrate) mithilfe der Speichelenzyme. Danach erreicht der Speisebrei unseren *Magen*. Dort wird er mit Salzsäure (♂♈) versetzt. Gegen die Säure schützt sich unsere Magenwand mit einer *Schleimauskleidung*.

Das Mondprinzip ist für den wässrigen Teil des Körpers zuständig. Immerhin besteht unser Körper zu ca. 50-60 % aus *Wasser* (Zellwasser, Gewebewasser, Lymphe, Blutserum, Liquor).

Die Reibung zwischen Körperteilen wird durch *Schleimhäute* auf ein Minimum reduziert. Schleimhäute finden wir u.a. im Mund, zwischen Lunge und Rippen (*Rippenfell*), im Bauchraum (*Bauchfell*), in der Gebärmutter und im Gehirn (*Hirnhäute*). Im Gehirn und im Rückenmark sind die Kammern bzw. der Rückenmarkskanal mit *Liquor* gefüllt.

Die Sonderstellung des Mondes beim Erkrankungsverlauf

Der Mond gebiert die Aufträge der Seele – vermittelt durch die Sonne – in die Körperlichkeit. »Er« ist damit die Herrin aller *lebendigen körperlichen* Erscheinungen auf unserer Erde, Herrin der Biosphäre. In der Stundenastrologie zeigt er uns den Verlauf bzw. die Entwicklung des Geschehens. Das Gleiche gilt für den Symptomverlauf einer Krankheit. Er ist in seiner körperlichen Manifestation abhängig vom Mond. Sein Rhythmus und die Aspekte, die er auf der Wanderung durch den Tierkreis nach Krankheitsbeginn bildet, bestimmen den Krankheitsverlauf.

Drei Arten der Aspektbildung sind dabei zu unterscheiden:

Zum einen bildet der laufende Mond Transit-Aspekte zu sich selbst, zu seinem Stand bei Ausbruch der Erkrankung. Da seine Umlaufzeit 27,32 Tage beträgt, steht er nach ca. 6,8 Tagen im zunehmenden Quadrat, nach 13,7 Tagen in Opposition, nach 20,5 Tagen im abnehmenden Quadrat zu sich selbst und erreicht nach 27,32 Tagen wieder seinen Ursprungsplatz. Entsprechend ergeben sich Zeiten der Krise, der Genesung, einer möglichen weiteren Krise und einer weiteren Genesung. Nach 9,1 Tagen steht der Mond im Trigon zu sich selbst. Oft erfolgt ab diesem Zeitpunkt eine grundlegende Besserung des Befindens.

Zum zweiten bildet der Mond Transit-Aspekte zu den Planeten des *Decumbitur-Horoskops*[19]. Die sich bildenden Haupt-Aspekte haben unmittelbaren Einfluss auf das Krankheitsgeschehen. Die Einflussstärke hängt davon ab, ob der betreffende Planet am Krankheitsgeschehen beteiligt ist. Beispielsweise wird der Übergang des Mondes über den Mars bei Entzündungen, Immunerkrankungen, Schnittwunden, Muskelerkrankungen, Zahnerkrankungen u.ä. von starker Bedeutung sein.

Die dritte Art der Aspektbildung im Decumbitur-Horoskop kennen wir aus der Stundenastrologie. Entscheidende Verläufe werden von den applikativen Haupt-Aspekten des Mondes angezeigt, d.h. von den Aspekten, die der laufende Mond noch bildet, bevor er das Tierkreiszeichen verlässt, in dem er bei Ausbruch der Krankheit steht. Sie geben uns Hinweise auf Besserungen oder Komplikationen, die sich im Krankheitsverlauf *mittelfristig* ergeben können. Der Zeitschlüssel ist dabei 1° = 2,3 Tage (Zeitanalogie: 1 Tag = 1 Monat) bzw. 1° = 0,9 Monate (Zeitanalogie: 1 Tag = 1 Jahr). Muss beispielsweise der Mond noch 10° voranschreiten, bis ein applikativer Aspekt genau wird, dann deutet sich hierdurch ein Geschehen an, welches 23 Tage bzw. 9 Monate nach Beginn der Erkrankung eintreten kann.

Mond-Symptome

Die Symptome erzeugt die vom Mond bereitgestellte *Energie der Fürsorglichkeit* gegenüber uns SELBST. Allerdings blockiert unser EGO gern diese Energien, weil es glaubt, dass der Altruist ein besserer Mensch sei. Daher sorgen wir kaum für uns SELBST, sondern bemuttern und umsorgen die anderen (Kompensation). In bestimmten Entwicklungsphasen erwartet unser SELBST die Entwicklung von mehr Eigenführsorge (erwachsene Fähigkeit). Hierzu gehört die zunehmende Achtung gegenüber unseren aktuellen Gefühlen, denn sie sind es, die uns signalisieren, für was wir zu sorgen haben und was an körperlicher Aktivität »geboren« werden will.

GEBÄRMUTTERERKRANKUNGEN: *Zyklusstörungen* (☽ ♅) zeigen ein gestörtes und distanziertes Verhältnis unseres EGOs zum Frausein. Wir lassen uns scheinbar berühren, gehen aber innerlich auf Distanz zu den Gefühlen, die mit den Berührungen verbunden sind. Missachten (♆) wir unsere »innere Frau« und deren natürliche Bedürfnisse und Gefühle (☽) und kümmern wir uns nur noch SELBSTlos um die Bedürfnisse und Gefühle der anderen, dann zeigt uns die *Amenorrhö (ausbleibende Regel)* (☽ ♆) unser Defizit. Sie bringt die Angst vor dem Frausein zum Ausdruck.

Gebärmutter-Myome zeigen uns, dass wir mehr SELBSTbezogene Lebendigkeit und Sorgsamkeit ins körperliche Leben gebären wollen, sie aber von unserem EGO aus verschiedenen Gründen (Pflicht [☽ ♇], Angst [☽ ♆], Distanz zu den eigenen Bedürfnissen [☽ ♅], Moral [☽ ♄], edle Gesinnung [☽ ♃]) nicht zugelassen werden. Wir können in der Myombildung eine Art Ersatzschwangerschaft sehen.

Gebärmutterkrebs oder *Brustkrebs* (siehe auch »Endstation Krebs«, S. 113 ff.) bringen zum Ausdruck, dass unser SELBST wegen der starken Blockade durch das Über-ICH (☽ ♄) keine Chance mehr sieht, die Fürsorge für uns SELBST auf dem normalen Weg lebendig werden zu lassen. Die SELBSTlosigkeit (☽ ♆) unseres EGOs will überwunden werden, damit wir endlich auch uns SELBST in den Mittelpunkt unserer Fürsorge stellen. Diese Entwicklung, nicht mehr ausschließlich für die anderen da zu sein, ist für viele Frauen und Mütter undenkbar. Ihnen wurde doch die Fürsorge für die anderen schon mit dem Puppenspiel eingeimpft. Ein SELBSTbezogeneres Verhalten erscheint vielen als nackter Egoismus. Dabei ist gerade das bisherige SELBSTlose Verhalten vom EGO diktiert. Es will ja um jeden Preis die Anerkennung der Umwelt erringen.

Sehstörungen: Diese weisen uns darauf hin, dass unser EGO die Welt nicht so sieht, wie sie wirklich ist. Insbesondere beim *Astigmatismus* (☽♇) zeigt sich unsere durch Erwartungen und Vorstellungen verzerrte Wahrnehmung. Anstelle, dass wir unsere Wahrnehmung ändern, fließt die Energie in die Änderung (Verzerrung) des Auges.

Kurzsichtigkeit (☽♄, ☽♅, ☽♆, ☽♇ im Aspekt zu weiblichen Planeten / Fähigkeiten) entwickeln wir dann, wenn unser EGO nicht bereit ist, das Weibliche bzw. die natürlichen Bedürfnisse unseres SELBST in den Fokus seines Sehens zu rücken. Die Wahrnehmung will sich auf uns SELBST richten, wird aber abgeblockt. Ersatzweise verlagert unser SELBST den Fokus des Sehens auf das Naheliegende.

Weitsichtigkeit (☽♃, ☽♄, ☽♇ im Aspekt zu männlichen Planeten / Fähigkeiten) zeigt, dass sich unsere Sicht auf das Entferntliegende, auf die Wirkung unserer Aktivitäten (männliche Seite des Seins) im Außen und damit auf die großen Zusammenhänge unserer Welt richten will, unser EGO hierzu jedoch nicht bereit ist. Eventuell bevorzugt es eine alte Sicht der Dinge in seiner Lebensgestaltung. Statt der Wahrnehmungsentwicklung entwickelt sich im Körperlichen ein Sehen, dessen Fokus nur noch auf dem Entfernten liegt.

Schielen deutet auf ein Ungleichgewicht zwischen dem Männlichen (Extraversion) und dem Weiblichen (Introversion) bei der Wahrnehmung (☽♅, ☽♀♆). Unser EGO sieht alles entweder aus der weiblichen Perspektive oder der männlichen. Die jeweils andere Seite (Augenmuskel) ist geschwächt.

Beim *Grauen Star* (Linsentrübung [☽♄]) trübt das Althergebrachte, Konservative den Blick auf die wirklichen Bedürfnisse. Kann unser EGO die Verantwortung in der Umsorgung der anderen nicht mehr leben, weil beispielsweise niemand mehr da ist, den wir versorgen könnten, fließt die Energie der Verantwortung statt in die Fürsorglichkeit sich SELBST gegenüber in die Augenlinse und trübt sie. Wir sehen unsere eigenen Bedürfnisse nicht mehr.

Um endlich unser SELBST ins Blickfeld unserer Fürsorglichkeit zu rücken, haben wir im Leben die Aufgabe, unsere bisherige EGO-Rolle zu beenden, andere unter Opferung der eigenen Bedürfnisse zu versorgen und zu bemuttern. Lässt unser EGO die Wandlung des bisherigen Verhaltens nicht zu, dann baut sich in uns ein Wandlungsdruck auf, der sich als erhöhter *Augeninnendruck* somatisieren kann (*Grüner Star, Glaukom* [☽♇]).

Ernährungsbedingte Erkrankungen: Die *Lebensmittelvergiftung* (☽♆) ist eine akute Erkrankung, die uns zeigt, dass wir im aktuellen Fall unsere Bedürfnisse und Gefühle nicht beachtet haben.

Fehlernährung (☽♆, ☽♅, ☽♇) kann weitreichende Folgen haben. Sie zeugt davon, dass unser EGO zu wenig auf die natürlichen Bedürfnisse und die sie signalisierenden Gefühle unseres SELBST achtet.

Die Geringschätzung des Weiblichen durch unser EGO korrespondiert oft mit einer Überbewertung des Männlichen. Daher kann es in der Pubertät, wenn das Mädchen sich als Frau zeigen soll, zur lebensbedrohlichen Nahrungsverweigerung (*Magersucht* ☽♆, Geringschätzung der natürlichen Bedürfnisse und des Frauseins) kommen. Es will damit die Entwicklung weiblicher Formen verhindern. Gleichzeitig trainiert es durch extreme sportliche Betätigung die männliche Seite.

Einen der Magersucht ähnlichen Hintergrund zeigt die *Bulimie* (☽♅♆). Die Unberührbarkeit und Verachtung der eigenen Weiblichkeit verhindert das Erleben. Der daraus entstehende Erlebnishunger und die resultierende Leere versuchen wir suchtartig durch beliebiges Vollstopfen unseres Magens zu stillen, der dann seinerseits dagegen revoltiert (♅, Erbrechen).

Speicheldrüsenerkrankung: *Mumps* (☽♇) ist eine Viruserkrankung der Speicheldrüsen. Die meist dominante Mutter zwingt das Kind sich ihren Vorstellungen zu unterwerfen und die eigenen Bedürfnisse zu opfern. Dann, wenn die Macht der Mutter durchbrochen werden soll, sich das Kind dieses aber nicht erlaubt, kann sich die Wandlungsenergie in der Somatisierung zeigen.

Magenerkrankungen: Diese (*nervöser Magen* [☽♅], *Gastritis* [☽♂], *Magengeschwür* [☽♂]) drücken ersatzweise unsere länger anhaltenden oft unbewussten Ärger-, Wut- und Aggressions-Gefühle aus. Unser EGO setzt sich nicht für die natürlichen Bedürfnisse des SELBST ein (Hemmung) oder distanziert (♅) sich innerlich von ihnen und ärgert sich dann, wenn andere für sich sorgen (Kompensation). Statt selbst aggressiv auf die Erlebnisse mit der Außenwelt zu reagieren, erhöhen wir die Säureproduktion (♂) im Magen. Dies führt zur Reizung und schließlich zur Andauung der Magenwand.

Erbrechen (☽♅) ist ein unbewusster Protest gegen das Erlebte.

Störung der Zuckeraufnahme der Zelle: Zucker ist reine Sonnenenergie. Er wird als Blutzucker zu den Zellen transportiert. Diese decken mit ihm ihren Energiebedarf. Er ist ihre Nahrung. Das Hormon der

Bauchspeicheldrüse (Insulin [☿♍]) steuert die Aufnahme des Zuckers durch die Zellen. Zucker ist für die Zellen die »Sonne«. Er ist der Stoff, der Herzlichkeit und Lebensfreude symbolisiert. Vermissen wir die Warmherzigkeit unserer Umwelt oder die Lebensfreude, so dienen uns Süßigkeiten als Ersatz.

Um die Zuckerenergie für sich zu nutzen, muss sich die Zelle dem Zucker öffnen und bereit sein, ihn hineinzunehmen. Bei der *Zuckerkrankheit* (*Diabetes mellitus*, ☽♄, ☽⛢, ☽♆) ist die Bereitschaft sich zu öffnen und zu nehmen gestört, weil wir scheinbar bedürfnislos (☽♆, Angst vor Berührungen) sind, ein distanziertes Verhältnis zu unseren Bedürfnissen (☽⛢) pflegen oder weil wir aus lauter Anstand (☽♄, Anstand als Schutz) uns nicht trauen etwas zu nehmen. Die Blockade im Nehmen und in der Bereitschaft sich berühren zu lassen hat meistens Schutzfunktion und als Ursache, dass die gebende Seite freudlos, grob und alles andere als herzlich war und ist (☉♄, ☉⛢, ☉♇, Vater- / Männerproblematik). Wie uns aber gegeben wird, ist die Projektion, wie wir selbst uns in unserem Handeln ins Leben geben (☉). Die Zuckerkrankheit fordert von uns zwei Entwicklungen. Das Leben mehr aus dem Herzen zu gestalten, damit die Berührungen herzlicher werden. Achten wir zudem unsere Gefühle und Bedürfnisse, dann können wir mit den Berührungen wieder passend umgehen und müssen uns nicht mehr verschließen. Die Zelle wird dann das Gleiche tun. Der enorme Durst bei der Zuckerkrankheit zeigt uns unseren Mangel an und unser Bedürfnis nach Gefühlen (Wasser), der durch das gestaute Leben (Zucker) entsteht.

Störungen im Wasserhaushalt: Wasseransammlungen im Körper (*Ödeme* [☽♆]) werden meist durch venöse Stauung oder Lymphstauung hervorgerufen. Statt auf unsere Gefühle und Bedürfnisse zu achten, wenn wir anderen begegnen, sammeln sie sich meist unbeachtet als Wasser in uns an.

Erkrankungen der Schleimhäute: *Trockene Schleimhäute* (☽♄) haben oft Menschen, deren EGO das Entstehen der Gefühle verhindert. Sie lassen sich kaum berühren (☽♄) oder gehen innerlich zu den Berührungen auf Distanz (☽⛢). Analog verringern die Schleimhäute ihre Schleimbildung.

Setzen wir uns nicht verbal mit unseren Bedürfnissen durch oder unterlassen es unsere Gefühle mitzuteilen, dann kann sich die aktuelle Energie in einer *Rippenfellentzündung* (☽☿♊♂) somatisieren.

Wagen wir es nicht, die Gegebenheiten zur Bedürfniserfüllung offensiv zu nutzen, dann kann sich die aktuelle Energie in einer *Bauchfellentzündung* (☽ ☿♍ ♂) entladen.

So, wie unser EGO sein Leben steuert (☿♊♍), kann es sich nicht mit den aktuellen Bedürfnissen unseres SELBST durchsetzen. Wir wagen es nicht den Kampf für die Befriedigung unserer natürlichen Bedürfnisse aufzunehmen, obwohl wir genügend Kraft dazu hätten. Diese ungelebte Kraft ist die Energie, die sich in einer *Hirnhautentzündung* (☽ ☿♊♍ ♂) zeigt. Die Umhüllung (Wohnung) unserer Steuerzentrale (Gehirn) »brennt«.

Merkur, Zwillinge

Fähigkeit und Anlage[20]

Merkur ist der Götterbote, der unseren krafterzeugenden Muskeln die Bewegungsanweisungen überbringt. Merkur steuert Mars und damit die unserem Willen unterworfene körperliche Bewegung (Zeichenqualität: beweglich!). Hierzu verfügt er über das *motorische Nervensystem.* Es besteht u.a. aus den *motorischen Hirnrindenfeldern* (antrainierte fixe Bewegungsprogramme), den *Basalganglien* (Steuerzentrale), dem *Kleinhirn* (Gleichgewicht und Bewegungskontrolle), den *Pyramidenbahnen* des Rückenmarks und den *motorischen Nerven.* Letztere sind die »Verkehrswege« der elektrischen Nervenimpulse. Die Nervenimpulse selbst entsprechen Uranus (⛢)! Die »Wege« kennen wie die Kommunikation zwei Richtungen, die Informationsübertragung hin zum Organ (efferente Nerven) und die Rückmeldung (afferente Nerven).

Unsere *Sprache* erfordert sehr differenzierte Bewegungen, einerseits des Kehlkopfs (♀♉), andererseits des Mundes, der Zunge und der Lunge (Rippen, Zwerchfell). Die Steuerung übernimmt unser *Sprachzentrum* im Zentralen-Nerven-System (ZNS). Da beim Informationsaustausch das Hören eine wichtige Rolle spielt, stellt sich die Frage einer Zugehörigkeit des *Gehörs* auch zu Merkur (siehe auch ☽ und ♄).

Die *Zunge* muss beim Sprechen und Kauen minutiös genau gesteuert werden. Sie verteilt die Speise im Mund. Schon die geringste Fehlbewegung lässt uns auf unsere Zunge beißen (Aggression [♂]).

Die *Schilddrüse* gehört als Organ zu Merkur (♊). Der eigentliche Informationsträger – das Schilddrüsenhormon – ist uranisch! Die *Hormone der Schilddrüse* (⛢) steigern den Stoffwechsel (Grundumsatz) und Sauerstoffverbrauch. Sekundär beeinflussen sie auch unser Bewegungsverhalten. Die Überfunktion lässt uns zum »Zappelphilipp« werden und die Unterfunktion macht uns träge.

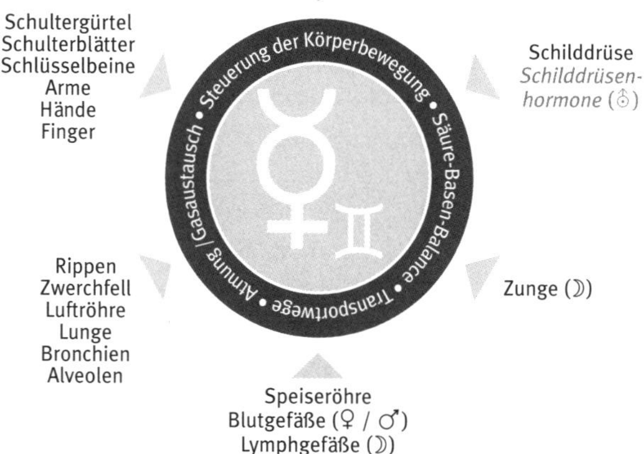

Abb. 32: Merkur, Zwillinge

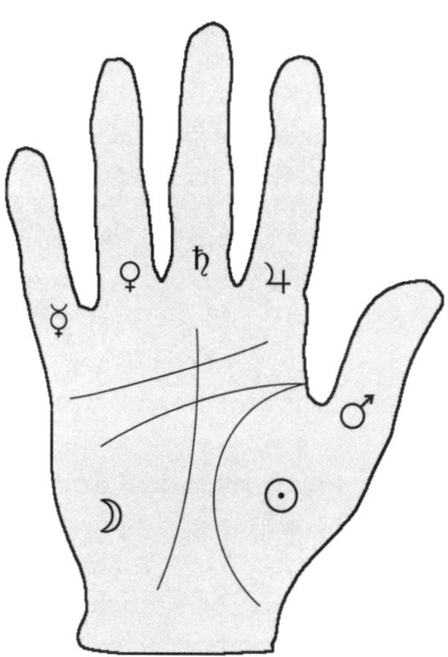

Abb. 33: sekundäre Zuordnung zur Hand

Der *Schultergürtel* (*Schulterblätter*, *Schlüsselbeine*) die *Arme*, *Hände* und *Finger* ermöglichen uns sehr weitgreifende und hochdifferenzierte Bewegungen. Das händische Geschick dient dem Handwerker und dem Instrumentalist (z.B. Pianist).

Unsere Arme lassen sich in Analogie zu unseren Beinen nochmals *sekundär* anderen Planeten / Zeichen zuordnen: Schultergelenk und Oberarm (♃), Ellenbogen (♄ [Ehrgeiz]), Unterarm (♅), Hände (♆).

Auch die Strukturen unserer Hände lassen sich *sekundär* einzelnen Planeten zuordnen (siehe Abb. sekundäre Zuordnung zur Hand).

Die Austauschfunktion des Merkur wird besonders bei unserer *Atmung* deutlich. Die *Lunge* (*Luftröhre*, *Bronchien*, *Bronchiolen*, *Lungenbläschen* [Alveole]) und die dazugehörige Atemmechanik (*Rippen*, *Rippenmuskulatur*, *Zwerchfell*) befähigen uns zum Gasaustausch (Sauerstoffaufnahme O_2↔ Kohlensäureabgabe CO_2). Durch die Ausatmung von Kohlensäure trägt die Atmung wesentlich zum Säure-Basen-Gleichgewicht bei.

Der *Stofftransport* und die hierzu notwendigen Transportwege unterstehen Merkur (♊): *Speiseröhre*, *Blutgefäße* (sekundär: Arterien [♂], Venen[♀♎]), *Lymphgefäße* (☽).

Merkur♊-Symptome

Die Symptome erzeugt die vom Merkur bereitgestellte *Energie der Bewegung und Kommunikation*, sofern unser EGO die Beweglichkeit, den Austausch (Kommunikation, Handel, Transport) und damit die SELBSTdarstellung einschränkt (Hemmung).

Erkrankungen der Nervenbahnen: Bewegt, kommuniziert und zeigt sich unser EGO SELBSTlos, dann zeigen wir nicht unsere Wirklichkeit. Unser SELBST will uns von diesem Verhalten erlösen. Das EGO blockiert jedoch die Energie der Lösung. Sie lebt sich ersatzweise im Körper aus und schwächt dort unsere motorischen Nervenbahnen (*Lähmung, motorische* [☿♊♆]).

Wagt es unser EGO nicht, Grenzen der Norm in der Kommunikation zu überschreiten, dann überschreiten unsere Bewegungen die Grenzen (*Bewegungen, überschießende* [☿♊♅]). Unsere Mitteilungen wirken dann distanziert und sind ohne persönlichen Inhalt. Ist unser EGO nicht bereit, mit diesem Verhalten zu brechen, kann es im Extremfall zur Unterbrechung der Nervenbahnen und der Lähmung des innervierten Gebiets (z.B. *Querschnittslähmung* [☿♊♂, ☿♊♅]) kommen.

Unser SELBST will, dass wir uns von einer SELBSTlosen oder

nichtssagenden Darstellung lösen. Unser EGO blockiert jedoch diese Entwicklung. Die Energie der Lösung schwächt dann unsere Sprache (*Sprachlähmung* [☿♊♆]).

Reden wir allzu hastig über alles andere, nur nicht über uns SELBST, dann sollten wir auf die Dauer mit diesem Verhalten brechen. Blockieren wir aber diese Entwicklung, dann sorgt die Energie für Brüche im Reden (*Stottern* [☿♊♅]).

Bei der MS (*Multiple Sklerose* [☿♊(♄)♇]), einer Autoimmunerkrankung, richtet sich unser Abwehrsystem gegen die Markscheiden der Nervenbahnen. Nervenimpulse können von solcherart geschädigten Bahnen nicht mehr weitergeleitet werden. Es kommt zu Lähmungen in Teilbereichen des Körpers. Im Leben zeigen wir uns (☿♊) in einer Rolle (♇) des extrem GUTEN und verantwortlichen (♄) Menschen. Wir stellen uns nicht SELBST dar, sondern richten uns in der Kommunikation ganz nach den Erwartungen der anderen aus. Diese Darstellungsform muss auf die Dauer zerstört werden (Wandlungsprozess), damit SELBSTdarstellung wieder möglich wird. Blockiert unser EGO diesen Transformationsprozess, dann sinkt die »Zerstörung« auf die körperliche Ebene der Nervenbahnen.

SCHILDDRÜSENERKRANKUNG: Bei Schilddrüsenerkrankungen steht das Thema »wie bewege ich mich, wie zeige ich mich, wie stelle ich mich dar?« immer im Zusammenhang mit dem Thema Individualität und Freiheit (☿♊♅). Die *Schilddrüsen-Entzündung* (☿♊♂♅) verweist uns darauf, dass wir aktuell kein Blatt vor den Mund nehmen wollen, unser EGO sich dieses aber nicht traut. Der Kropf (*Struma* [☿♊♄♅]) teilt uns mit, dass dieses Thema schon lange andauert, ohne dass es in Angriff genommen wurde. Oft fehlen hier die Ideen, wie Kommunikation gänzlich anders gestaltet werden könnte.

ERKRANKUNGEN DER SCHULTERN UND ARME: *Verletzungen im Schultergürtelbereich* bis hin zu unseren Händen und *Rippen* deuten auf blockierte Energien, meist unbewusste Aggressionen (☿♊♂), im Bereich der Kommunikation. *Bewegungseinschränkungen* in diesem Bereich wollen uns darauf aufmerksam machen, dass sich unser EGO aus Gründen der Anerkennung vieles von dem verbietet (☿♊♄), was an sich zu sagen wäre. *Knochenbrüche* verweisen uns darauf, dass wir mit der alten Art, uns zu zeigen und zu bewegen, brechen (☿♊♅) wollen.

ATEMWEGSERKRANKUNGEN: Lungenkrankheiten sind Ausdruck davon, dass unser Austausch (Kommunikation, SELBSTdarstellung) mit den anderen gestört ist. Akute Symptomatiken (*akute Bronchitis, Lungen-*

entzündung) deuten auf akute unbewusste Wut und Aggression (☿♊♂), chronische Erkrankungen (*chronische Bronchitis, Staublunge*) auf eine lang andauernde Blockade (☿♊♄) dessen, was wir mitzuteilen hätten. Sich wiederholende Erkrankungen (*rezidivierende Bronchitis*) verweisen auf eine Neuorientierung (☿♊♅), die unser EGO aus Anerkennungsgründen vermeidet. Glauben wir im Austausch allzu sehr den Erwartungen anderer entsprechen zu müssen und erwarten das Gleiche von den anderen, zeigen wir uns also nicht und spielen lediglich eine »Rolle«, so kann sich der (Erwartungs-) Druck, unter dem wir leben bzw. unter den wir die anderen setzen, somatisieren (*Lungenemphysem* [☿♊♇], *Asthma bronchiale* [☿♊♇]).

Lungentuberkulose (☿♊♄♅) und *Lungenkrebs* tritt dann auf, wenn unser SELBST keine Möglichkeit zur Entwicklung der Austauschfähigkeiten mehr sieht. Immer handelt es sich dabei um eine extreme Blockade in unserer Darstellung durch unser Über-ICH (☽♄, ♇♄, ♆♄).

Gefässerkrankungen: Die *Arteriosklerose* zeigt uns, wie stark unser urteilendes, oftmals konservatives EGO-Bewusstsein (Über-ICH ♄) den Austausch und Verkehr mit den anderen einschränkt. Die Kommunikation wird immer strenger, enger und versiegt am Ende ganz (*Gefäßverschluss, Thrombose, Embolie* [☿♊♄]). Der Gefäßverschluss eines Herzkranzgefäßes will uns mitteilen, dass es in unseren Unterhaltungen an Herzlichkeit (☉) fehlt. Einengungen der Lymphgefäße verweisen darauf, dass unser EGO die Gefühle und Bedürfnisse (☿♊☽) zu wenig im Gespräch einbringt.

Eine zu große gesellschaftliche Konformität unseres EGOs bedingt *Krampfadern* (*Varizen* [☿♊♅]) im Unterschenkelbereich. Sie sind energetischer Ausdruck ungelebter Individualität und Freiheit. *Venenentzündungen* (*Phlebitis* [☿♊♀♎♂]) zeigen den Ärger und die Wut über das, was uns von den anderen im Austausch (Gespräch, Verkehr, Handel) entgegengebracht wird. Hierbei kann es zur Blockade (♄) des Austauschs und im Körper zur Thrombenbildung (geronnene Blutpfropfen) bzw. zur *Thrombophlebitis* kommen.

Venus, Stier

Fähigkeit und Anlage[21]

Durch die Beweglichkeit des *Halses* können wir uns unserem eigenen Körper liebevoll zuneigen. Unter dieser Zuwendung und Liebe zu unserem Körper festigen sich die materiellen Grundlagen des Seins und

Abb. 34: Venus, Stier

damit auch unser *Bindegewebe.* Dieses wiederum bildet die Basis, an der die Muskulatur ansetzt und in der unsere Zähne ihre Verwurzelung (*Zahnbett*) finden. Dem Stier zugeordnet ist das *Kupfer.* Es ist essentiell beim Aufbau des Bindegewebes und der Knochen.

Zur Stimmbildung dient uns der *Kehlkopf* mit seinen Stimmbändern. Wie wir in unserem Wert ruhen und uns sicher fühlen, drückt sich in unserer *Stimmlage* aus. Ruhen wir in uns, sinkt die Stimme in den unteren Brustraum. Fühlen wir uns im Wert oder existenziell verunsichert, verschiebt sich unsere Stimme nach oben in den Halsbereich. Bei der Stimme wirken Venus (Kehlkopf [$♀_{♉}$]) und Merkur (motorische Nerven [$☿_{♊}$]) zusammen.

Im *Kehldeckel* verfügen wir über eine wichtige Abgrenzung zwischen Luft- und Speiseröhre.

Der *lymphatische Rachenring*, mit den *Mandeln* als Organe der Abwehr, entscheidet darüber, was wir langfristig in uns hineinlassen und was wir nicht über unsere Grenzen gelangen lassen wollen. Hier entscheidet es sich, was wir auf die Dauer bereit sind zu »schlucken«.

Wer sich seines Wertes sicher ist, wird sich im *Nacken* entspannt dem Gegenüber stellen. Fehlt ihm dieser Wert, wird er sich zu schützen suchen, indem er seinen Kopf zwischen den Schultern einzieht.

Venus♉-Symptome

Die Symptome erzeugt die von der Venus bereitgestellte *Energie der Eigenliebe*, sofern sich unser EGO aus einem meist schwachen Eigenwert heraus verbietet, Raum für sich SELBST zu nehmen, sich abzugrenzen, »Nein« zu sagen, Werte (u.a. Geld) für sich SELBST auszugeben und sich materiell etwas zu gönnen.

NACKENPROBLEME: Wir glauben uns nicht abgrenzen zu können oder zu dürfen. Die ungelebte Energie der Abgrenzung bewirkt *Verspannungen der Nackenmuskulatur*. Diese können zu *Spannungskopfschmerzen* (♀♉♂♄, ♀♉♂♅, ♀♉♂♆) führen.

HALSERKRANKUNGEN: Glaubt unser EGO etwas hineinnehmen zu müssen, was unser SELBST natürlicherweise nicht schlucken will, stellen sich *Schluckbeschwerden* oft zusammen mit einem *Kloßgefühl* (♀♉ ♄) ein.

Heiserkeit, Husten oder *Halsentzündungen* drücken akute (♀♉♂) Abgrenzungs- und Eigenraumprobleme aus. Können andere uns unseren Platz streitig machen und vermeiden wir den Revierkampf, dann kann sich die Energie der Abgrenzung in einer *Mandelentzündung* (*Tonsilitis* [*akute* ♀♉♂, *chronische* ♀♉ ♄, *wiederkehrende* ♀♉♅, *schleichende* ♀♉♆,]) manifestieren. Die aus dem Gefühl der Wertlosigkeit resultierende Durchsetzungsschwäche geht mit der Gefahr einher, dass die Erreger in die Blutbahn (Sepsis ♀♉ + ♂♆) durchbrechen können. Der Körper geht sozusagen in den »Besitz« der Erreger über.

Bei *Diphtherie* (*Krupp* [♀♉ ♄]) und *Pseudokrupp* (♀♉♇) ist der Kampf um Abgrenzung buchstäblich im Halse stecken geblieben, was durch die Schwellung der Kehlkopfschleimhaut zur lebensbedrohlichen Luftnot führen kann. Die Frage lautet: Was beengt und wer bedroht mich in meinem Eigenraum (Revier)?

BINDEGEWEBSERKRANKUNGEN: Bei schwach entwickeltem Eigenwert gönnen wir uns materiell zu wenig. Statt uns von diesem SELBSTlosen und unserem SELBST gegenüber wenig liebevollen Verhalten zu lösen, lösen wir immer wieder Gewebestrukturen auf oder bauen sie gar nicht erst auf. Hierdurch entwickelt sich eine *Bindegewebsschwäche* (♀♉♆). Die Tendenz zu Gewebeblutungen ist erhöht (»blaue Flecken«, *Hämatome*). Parallel dazu kann ein *Kupfermangel* bestehen.

KÖRPERGEWICHTSPROBLEME: Bei einem schwach entwickelten Eigenwert, versucht sich unser EGO über die Zunahme der Körpermasse mehr »*Gewicht*« (Ersatzwert [♀♉♃♆]) zu geben. Zusätzlich verlagert es seine Körpergrenze nach außen (Ersatzabgrenzung) und verschafft sich auf diese Weise etwas mehr Raum.

ZAHNBETTERKRANKUNGEN: Unterlassen wir es, uns mit unserem Anliegen durchzusetzen, weil wir ihm zu wenig Wert beimessen, so kann die nicht gelebte Durchsetzungsenergie *Zahnbetterkrankungen* (Zahnfleischentzündung / Zahnausfall [♀♉ ♂ ♆], Entzündung des Kieferknochens [♀♉ ♂ ♄]) hervorrufen.

STIMMPROBLEME: Mangelnder Eigenwert (♀♉ ♆) zeigt sich auch in unserer *Stimmlage*. Während die Stimme normalerweise im unteren Brustraum resoniert, kann es zunehmend zur Verlagerung unserer Stimme nach oben bis in den Kopf hinein kommen.

Grobe Revier-Verletzungen können uns sogar die Stimme verschlagen (*Stimmverlust* [♀♉ ♂, ♀♉ ♄, ♀♉ ♅, ♀♉ ♇]).

Stimmbandreizungen / -entzündungen (♀♉ ♂) verweisen uns auf unbewusste Wut im Zusammenhang mit Eigenraumbedürfnissen, materiellen Bedürfnissen oder Grenzverletzungen.

Zu *Kehlkopfkrebs* (♀♉ + ☽ ♄, ♄ ♆, ♄ ♇) kann es kommen, wenn unser SELBST wegen der Blockade des Über-ICH keine Chance mehr sieht, dass wir uns wenigstens ein wenig liebevoll annehmen (Eigenliebe), anderen Grenzen setzen und uns materiell zumindest das Notwendige gönnen.

Mars, Widder

Fähigkeit und Anlage[22]

Der Mars repräsentiert unsere *körperliche Vitalität*. Im Zentrum steht die *Kraft* unserer *Muskulatur*, die uns alleine befähigt, unseren Schöpfungsauftrag in die *Tat* umzusetzen. In der verzauberten Welt treffen wir auf Widerstände und Gegner, die unsere *Aggression* aufrufen. Wir *kämpfen*, um uns *durchzusetzen* oder geben alle Kraft in die Flucht vor einem übermächtigen Aggressor. Ursprünglich lebten wir die Kraft beispielsweise in der Jagd oder in der Landwirtschaft, heute hauptsächlich in einigen wenigen handwerklichen Berufen und im Sport. Mars ist nicht der Triebhafte, der aus sich heraus etwas tut. Er bedarf der Ansteuerung durch den Götterboten Merkur (☿♊) und dieser sendet ihm seine Impulse über das motorische Nervensystem.

Der Satz: »Mit dem Kopf durch die Wand« zeigt uns, dass der äußere Aspekt unseres *Kopfes* diesem kämpferischen Prinzip entspricht. Mars kennt keine Geduld. Als kardinaler Planet will er alle Aufträge mög-

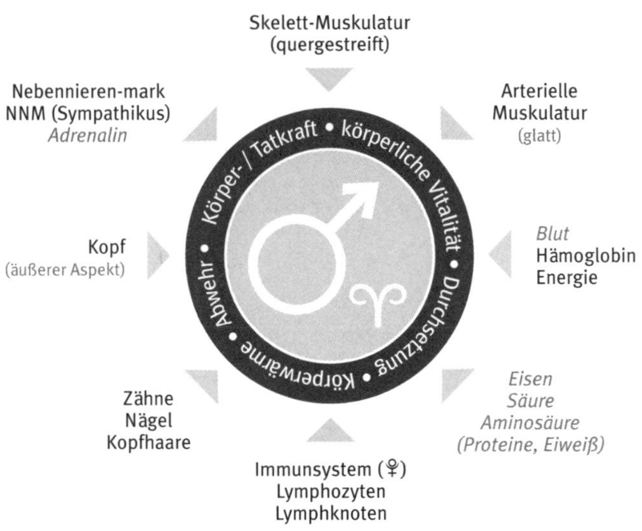

Abb. 35: Mars, Widder

lichst sofort erledigen. Er steht am Ende der »Befehlskette« und geht bei der Tat davon aus, dass die Aufträge vom Schöpfer kommen und daher der Zeitqualität entsprechen. Wäre dies tatsächlich der Fall, dann würde die Tat ohne äußere Widerstände erfolgen können. Unser EGO handelt jedoch selten in Übereinstimmung mit der Zeitqualität und trifft daher oft auf Hindernisse. Dies führt zu Aggressionen und kämpferischen Auseinandersetzungen.

Die *Muskulatur* erzeugt die *Kraft unserer Bewegungen*. Sie ist für kurzfristige Höchstleistungen konzipiert. Ihre Ermüdung fordert immer wieder Pausen in unserer Aktivität. Die Ausdauer und Kraft kann durch Training in begrenztem Maße gesteigert werden. Der Überträgerstoff *Noradrenalin* des Sympathikus und das Hormon *Adrenalin* des Nebennierenmarks optimieren in der Aktion den Energiepegel unter anderem auch durch gezielte Erweiterung und Kontraktion der Gefäße. *Blut* als Energieträger gelangt so besser zum Zielort. Das Gefäßverhalten hat einen entsprechenden Einfluss auf den *Blutdruck*. Die Sauerstoffversorgung zur Energiegewinnung (Oxidation der Zuckermoleküle) erfolgt über die *roten Blutkörperchen* (*Erythrozyten*) ebenso wie der Abtransport der Kohlensäure, die bei der Energiegewinnung anfällt. Bei der Bindungsfähigkeit und der roten Farbe der Erythrozyten spielt das zentrale *Eisenatom* eine entscheidende Rolle.

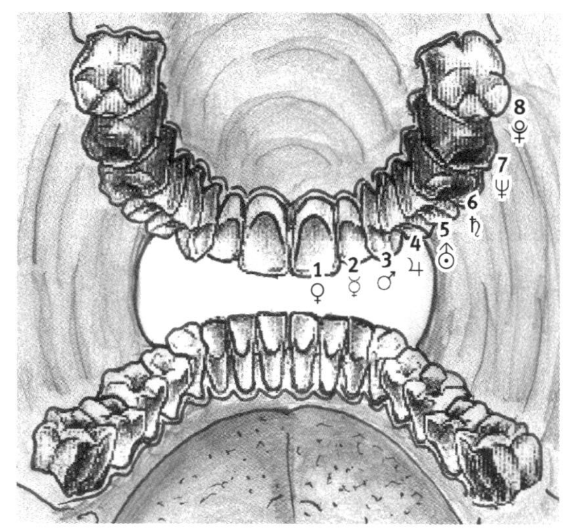

Abb. 36: Zuordnung (sekundär) der Zähne nach Susanne Berthold (merCur 05/00)

Neben der Kraft erzeugt unsere Muskulatur durch die Bewegung auch die *Körperwärme*. Wir zittern, wenn wir frieren oder wenn wir beim *Fieber* unsere Körpertemperatur erhöhen, um unsere Abwehr zu steigern.

Protein (*Eiweiß*) ist einer der drei Grundnahrungsstoffe, über die unser Körper sein Feuer unterhält bzw. seinen Energiebedarf (ca. 12%) deckt und eigene Strukturen aufbaut. Es besteht hauptsächlich aus Aminosäuren. Proteine sind die Hauptbausteine unserer Muskeln. Ihr Anteil an den festen Bestandteilen der Muskulatur liegt bei ca. 70-80%.

Im marsschen Sinne sind unsere *Zähne*, *Finger-* und *Zehen-Nägel* Waffen, die in unserem sozialen Miteinander in den Hintergrund getreten sind, die aber von den Raubtieren sehr effektiv eingesetzt werden. Unsere 32 Zähne lassen sich sekundär verschiedenen Planeten zuordnen (siehe *Abb. 36*). Die in der Abbildung gezeigte Zuordnung gilt spiegelverkehrt auch für die linke Seite und entsprechend für die Zähne des Unterkiefers.

Zerschneidend im Sinne des Mars wirkt auch die körpereigene *Säure* u.a. im Magen.

Die *Kopf-Haare* sind Ausdruck körperlicher Vitalität. Im Volksmund gibt es viele Hinweise auf die Verbindung der Haare zur Durchsetzung und Aggression: »Haare auf den Zähnen haben«, »Sich die Haare rau-

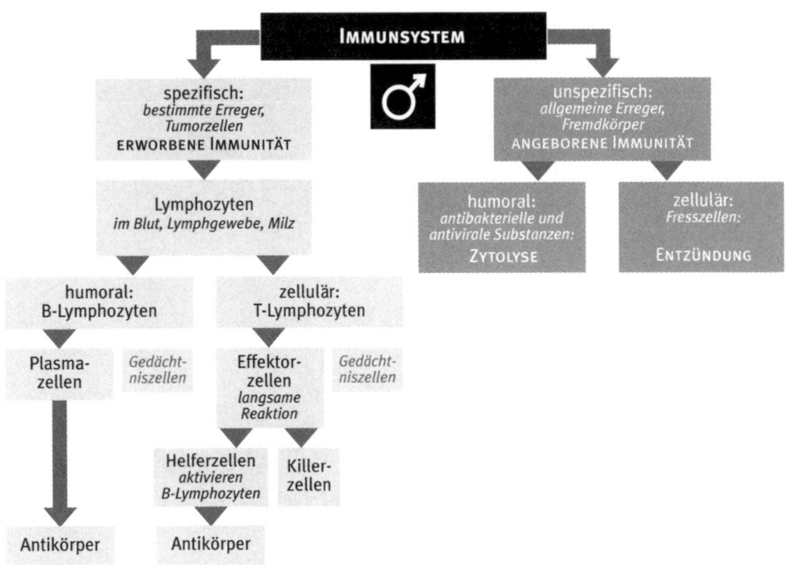

Abb. 37: Immunsystem, vereinfacht (humoral = die Körpersäfte betreffend)

fen« oder »Sich in die Haare geraten«. Das Aufstellen der Haare bei Gefahr oder bei Kälte bewirkt der Sympathikus (☿♍♂). Haare haben sekundär auch einen Bezug zur Schönheit und damit zur Waage-Venus. Probleme der zwischenmenschlichen Liebe (♀♎) können sich daher in Haar-Problemen zeigen.

Unser *Abwehrsystem* (*Immunsystem*) gleicht Mars. Das *Fieber*, die *Entzündungsreaktion*, die humorale und die zellvermittelte *Immunreaktion* haben die Abwehr von körperfremden Stoffen und Organismen, so genannten »Erregern« (Antigene), zum Ziel. Da das Immunsystem ein ganzheitliches System ist (siehe *Abb. 37*), spielen sekundär noch andere Planetenenergien eine wesentliche Rolle, hier besonders Pluto beim immunologischen »Gedächtnis« (z.B. Impfung). Er entspricht ja dem weiblich polarisierten Mars! Die *Lymphknoten* sind über den Körper verteilte Abwehrstationen.

Mars♈-Symptome

Die körperlichen Symptome erzeugt die vom Mars bereitgestellte *Energie der Durchsetzung und Tatkraft*. Mars gibt uns die Kraft, unsere Schöpfungsaufgaben in die Tat umzusetzen. In unserer neurotischen Welt jedoch stimmen wir selten mit dem Lebensfluss überein, sodass wir mit unserem Tun auf Widerstände treffen. Unter diesen Bedingungen wird die Tat unseres EGOs zum konkurrenten Kampf um Durchsetzung. Dieser ist mit *Wut* und *Aggression* verbunden. Beides ist in unserer Gesellschaft mit Verboten belegt. Wir bekommen dafür selten Anerkennung und fürchten, nicht mehr geliebt zu werden. Daher blockiert unser EGO in bestimmten Situationen diese Energien.

Allgemeine Symptome: Die Symptombildung ist meist *kurz* und *heftig*.

Entzündung (-itis): Sind wir erzürnt (♂), zeigen es aber nicht, dann zeigt sich das innere »Feuer« im *Entzündungsgeschehen* (Feuer im Körper) mit Erhöhung der Temperatur (*Fieber*), *Schmerzen*, *Rötung* der entzündeten Stelle und *Schwellung* des Gewebes.

Blockieren wir unsere körperliche Vitalität, weil Streit, Kampf oder Aggressionen nicht erlaubt sind, kann sich die Durchsetzungsenergie in einem *Ekzem* (*Neurodermitis* [♂ ♄, ♂ ⛢, ♂ ♆]) somatisieren.

Schmerzen: Im *Schmerz* lebt sich die unbewusste Wut und Aggression gegenüber unserer Außenwelt aus.

Im *Kopfschmerz* (♂ ♄, ♂ ♇) zeigt sich die Aggression, die wir uns verboten haben zu leben oder die wir aufgrund pflichtbewussten Verhaltens unterdrücken.

Der Kopfschmerz wird dann zum halbseitigen Kopfschmerz, zur *Migräne* (♂ ⛢), wenn wir zur Wut unserer männlichen Seite oder weiblichen Seite innerlich auf Distanz gehen, um einen jähzornigen Ausbruch zu vermeiden.

In *Schnitt-*, *Riss-* und *Biss-Wunden* (♂ ♄, ♂ ⛢) richten wir die aktuelle Wut gegenüber den anderen auf uns SELBST.

Immunerkrankungen: *Allergien* (♂ ⛢, ♂ ♆) sind vollkommen überzogene Abwehrreaktionen und mit dem Jähzorn vergleichbar. Wir mobilisieren alle verfügbare Kraft der Abwehr gegen oftmals harmlose Partikel (Staub, Pollen usw.), weil unser EGO glaubt, seine Wut gegenüber den anderen nicht zeigen zu dürfen.

Bei der *Autoimmunerkrankung* richtet sich unsere mittlerweile chronische Wut gegen uns SELBST. Sie bringt zum Ausdruck, dass uns die Opferbereitschaft (♂ ♇) unseres EGOs gegenüber anderen langsam zerstört.

Zahnerkrankungen: Sind wir in der Durchsetzung geschwächt, fehlt uns der richtige »Biss«, wirkt die nicht gelebte Durchsetzung zerstörerisch auf unsere Zähne (z.B. *Karies* [♂ ♆]) ein. Wir werden zahnlos.

Das *Zähneknirschen* (♂ ♇) ist oft ein Hinweis auf eine akute, aber unterdrückte Wut. Das *rhythmische Anspannen der Kaumuskulatur* (♂ ⛢) deutet auf einen starken Durchsetzungswillen, zu dem wir jedoch innerlich auf Distanz gehen.

Erkrankungen der Finger- und Zehennägel: Setzen wir uns gegenüber dem Erwartungsdruck der anderen nicht durch und opfern unsere Tatkraft in der Erfüllung dieser Erwartungen, so entsteht in uns eine »mörderische Wut«. Unser EGO erlaubt sich nicht, diese zu zeigen. Im *Nägelkauen* (♂ ♇) richten wir diese Wut gegen uns selbst. Unterdrücken wir selbst diese Regung, so sterben die Finger- bzw. Fußnägel, unsere »Waffen«, ab. Auf diesem abgestorbenen Gewebe gedeiht dann der *Nagelpilz* (♂ ♇).

Haarerkrankungen: *Haarerkrankungen* (♂ ♄, ♂ ⛢, ♂ ♆, ♂ ♇) sind Ausdruck behinderter körperlicher Vitalität, Tatkraft und Kampfbereitschaft. Die Blockade der Energien hat verschiedene Hintergründe: Wir wollen der oder die GUTE sein (♂ ♄) oder wir »stehen darüber«, unsere Wut zu leben (♂ ⛢) oder wir spielen den SELBSTlosen (♂ ♆), der sich den »höheren Dingen« hingibt oder aber wir opfern unsere Tatkraft an Verpflichtungen (♂ ♇).

Muskelerkrankungen: *Muskelzerrungen* und *-risse* (♂ ⛢) deuten darauf hin, dass unser SELBST alle Kraft zur Durchsetzung von individuelleren Lebensformen und mehr persönlicher Freiheit einsetzen will. Unser EGO jedoch blockiert meist aus Gründen des »guten Rufs« diese Entwicklung.

In der *Myasthenie* (Muskelschwäche [♂ ♆]) zeigen wir, was wir schon lange tun wollten: Aufhören, für andere zu kämpfen.

Die *Muskeldystrophie* bringt zum Ausdruck, dass unser EGO sein Tun zu sehr nach den Erwartungen (♂ ♇) anderer ausrichtet. Da wir uns jedoch an die Erwartungen der anderen zu sehr geopfert haben, glauben wir berechtigt zu sein, von anderen die Erfüllung der eigenen Erwartungen einzufordern (Machtanspruch). Das gleiche gilt für die *spastische Muskellähmung* (♂ ♇) und die *Poliomyelitis* (♂ ⛢ ♇).

Blutdruck: Unterdrückte Wut oder anhaltender Stress erzeugen in uns eine latente Erhöhung der Kampfbereitschaft, die wir aber verdrängen, weil wir GUT sein wollen. Der damit einhergehende erhöhte Sympathikus-Tonus führt zu einem erhöhten Blutdruck (*Hypertonie* [♂ ♄, ♂ ⛢, ♂ ♇]).

Setzen wir uns fast ausschließlich für andere ein, verlieren wir unsere körperliche Vitalität. Dies hat zur Folge, dass der arterielle Gefäß-Tonus geschwächt wird und wir unter einem zu niedrigen Blutdruck (*Hypotonie* [♂ ♆]) leiden.

Ein Tumor des Nebennierenmarks (*Phäochromozytom* [♂ ♄, ♂ ♇]) führt zu erhöhten Noradrenalin- und Adrenalin-Pegeln, zu einer Art Daueralarm und Ausdruck einer lang anhaltenden unterdrückten Aggressionsbereitschaft. Sie zeigt sich im Wesentlichen in einer *Hypertonie*.

BLUTERKRANKUNGEN: Die *Sepsis* und die *Anämie* deuten auf eine Durchsetzungs-Schwäche (♂ ♆, »Robin Hood«-Konstellation: Man kämpft für andere!) hin. Diese Schwäche resultiert aus der SELBSTlosen Auffassung, dass wir unsere Kraft nur für die anderen einsetzen sollten. Für die Benachteiligten können wir kämpfen, für uns SELBST jedoch nicht.

Die *Leukämie* (♂ + ☽ ♄, ♇ ♄, ♆ ♄) entsteht aus einer absoluten Blockade der Durchsetzungskraft durch das Über-ICH: »Äußerungen der Wut und Aggression sind absolut verboten!«

Allgemeine Erkrankungszusammenhänge

Vergiftung (♆)

Die Gifte, denen wir in der Außenwelt begegnen, existieren unbewusst auch in geistiger Form in unserem Bewusstsein. Wir erleben sie in Projektion auf die materielle Welt in stofflicher Form.

Als *Gift* wirkt in unserem Bewusstsein ein ♆-Defizit: Der Mangel an Vertrauen, das fehlende Einverstandensein mit dem, was ist und die einseitige (urteilende) Sicht der Wirklichkeit. Hieraus entsteht insgesamt ein durch Zweifel vergiftetes Bewusstsein (spirituelles Defizit). Dieses bestimmt dann unsere Weltsicht, Lebensphilosophie und religiöse Überzeugung (♃).

Diese geistige Ebene beeinflusst unseren Umgang mit der Natur. Wir glauben durch den Einsatz von Giften (Nitrate, Pestizide, Hormone usw.) in der Landwirtschaft die Ernteerträge problemlos steigern zu können. Wir legen alle viel Wert auf das optimale Aussehen der Früchte, und die Chemie verspricht uns dabei zu helfen. Dass wir dabei das empfindliche ökologische Gleichgewicht zerstören, verdrängen wir weitgehend aus unserem Bewusstsein. Wir steigern immer mehr die *Quantität* und verlieren dabei zunehmend die *Qualität*. Die Massenproduktion erfordert Haltbarkeit und Lagerfähigkeit der Produkte. Wir erreichen sie durch die Ernte unreifer Früchte, Herstellung von Auszugsprodukten (Mehl, Zucker, Säfte, Getränke, Raffinierung von Salz usw.) und den Einsatz von Konservierungsstoffen (Fruchtüberzüge, Pökelsalz usw.). Die Massenproduktion erfordert auch die großtechnische Verarbeitung der Nahrungsmittel. Hierzu benötigt sie entsprechende chemische Produktionshilfen (z.B. Backhilfen), Farbstoffe und künstliche bzw. »naturidentische« Aromen. Aus unseren Lebensmitteln werden zunehmend synthetische Nahrungsmittel.

Auch in unseren Textilien und Wohnungen (☽) machen sich immer mehr Gifte breit. Mit der Massenproduktion geht zudem ein enormer Ausstoß von Giften (u.a. Dioxin, Schwermetalle usw.) einher, der unsere Luft, unsere Gewässer und letztendlich auch unsere Nahrungskette belastet.

In der Massenproduktion erhalten wir ein Gleichnis für die zunehmende Vermassung und Normierung unseres Lebens. Wir setzen auf Leistung, Konkurrenz, Karriere (♄) und laufen immer mehr beschränkten, monokulturellen Zielvorgaben unserer Gesellschaft hinterher. Dies lässt unsere Kreativität veröden. Wer in seinem Bewusstsein immer mehr auf *Kompensationsformen des Saturn*[23] setzt, erzeugt in sich ein spirituelles Defizit (♅, ♆). Er lebt nicht mehr aus seiner Quelle, sondern schafft zunehmend künstliche (♆) Lebens- und Erlebensformen. Diese wiederum sind die Projektionen unseres Bewusstseinsgiftes. Wir wollen den Massen das einmalige, individuelle Event ermöglichen und erkennen nicht, dass dies ein Widerspruch in sich ist. Um das Leben zu »düngen«, verwenden wir immer mehr Drogen und Genussgifte (Nikotin, Koffein, Alkohol, Marihuana, Kokain, Heroin usw.).

Die diesen Lebensformen entspringenden Krankheiten (♆), versuchen wir mit einem chemischen Großeinsatz an Medikamenten (♆) – eine Art menschliches Pestizid – in Grenzen zu halten. Die Vergiftung nimmt daher unaufhaltsam zu.

Kollektiv werden wir dies zunächst nicht ändern können. Aber, wir können mit der Entgiftung des Bewusstseins bei uns SELBST anfangen!

Stress (♅)

Stress entsteht immer dann in unserem Leben, wenn die in uns angelegten geistigen, seelischen oder körperlichen *Fähigkeiten* nicht den äußeren *Leistungsanforderungen* (♄) oder *Erwartungen* (♇) der Schule, Partnerschaft, Familie, Gesellschaft oder des Berufs entsprechen. Stress entsteht aber auch dann, wenn wir besondere Leistungen bringen wollen, um uns damit aus der Masse herauszuheben. Anstatt uns gegenüber diesen Leistungsanforderungen und Erwartungen zu distanzieren und uns von ihnen zu befreien (⛢), geht unser EGO gegenüber dem SELBST auf Distanz und gibt dessen Freiheit auf. Unser EGO will aller Welt zeigen, wie GUT es ist und verschwendet dafür seine geistige (♃), seelische (☉) oder körperliche (♂) Energie. Als Belohnung erwartet es, dass die anderen es als etwas ganz Besonderes (⛢) anerkennen. Steht ihm nach dieser Anstrengung als Belohnung nicht wieder das Paradies zu?

Als *Stress-Verstärker* wirken dabei SELBST-Verurteilungen (♄), die tief in unserem Glauben (♃) wurzeln. Sie lauten etwa:

»Dafür habe ich zu wenig Wissen, Bildung oder Autorität.«
»Ich war schon immer ein mittelmäßiger Schüler.«
»Das schaffe ich nie.«
»Alles muss perfekt sein.«
»Ich darf keine Fehler machen.«
»Die anderen sind sowieso besser.«
»Ich gehöre nicht dazu.«
»Ich muss eine Schuld abtragen.«
»Ich muss alles selbst machen.«
»Was ich versprochen habe, muss ich auch halten.«
»Ich darf die anderen (Vater, Mutter) nicht enttäuschen.«
»Der Nächste wartet schon auf meinen Arbeitsplatz.«

Stressmildernd wirken Ruhepausen, Entspannungsübungen, ein Wechsel hin zu einer Arbeit / einem Beruf, die / der besser zu den eigenen Anlagen passt, eine besinnlichere Lebensführung, sich SELBST mehr Anerkennung schenken und wenn alles nichts hilft, das Leben spielerischer begreifen und lachen.

Stress führt via Hypothalamus → Hypophyse → Nebenniere zur Freisetzung so genannter *Stresshormone*: Adrenalin, Cortisol, Aldosteron, Sexualhormone. Diese wiederum hemmen das *Immunsystem* (Infekte bis hin zum Krebs), erhöhen die *Magensäure* (Entzündungen, Geschwüre) und den *Blutzucker*, führen zur Erhöhung der *Muskelspannung* (muskuläre Panzerung, Energieblockade), erzeugen *Migräne*, steigern den *Blutdruck* mit der Folge der *Herz*- und *Gefäßbelastung*, bewirken eine hohe *Nervenbelastung* und entsprechende *Schlafstörungen*. Der Weg führt u.a. in die *Erschöpfung* (*Burn-out-Syndrom*).

Wenden wir uns schon nicht an Ort und Stelle gegen den Stress, dann fördert der Sport oder das Ausagieren der Wut (z.B. Schreien im Wald, Kampfsport) wenigstens den Abbau der Stresshormone.

Verschlackung (♄♇)

Da der Organismus über sehr effiziente Ausscheidungsorgane verfügt, nimmt die Medizin an, dass es in unserem Organismus keine Ablagerung von Schlacken gibt.

Ganzheitliche Heiler und Ernährungsberater gehen jedoch davon aus, dass die Ausscheidung auf die Dauer latent überfordert wird und daher zunehmend Rückstände im Körper abgelagert werden. Diese Schlacken resultieren zum einen aus dem *Säurestoffwechsel*, bei dem sich Salze bilden. Den Säureüberschuss bilden Nahrungsmittel (Fleisch, viele Getreidesorten, Milch, Kaffee, schwarzer Tee, Zucker usw.) und andere Abbauprodukte aus unserem Stoffwechsel (u.a. Eiweißabbau, Zellkernabbau usw.). Unser Organismus neutralisiert diese Säuren mit entsprechenden Mineralien, die er teilweise dem eigenen Gewebe entzieht.

Zum anderen bilden sich Schlacken aus der *Giftbelastung* (Umweltgifte, Schwermetalle, Medikamente, Pilze usw.). Sie entstehen auch aus den *Schleimstoffen* u.a. der Milch, Milchprodukte und vieler Getreidesorten.

Die Schlackenstoffe befinden sich zunächst im Körperwasser. Nacheinander werden sie in verschiedenen Gewebestrukturen abgelagert. Wenn die Lagerkapazität der einen Struktur erschöpft ist, wird auf der nächsten Ebene eingelagert. Betroffen sind entsprechend der Reihenfolge:

- Fettgewebe
- Bindegewebe
- Gelenke
- Gefäßwände
- Zellen

Aus der *Neutralisierung* entwickeln sich Mineralstoff-Raubkrankheiten, aus den *Ausscheidungsprozessen* so genannte Ausscheidungskrankheiten und aus der *Verschlackung* entsprechende Ablagerungskrankheiten (siehe *Abb. 38*).

Wir dürfen nun nicht den Fehler machen, in der Verschlackung die grundlegende Ursache vieler unserer Erkrankungen zu sehen. Die Verschlackung ist zum einen ein Gleichnis für unsere Bewusstseinsgrenzen (♄), welche unser Leben (Organismus) zwar immer mehr einengen, die unser EGO aber dennoch zu bewahren trachtet. Zum anderen zeigen sie die Belastungen unserer Seele mit altem Müll (u.a. »vererbte« Verhaltensprogramme, Rollenübernahmen, Verpflichtungen [♇]), den wir nicht loslassen.

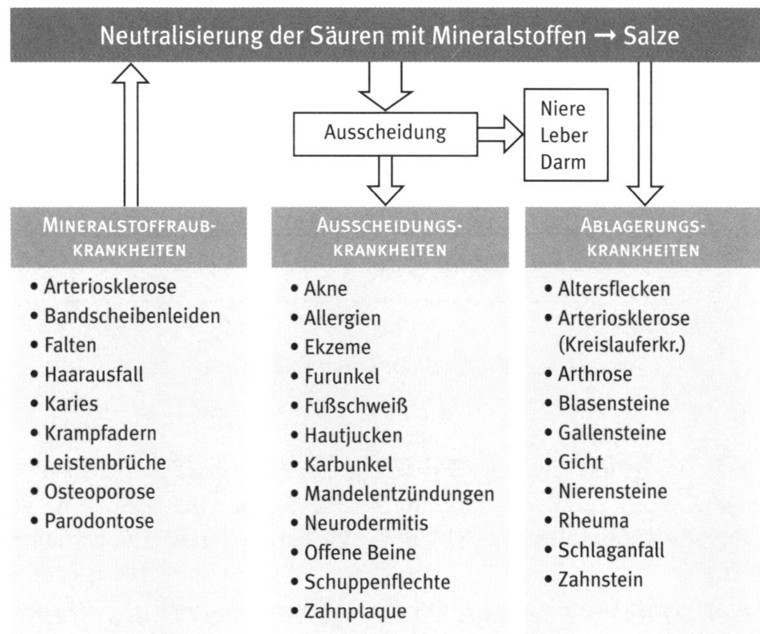

Abb. 38: Verschlackungskrankheiten (nach Jentschura / Lohkämper)

Entwicklungsblockade durch das ÜBER-ICH (♄) → Endstation Krebs

Allzu oft ist unser EGO im Übermaß mit dem identifiziert, was in unserer Gesellschaft als normal gilt. Wir haben dann die Maßstäbe, Moral und Norm in einem solchen Maß in unser ÜBER-ICH (Gewissen [♄]) integriert, dass sich unser SELBST außerstande sieht, in unserer Lebendigkeit eine Entwicklung weg von der äußeren Mitte (♄) hin zur eigenen Mitte (♆) zu bewirken. Wir glauben aus Gewissensgründen (♄) nicht anders leben und handeln zu dürfen. Dabei ist unser Gewissen keine objektive Instanz. War ursprünglich unser Gewissen ein Wissen, das von göttlicher Weisheit (♆) inspiriert (♅) war, so ist uns unter der Wirkung des Urteils (♄) die Weisheit (♆) verloren gegangen. Es bildet sich fortan unter dem Einfluss der Eltern, Lehrer, Pfarrer bzw. Priester und anderer gesellschaftlicher Autoritäten (♄).

Wie sehr wir uns mit der Norm identifizieren, erkennen wir in unserem Horoskop an der Verbindung zwischen den Identifikations-Planeten (☽, ♇, ♆) und dem Vertreter der Struktur und Form (♄).

♆ ♄	Ich (EGO) habe wegen einer vermeintlichen Schuld kein Recht auf mich SELBST und dessen Entwicklung
♇ ♄	Ich (EGO) muss mein SELBST und dessen Entwicklung an die Pflicht und Verantwortung opfern
☽ ♄	Ich (EGO) habe die Verantwortung für die Versorgung der anderen und darf daher weder mein SELBST »gebären«, noch es versorgen

Abb. 39: Identifikation mit der Norm

Im Hintergrund unseres Verhaltens existiert, solange wir urteilen, immer ein *Schuldthema*. Tatsächlich tragen wir eine Schuld in uns, nämlich gegenüber unserem SELBST. Wir haben es zum Teil verleugnet (verdrängt). Diese Schuld machen wir uns aber nicht bewusst, sondern projizieren sie nach außen auf andere Menschen, Tiere und Pflanzen. Beispielsweise projizieren wir die Schuld an unserer Weiblichkeit auf unsere Mutter. Wir versuchen unsere Schuld nun im Außen (z.B. gegenüber der Mutter) abzutragen, indem wir Verantwortung für andere übernehmen. Wir wollen, dass andere GUT werden und erziehen sie, wir wollen, dass sie nicht hungern und nähren sie, wir wollen, dass sie sich wohl fühlen und sorgen für ihr Wohlgefühl, wir wollen, dass sie mit uns zufrieden sind und stellen sie zufrieden. Dies alles tun wir, damit sie uns unser GUT-Sein bestätigen und damit Balsam in die Wunde unserer Schuld streichen. Leider vergessen wir dabei zunehmend uns SELBST und vermehren hierdurch unbewusst unsere Schuld gegenüber unserem SELBST.

Wer als EGO GUT zu anderen ist,
ist meist BÖSE zu seinem eigenen SELBST!

Das beschriebene Verhalten verhindert unser Persönlichkeitswachstum. Wachstum (Entwicklung unserer Anlagen) jedoch muss sein! Wir würden sonst nie voll entwickelt und *ganz* in unsere ursprüngliche Heimat (Paradies) zurückkehren können. Zum Wachstum müssten die Grenzen der anerzogenen Normalität überschritten werden. Unser EGO ist aber gerade mit diesen Grenzen (♄) identifiziert (♆, ♇, ☽) und blockiert jede grenzüberschreitende Entwicklung. Um die vorhandenen Energien des Wachstums ins Leben zu bringen, veranlasst unser SELBST nun das ersatzweise grenzüberschreitende Wachstum auf der

Krebs		Wachstumsblockade der .../ des ...	Verhalten des EGOs
Leukämie	♂	Tatkraft, Durchsetzung des SELBST	aggressionsgehemmt
Kehlkopf-krebs	♀♉	SELBSTwertes, SELBST-liebe	asketisch; gibt sich we-nig Wert
Lungen-krebs	☿♊	SELBSTdarstellung, Kom-munikation	teilt nichts von sich SELBST mit
Magen-krebs Brustkrebs	☽	Beachtung der Gefühle und Sorge um die natürlichen Bedürfnisse des SELBST	verleugnet die eigenen Gefühle und Bedürf-nisse; gibt sich stets gut gelaunt
Darmkrebs	☿♍	Nutzung materieller Ange-bote für sich SELBST	macht sich nützlich und fühlt sich zugleich nutzlos
Nieren-krebs	♀♎	Balance zwischen Männ-lichem und Weiblichem in sich SELBST und in der Partnerschaft	vermeidet die Auseinan-dersetzung aus Gründen einer Scheinharmonie; lieb
Hoden-krebs	♇	Treue und Verpflichtung gegenüber sich SELBST	erfüllt allzu bereitwillig die Erwartungen ande-rer; Opfer
Leberkrebs	♃	Begeisterung / Verständ-nisses / Toleranz (Weltan-schauung, Religion) für sich SELBST	SELBSTverleugnung, um edel zu sein; am begrenzten Verstand orientiert
Hautkrebs	♄	Verantwortung gegenüber sich SELBST, Entwicklung eigener Verhaltensformen / -maßstäbe	viel zu streng mit sich und der Welt; fühlt sich für alles verantwortlich; schuldbeladen
Krebs der Hirnzellen	♅	Individuierung / Befreiung des SELBST / Neuorien-tierung	Distanz gegenüber dem SELBST, zugunsten herausgehobener Leis-tungen

Abb.40: Krebsthemen (Auswahl)

körperlichen Ebene. Ein Tumor wächst in uns und überschreitet die Grenzen der Organe. Er wächst infiltrativ und wir sprechen von einem bösartigen Tumor, von *Krebs* (*Karzinom, Sarkom*).

Das Organ, von dem der Tumor ausgeht, zeigt uns gleichnishaft, um welches Entwicklungsthema bzw. um welche Anlage es geht. In der Tabelle (*Abb. 40*) sind einige Beispiele hierfür genannt.

Verschleimung (☽)

So, wie wir immer destruktiver mit der Natur umgehen, so gehen wir auch mit unseren Gefühlen und natürlichen Bedürfnissen (☽) um. Die Geborgenheit geht verloren und der fürsorgliche Umgang mit uns SELBST nimmt immer mehr ab. Hieraus entsteht ein orales (☽) Defizit. Verzweifelt versuchen wir diese *Mond-Hemmung* auszugleichen. Im Nahrungsbereich bietet sich hier der Stoff an, der die Versorgung schlechthin repräsentiert, die Muttermilch (☽). Natürlich greifen wir zum Ersatz, zur Kuh-Milch. Das Bedürfnis nach Milch wächst in dem Maße, wie wir unsere tatsächlichen Bedürfnisse vernachlässigen. Milch wird zu einer möglichen *Kompensation* unserer Mond-Hemmung.

So gut die Muttermilch für den Säugling auch ist, so sind die Milch und die daraus hergestellten Milchprodukte, wie zum Beispiel Käse, keine unproblematischen Lebensmittel für Erwachsene. Sie fördern die Verschleimung der Atemwege (Nasennebenhöhlen, Lunge) und der Ohren. Überdies können viele Menschen die Milch nicht richtig verdauen.

Auch Getreide und viele andere Lebensmittel führen zur Verschleimung.

Symbolisch zeigt uns die Verschleimung, dass wir *Gefühle* (Schleim) unbeachtet lassen, sodass sie sich auf der Ebene des Körpers ansammeln und ablagern.

Übersäuerung (♂)

Aufgrund der rasanten technischen Entwicklung haben wir uns in großem Umfang der harten körperlichen Arbeit entledigt. Kollektiv entwickelte sich ein *gehemmter* Umgang mit der körperlichen Kraft (*♂-Hemmung*). Im Gegenzug nahm die geistige Aktivität immer mehr zu.

Ein Teil von uns versucht die Hemmung der Kraft über sportliche Betätigung zu *kompensieren*. Andere kompensieren mit einer zunehmenden destruktiven Aggressivität und Gewaltbereitschaft gegenüber ihrem sozialen Umfeld und dessen Einrichtungen.

Ein großer Teil jedoch verharrt in der Hemmung. Unsere *Ernährung* ist auf dieses Verhalten nicht eingestellt. Wir essen nach wie vor in einem Maße Fleischprodukte, als würden wir noch das anstrengende Leben eines Jägers und Sammlers führen. Fleisch wird in unserem Organismus – im Gegensatz zu den meisten pflanzlichen Lebensmitteln – *sauer* verstoffwechselt. Die Säure findet jedoch aufgrund unserer Aktivitätshemmung keine Verwendung und sammelt sich in unserem Organismus an. Insbesondere auch deshalb, weil wir in unserer Gesellschaft keine geeigneten Ausdrucksmöglichkeiten für unsere Wut und Aggressionen entwickelt haben. Wir werden zunehmend *sauer*. Übersäuerung deutet immer auf einen Aggressionsstau hin.

Unser Körper verfügt zwar über sehr effektive Möglichkeiten der Säureausscheidung (Lunge, Niere, Haut), überlastet jedoch auf die Dauer von Jahrzehnten diese Organe. Des Weiteren hilft sich der Körper dadurch, dass er Mineralien zur Neutralisierung der Säure einsetzt. Die dabei entstehenden Salze scheidet der Körper ebenfalls weitgehend aus.

Bei lang andauernder Übersäuerung jedoch wird ein Teil der Salze in unseren Körpergeweben abgelagert (siehe hierzu: Verschlackung, S. 112). Dies besonders dann, wenn wir in unserem Verhalten dazu neigen, altes, traditionelles und anerzogenes Verhalten (♄) als Pflicht (♇) zu sehen und es nicht loszulassen bzw. es zu verändern (♇). Parallel dazu entsteht durch die Verwendung der Mineralien zur Neutralisierung ein *Mineralraub* (♄♇) beziehungsweise *Mineralmangel* (♄♆), der zur Zerstörung (♇) oder Auflösung (♆) der grundlegenden Organstrukturen (Knochen, Nägel, Haare, Blutpuffer … [♄]) führt.

Immunschwäche (♂♆♇)

Seit den 80er Jahren verbreitet sich das *erworbene Immunschwäche-Syndrom* (*AIDS*). Es handelt sich dabei um eine der am wenigsten verstandenen Krankheiten. Als Krankheitsursache auf der körperlichen Ebene werden *zwei* sehr kontroverse Hypothesen diskutiert.

Die eine geht davon aus, dass *Retro-Viren* (HIV) eine bestimmte Zellart des Abwehrsystems zerstören, was nach einer relativ langen Latenzzeit (viele Jahre) zum Zusammenbruch der körpereigenen Abwehr führen kann. In der Folge kommt es zu opportunistischen Infektionen und zu einem spezifischen Hautkrebs (Kaposi-Sarkom). Der Hauptansteckungsweg wird in der *sexuellen* Übertragung und im Kontakt mit infiziertem Blut gesehen. Mit dieser Hypothese trifft man neben der Sexualität zwei gesellschaftliche Gruppen, die schon ohne diese Krankheit ausgegrenzt werden, die Homosexuellen und die drogenabhängigen Fixer. Endlich scheinen die moralisch GUTEN eine Handhabe gegen die amoralisch BÖSEN zu haben, die Geschlechtsverkehr mit beliebigen, häufig wechselnden Partnern haben oder ihn in einer ihrem Verständnis nach widernatürlichen Weise praktizieren. Kein Wunder, dass diese Erkrankungshypothese in den christlich fundamentalistischen USA und damit in der westlichen Welt in einer unverständlichen Weise favorisiert wird. Unverständlich deshalb, weil das verdächtigte Virus bis zum heutigen Tag *nicht isoliert* und elektronenmikroskopisch dargestellt werden konnte und der HIV-Test *keine spezifische* Antikörperreaktion gegen HIV-Eiweiße testet[24].

Die zweite Hypothese geht davon aus, dass die Immunschwäche die Folge einer lange andauernden *Vergiftung* mit zelltoxischen Stoffen (besonders Nitrosamine) ist. Diese Stoffe stammen von Pilzen, Parasiten, Medikamenten (Antibiotika, Chemotherapeutika, Immunsupressiva, Cortikosteroide, Nitrate, ...) und aus der Nahrung (Nitrit, Düngemittel, Pökelsalz). Die Vergiftung führt zur Verringerung der T-Helferimmunzellen (TH1) und zur Schwächung der Immunreaktion gegenüber bestimmten Erregern.

Die Konsequenz aus dieser Hypothese führt zu einer vollkommen anderen Therapie, welche die *Entgiftung* in den Vordergrund stellt. Dagegen setzt die erste Hypothese zur Bekämpfung der Viren gerade hochtoxische Stoffe (u.a. AZT) ein und vergiftet noch zusätzlich. Des Weiteren ist AIDS der Vergiftungshypothese zufolge *keine übertragbare* Krankheit! Ein schwerwiegender Nachteil ergibt sich für die oben genannten gesellschaftlichen Gruppen daraus, dass sie ihre Handhabe gegen Minderheiten und bestimmte Sexualpraktiken verlieren würden. Deshalb wird diese These von den entsprechenden Interessengruppen aufs Schärfste bekämpft. Selbstverständlich geht es auch um ein Geschäft, bei dem jährlich Milliarden Dollar umgesetzt werden.

Symbolisch verweist die erste Hypothese mit dem Organbezug Immunsystem auf Mars, und die Themen Sexualität und Viren auf Pluto (♂♇). Hinzu kommt die Diskriminierung von Minderheiten, was symbolisch zusätzlich auf Neptun (♂♆♇) hinweist. Die zweite mit den Themen Immunschwäche und Vergiftung verweist nur auf Mars-Neptun (♂♆). Das aus diesen Symbolen abzuleitende Hintergrundthema könnte lauten:

Unter den sich seit den 80er Jahren entwickelnden gesellschaftlichen Verhältnissen verlieren wir zunehmend uns SELBST (♆) und unser EGO lässt sich stattdessen in seinem Tun (♂) immer mehr von Leit-

bildern und Rollenvorgaben fremdbestimmen und manipulieren (♇). Unter diesen Bedingungen wird auch die Sexualität zum Ritual und zur Potenzdemonstration (♇) unseres EGO, an dem unser SELBST immer weniger teilnimmt. Die Energie der Erlösung (♆) von diesem Verhalten wird von unserem EGO blockiert und schwächt (♆) in der Folge unser Immunsystem (♂) auf der Körperebene.

Die Symbolik weist außerdem darauf hin, dass die Hypothese der Viruserkrankung (♇) eine Täuschung (♆) sein könnte. So entspricht die Erklärung der Krankheitsursache mithilfe der Virus-Hypothese eher dem Zeitgeist (Zeitqualität), denn der Wirklichkeit (P. U. Unschuld).

Entwicklung, der Königs-Weg zur Gesundheit

Der Energiefluss der Anlagen

Natürlicherweise fließen alle Energien unserer Anlagen ins Leben und Erleben. Unser EGO blockiert jedoch bestimmte Anlagenenergien, von denen es der Überzeugung ist, dass es die *Anerkennung* im sozialen Umfeld (Eltern, Partner, Chef, Gesellschaft) verlieren würde, wenn es diese Anlagen lebt. Blockiert, bleiben die entsprechenden Anlagen gehemmt und unentwickelt. Sie können nicht Teil unserer Lebendigkeit werden (siehe Abb. 41: Energiefluss Pfeil 4). Daraufhin veranlasst unser SELBST unter Zuhilfenahme so genannter »Krankheitserreger« die Bildung von Krankheitssymptomen, um auf diese Weise die Energien doch noch ins Leben zu bringen. Krankheit wird damit zum Ersatzleben und zur Kompensation der Blockade zugleich.

Die wertenden Urteile, welche unser EGO in seinem Umfeld fürchtet, sind natürlich nichts anderes, als die Projektion seiner eigenen unbewussten Urteile. Würde es seine Anlagen nicht unbewusst in sich abqualifizieren, dann würde es kein Mensch dieser Erde für diese verurteilen.

Die Angst unseres EGOs vor Anerkennungsverlust nimmt noch zu, weil es durch die Hemmung der Anlage auf der *frühkindlichen Entwicklungsstufe* stehen geblieben ist. In herausfordernden Situationen regredieren wir auf diese Entwicklungsstufe und werden von Ängsten überschwemmt. Wir fühlen uns als kleines Kind und haben Angst, die Anerkennung der Eltern zu verlieren. Für das kleine Kind ist dies gleichbedeutend mit dem Verlust der Versorgung und damit dem Tod. Der Anerkennungsverlust ist durch seine Nähe zur Todesangst nicht zu unterschätzen!

Könnten wir das Urteil in unserem Bewusstsein überwinden, dann würden sich unsere Anlagen wie von SELBST entfalten und wir wären autonom, erwachsen und gesund (siehe Abb. 41: Energiefluss Pfeil 1).

Der Weg zur Gesundheit führt uns in die Auseinandersetzung mit unserem urteilenden Bewusstsein. Verbote wirken sich nämlich unmittelbar auf die Entfaltung der Anlagen und damit auf unsere Gesundheit aus.

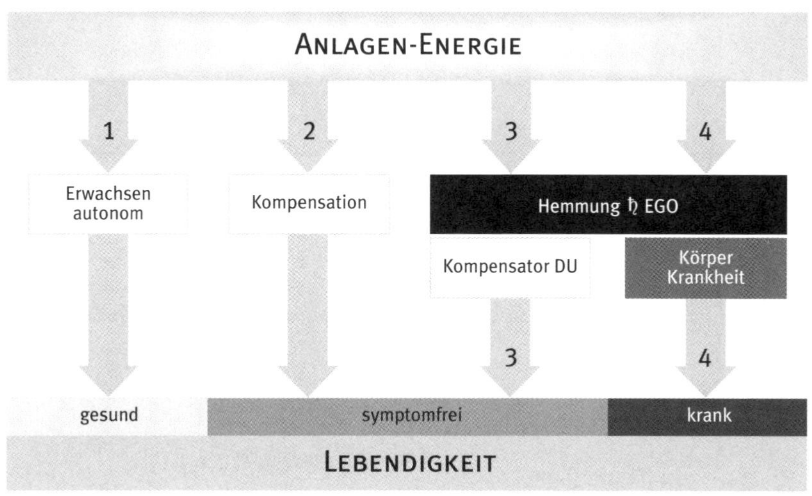

Abb. 41: Gesund, symptomfrei oder krank

Gesundheit durch Urteilsfreiheit und Entwicklung

Die zentrale Ursache der Krankheiten ist unser im *urteilenden Prinzip* gefangener Geist (♄ / ♑). Sein Urteil verbietet uns die Entwicklung bestimmter Anlagenbereiche. Diese Anlagenbereiche werden wir nur dann wieder ganz entwickeln können, wenn wir uns vom Urteil Zug um Zug befreien (♅). In der Folge fällt die Blockade, und die Anlage kann sich im Gegenzug entfalten. Die Energien fließen in unser Leben und nicht mehr in die körperliche Symptomatik. Wir gesunden zunehmend.

Wirkliche Gesundheit ist eine Folge der Urteilsfreiheit.

Diese wiederzugewinnen ist ein Prozess vieler Inkarnationen. Die doch recht lange Dauer einer solchen Entwicklung zu erkennen, wirkt auf uns leistungsorientierte Menschen enttäuschend.

Es gibt jedoch andere Möglichkeiten, nicht die Gesundheit, aber doch die Symptomfreiheit in kürzerer Zeit wiederzuerlangen.

Symptomfreiheit durch Kompensation

Zum einen besteht die Möglichkeit die Anlagenenergie in einer verzauberten und gesellschaftskonformen Weise zu leben. Wir *kompensieren* damit die Anlage (siehe Abb. 41: Energiefluss Pfeil 2).

Ein Beispiel will dies verdeutlichen. Besteht der erwachsene Umgang mit der Merkur-Jungfrau-Anlage darin, die materiellen Bedingungen für

	Fähigkeit	*Krankheitsgewinn: Der Kranke …*
♂ ♈	Tatkraft, Durchsetzung	bekommt kampflos den Vortritt
♀ ♉	SELBST-Abgrenzung	erhält einen eigenen Raum (z.B. Krankenzimmer) / finanzielle Unterstützung (z.B. Frührente)
☿ ♊	SELBST-Darstellung	erhält durch die Krankheit Inhalte, über die er reden kann; findet durch die Krankheit Beachtung
☽ ♋	SELBST-Versorgung	wird bemuttert / versorgt
☉ ♌	SELBSTändigkeit	bekommt seinen Willen erfüllt (Regiment)
☿ ♍	Arbeit für das SELBST	muss nicht arbeiten und wird bedient
♀ ♎	Harmonie innen und außen	bekommt Liebeszuwendungen
♇ ♏	Treue zum SELBST	kann mithilfe der Krankheit andere unter Druck setzen (Macht); bekommt seine Erwartungen erfüllt
♃ ♐	Begeisterungsfähigkeit für Ideen des SELBST	kann für alles Verständnis und Toleranz fordern; wird bevorzugt
♄ ♑	SELBST-Verantwortung	kann die Verantwortung an andere abgeben
♅ ♒	Ideenreichtum, Unabhängigkeit	erhält Freiheiten und Freizeit
♆ ♓	Empfänglichkeit, SELBST sein	kann jederzeit Hilfsbereitschaft einfordern

Abb.42: Sekundärer Krankheitsgewinn

unsere Schöpfungen zu nutzen, dann fordert die Kompensation, uns gegenüber anderen nützlich zu machen. In beiden Fällen fließt die Energie der Arbeit in unsere Lebendigkeit, jedoch dienen wir in der Kompensation nicht unserem SELBST, sondern den anderen und vernachlässigen dabei die Schöpfungsaufträge, die wir SELBST haben.

Symptomfreiheit trotz Anlagenhemmung: Kompensation durch die Außenwelt

Zum anderen können wir unsere Außenwelt oft unbewusst so gestalten, dass *sie* uns ausgleicht. Wir erleben unsere Anlagenenergie in der Begegnung (Projektion). Wir als *Gehemmte* ziehen einen oder mehrere *Kompensatoren* (Menschen [Eltern, Kinder, Nachbarn, Vermieter, Mieter, Partner, Chef, Lehrer, …], Tiere, Pflanzen, Umweltsituationen) an (siehe Abb. Gesund, symptomfrei oder krank: Energiefluss 3). Der Vorteil eines solchen Arrangements liegt darin, dass sich unsere Energie im Leben manifestiert. Der Nachteil für uns besteht jedoch darin, dass Kompensatoren immer autoritär (♄) sind. Sie leben ihre Aggressionen, Grenzüberschreitungen, EGO-Darstellungen, Bemutterungen, ihren Willen, Nutzen, ihre Liebschaften, Macht, Überzeugungen, ihr Recht, ihre Besonderheit und ihre Scheinheiligkeit aus und schränken uns damit ein. Die Konflikte jedoch ersparen uns die Erkrankung.

Wir, als Gehemmte, werden dabei wenig Freude am Leben erfahren. Daher versuchen wir immer wieder, uns aus den Verstrickungen mit dem Kompensator zu befreien. Trennen wir uns von ihm, dann ist die Gefahr der Erkrankung besonders groß, da nun die Energie keine Möglichkeit mehr hat, sich in unserem Leben zu zeigen (Wegfall des Kompensators), es sei denn, wir haben inzwischen eigene Anlagen-Kompensationen entwickelt, oder bereits einen anderen Kompensator in unser Leben geholt. Beispielsweise bekommen wir als Aggressionsgehemmte gerade dann eine Infektionskrankheit (♂), wenn wir uns von dem aggressiven Partner (♂) trennen. Man kann es auch so ausdrücken: Der Partner war bis zu diesem Zeitpunkt unsere »Infektionskrankheit«.

Hindernisse auf dem Weg zur Gesundheit

Sekundärer Krankheitsgewinn

Krankheit erzeugt beim Patienten nicht nur Leid. In vielen Fällen entstehen aus ihr auch »Privilegien«, die manchmal so groß sein können (siehe Abb. 42), dass die Patientin bzw. der Patient die Motivation verliert, gesund zu werden. Die Entwicklung verharrt dann im Status quo und die Krankheit wird chronisch.

Selbstverurteilung

Wir sollten nun nicht, solange wir noch nicht tatsächlich gesund sind, den Fehler machen und uns für unseren unvollkommenen Entwicklungsstand verurteilen. Denn Krankheit, ein Dasein in der Hemmung zusammen mit einem Kompensator, oder ein Leben als Kompensator, alle diese Situationen sind für unser Leben von unverzichtbarer Bedeutung. Durch sie sammeln wir die notwendigen *Erfahrungen,* welche allein unsere Bewusstwerdung vorantreiben.

Zustandsformen der Anlagen

Um die Energien zukünftig nicht mehr in die Symptome, sondern in unsere Lebendigkeit fließen zu lassen, kommen wir nicht umhin, den *Weg der Entwicklung* zu beschreiten. Hierzu müssen wir wissen, wie die Anlagen, welche wir entwickeln wollen, überhaupt beschaffen sind, was es bedeutet, sie in der Hemmung zu leben und wie sie sich voll entwickelt in unserem Leben auswirken würden. Wir erhalten dadurch eine Vorstellung von unserem Entwicklungsziel. Bevor wir jedoch unsere Entwicklung abgeschlossen haben, ist es immer wieder sinnvoll, Kompensationsmöglichkeiten wahrzunehmen, um die Anlagenenergien wenigstens ersatzweise ins Leben zu bringen. Die nachfolgenden Beschreibungen der zwölf archetypischen Fähigkeiten wollen uns dabei helfen, unser Verstehen zu vertiefen, um damit Begeisterung für die Entwicklung dieser wunderbaren Fähigkeiten zu wecken. Gelingt es uns das Feuer der Begeisterung anzuzünden, dann wird es unsere Entwicklung vorantreiben.

Von Interesse für den Betroffenen sind zunächst die Fähigkeiten, die symbolisch mit seiner Erkrankung im Zusammenhang stehen.

Neptun, Fische

Hemmung
(mehr oder weniger die Basis der ♆-Erkrankungen):

Wir sind auf der geistigen Ebene *erblindet.* Da die Schöpfung auf der geistigen Ebene erfolgt – der Körper folgt dem Geist – sehen wir nicht mehr, welche (göttlichen) Kräfte alles be*wirken.* Diese Blindheit gegenüber der *Wirklichkeit* lässt uns das Vertrauen in den Schöpfungsfluss verlieren. *Angst* bestimmt unser Verhalten, das zunehmend neurotisch wird. Die Neurose ist der fehlgeleitete Versuch unseres EGOs, Angst zu vermeiden. Wir be- und verurteilen die Schöpfung und sind daher mit vielen schicksalhaften Erscheinungen nicht mehr einverstanden. Obwohl wir es sind, die gegenüber dem Schicksal erblindet sind, halten wir das Schicksal für blind. Uns fehlt der Verstand für die Einheit allen Seins, uns fehlt die *Weisheit*. Je mehr Wissen wir produzieren, desto mehr verlieren wir den Zugang zur Weisheit. Da wir nicht mehr erkennen, dass wir mit Allem eins sind (*Alleinigkeit*), fühlen wir uns auf dieser Erde jämmerlich verlassen und *alleine*. Unser Verstand (♃) suggeriert uns: »Wer so verlassen wurde, muss sehr böse gewesen sein«. Wir glauben, das Recht verwirkt zu haben, wir SELBST zu sein. Daher achten wir alles gering, was uns(er) SELBST betrifft und sehen die *Erlösung* im Kampf gegen das BÖSE. Dabei fallen wir aus unserer Mitte (Paradiesverlust).

Wir fühlen uns als Außenseiter oder gehören tatsächlich einer verachteten Minderheit an, die für alle Schuldzuweisungen herhalten muss und die entsprechende Verfolgungen zu erleiden hat.

Diese Haltung unserem SELBST gegenüber *schwächt* dessen Energien, ja wir *verlieren* unser SELBST in der *SELBSTlosigkeit*, nach dem Motto: Nichts für uns, alles für die anderen! Unter diesen Bedingungen *leidet* unser SELBST enorm. Dieser Verachtung unserem SELBST gegenüber begegnen wir auch in unsrer Umwelt. Wir fühlen uns verachtet, als Außenseiter und nicht von dieser Welt. Dabei erleben wir nur in der Projektion, was wir unbewusst mit uns SELBST anstellen. Wer sich verachtet, wird in seinem Spiegel ebenfalls nur Verachtung sehen. Diese vergiftete Sicht der Wirklichkeit lässt uns die ganze Außenwelt vergiftet erscheinen (Gift als Projektion).

Kompensation[25] *(Möglichkeiten zur Symptomfreiheit):*

Wir verdrängen unser inneres Leid und unsere Angst und begegnen dem Leid und der Angst in unserer Außenwelt. Wir sehen im Leid der Menschen das BÖSE und kämpfen gegen das Leid. Wir werden zum SELBSTlosen Helfer, Pfleger und Mönch, zur Helferin, Krankenschwester und Nonne. Das Heil der anderen liegt uns am Herzen und wir werden zum Sanitäter, Heiler, Arzt, zur Heilerin und Ärztin. Mit unserem Engagement im sozialen Bereich (Suchtbereich, Selbsthilfe, Gefangenenhilfe, Sozialhilfe, Sterbehilfe, Entwicklungshilfe, Katastrophenhilfe usw.) wollen wir helfen, das Leid auf dieser Erde zu verringern.

Kompensatorisch können wir uns auch mit den Hintergründen des Seins auseinandersetzen. Wir befassen uns mit Mythologie und stoßen dabei auf uralte Weisheitslehren, wie beispielsweise die Astrologie, Zahlenmystik, Kabbala, das Tarot, I-Ging usw. In der Beschäftigung mit diesen Wegweisern, die uns helfen wollen unsere Mitte wiederzufinden, kann sich die Energie der Sehnsucht leben. Wissenschaften, wie

Kompensationen der Neptun-Energie
Sozialarbeit: Drogenhilfe, Bewährungshilfe, Gefangenenbetreuung, Sterbehilfe (♀), Katastrophenhilfe
Heilarbeit: Arzt, Anästhesie, Heilpraktik (☿♍), Bachblütentherapie, Pflege, Geistheilung (♇), Schamanismus (♇), Suchttherapie (♇), Traumdeutung
Heilmittel: Chemie, Pharmazie, Pharmareferent, Apotheker (☿♊), Heilpflanzenkunde, Drogenkunde, Prothesenbau (Zähne, Körperglieder)
Winzer, Bierbrauerei, Schnapsbrennerei, Wein- und Spirituosenbranche, Lösungsmittel
Schicksalsforschung, Chaosforschung, Okkultismus, Mystik, Astrologie (♃), Kabbala, Nummerologie, Tarot, I-Ging, Kriminalistik (♇), Einsiedelei, Mönch / Nonne, Suchen (Heil, detektivischer Spürsinn, Schatzsuche, Fehler in Computerprogrammen u.ä.), Kontemplation, Meditation, Yoga
Meer: Seeschifffahrt, Marine, Bootsbau, Segeln (☽), Fischerei, Tauchen, am Meer wohnen (☽), Meeresbiologie (☽), Aquarium
Verkleidung, Tarnung, Märchen, Mythen, Künstler (Film, Fernsehen), Ausstieg aus der Gesellschaft (Alternativen, Verrücktheiten), Kloster, Einsiedelei

Abb.43: Kompensationen der Neptun-Energie

die Astronomie, Chemie, Pharmazie oder die Meeresbiologie bringen ebenfalls die Energie Neptuns ins Leben. Gleichermaßen Berufe, die im Zusammenhang mit dem Meer stehen. Manchmal helfen auch eine Wohnung am Meer, ein Aquarium, welches wir in Kontemplation betrachten oder eine längere Seereise.

Berufe, in denen die Aufdeckung von Fehlern (z.B. Programmierungsfehler, Fehler in der Buchhaltung) oder von Heimlichkeiten und Lügen (Kriminalpolizei) im Zentrum stehen, nutzen ebenfalls die neptunischen Energien. Etwas heimlich zu tun kann oft besser sein, als es nicht zu tun. Allerdings sollten wir dabei beachten, *dass wir nichts tun, was wir nicht wollen, dass es uns angetan wird*. Überdies besteht bei Heimlichkeiten immer die Gefahr, dass wir entdeckt und verurteilt werden. Diese Gefahr besteht auch bei einer geheimdienstlichen Tätigkeit.

Wir begreifen uns als gesellschaftliche Aussteiger, Angehörige einer subkulturellen Minderheit und streben ein alternatives Leben der SELBSTversorgung an.

Da wir uns von unserer Mitte entfernt haben, entsteht in uns eine Kraft, die uns wieder zurück zu unserer Mitte ziehen will: die *Sehn-*

sucht. Sie wird umso stärker, je weiter wir uns von unserer Mitte entfernt haben. Sie lässt sich nicht mehr negieren, höchstens betäuben. Viele, welche die gesellschaftliche Anerkennung und das von ihr propagierte Verhalten höher schätzen als die Anerkennung ihres SELBST, geraten in Gefahr, süchtig nach Betäubungsmitteln zu werden. Die daraus entstehende Abhängigkeit ist keine kompensatorische Alternative zur Krankheit. Die Herstellung von und der Handel mit legalen Betäubungs- und Heilmitteln (Alkoholika, Pharmazeutika) sind dagegen Kompensationsmöglichkeiten.

Krise (oft Zeitpunkt der Erkrankung):

Wir werden das Opfer von Verachtung, Intrigen, Verleumdungen oder der vergifteten Umwelt. Das daraus entstandene Leid, die Enttäuschung, Trennung, Verlassenheit und die nicht erfüllte Sehnsucht führen uns in eine Krise, die uns zeigen will, dass gesellschaftliches Wohlverhalten kein Garant für ein glückliches Leben ist. Sie ist Ausdruck davon, dass wir unsere Mitte verloren haben und dafür der gesellschaftlichen Norm (Mitte) auf den Leim gekrochen sind. Sie lässt uns erkennen, dass uns der Weg der Normalität von uns weg und in die Irre geführt hat. Sie will unsere Überzeugungen von dem, was RICHTIG und FALSCH sei und damit unser Urteil infrage stellen und unser Vertrauen in gesellschaftliche bzw. familiäre Autoritäten erschüttern.

Entwicklungsprozess (Heilungsweg):

Enttäuscht von der Norm und den Autoritäten, gilt es nun die eigene Mitte zu suchen. Hierzu müssen wir uns von all dem abwenden, was uns von ihr fern hält. Letztendlich sind es das Urteil, die daraus resultierenden Maßstäbe und die überlieferte Tradition, welche uns vorschreiben, wie etwas sein sollte. Nach ihnen haben wir unsere Lebensbedingungen gestaltet und nun gilt es sich von diesen zu *lösen*. Aus vielen gesellschaftlichen und familiären Bedingungen müssen wir *aussteigen*. Das bisherige Gefühl, RICHTIG und GUT zu handeln, gab uns einen scheinbar festen Boden unter unseren Füßen. Wir fühlten uns sicher. In dem Lösungsprozess haben wir nun das Gefühl, als würde uns dieser Boden entzogen und wir würden jeglichen Halt verlieren. Daraus ergibt sich eine Situation, die sehr viel Angst auslöst und uns schwindlig werden lässt.

Da unser Verstand (♃) jede Wahrnehmung und Handlung kommentiert und leitet, stellt er ein weiteres, großes Hindernis im Erlösungsvorgang dar. Über ihn wirken nämlich viele kollektive Sichtweisen (Religion, Wissenschaft, Weltanschauungen usw.). Das viele Wissen behindert den *Durchbruch zur Intuition* und *Weisheit*. Die Loslösung vom Kollektiv ist ein Teil der »zweiten Geburt«, die der Mensch durchlaufen muss, um er SELBST zu werden: Die *Geburt aus dem Wasser*. Wir leben fortan aus dem »Wasser« der Intuition bzw. des Sehens (♆) und nicht mehr in Übereinstimmung mit den kulturellen Normen (♄).

Da unser Verstand diesen Lösungsprozess nur behindert, sollten wir »*Wegweiser*« einsetzen, die es dem *Zufall* – eine für unseren Verstand nicht fassbare höhere Dimension des Seins – erlauben, über sie zu wirken: Tarot-Karten, I-Ging, Astro-Würfel und vieles andere mehr. Jedoch sollte uns bewusst sein, wer uns etwas *zufallen* lässt: Das schöpferische Prinzip, Gott! Allerdings müssen wir damit rechnen, dass bei jeder Befragung der Verstand unseres EGOs seine zweifelnden, vergiftenden Anmerkungen machen wird. Für uns sollte immer mehr gelten:

»Es ist, wie es ist, sagt die Liebe.«

Die Kontemplation, Meditation, Yoga u.a. sind weitere Werkzeuge zur SELBSTbesinnung auf dem Weg zur Mitte unseres SELBST. Wenn wir jedoch streng und leistungsorientiert mit ihnen umgehen, werden sie uns nur wieder zum Saturn und damit zu unserem EGO zurückführen.

Erwachsen (Gesundheit):

Dem Irrgarten (Labyrinth) des Urteils entkommen, haben wir unser geistiges Sehen wieder entfalten können. Wir sehen die alles bewirkenden Kräfte, wir sehen Gott. Wir haben zu unserer wahren Heimat, dem Paradies zurückgefunden. In Gott erkennen wir den Schöpfer allen Seins. In unendlichem Vertrauen sind wir mit seiner Schöpfung einverstanden und fließen mit ihr. Voller Freude erfüllen wir, in diesen Fluss eingebettet, unsere Schöpfungsaufträge. Von tiefem Mitgefühl erfüllt, können wir jeden und jedes in seinem Sein annehmen, denn wir erkennen unmittelbar, dass alles SEIN absolut sinnvoll ist. Wir sind zur Allliebe und damit in das Paradies zurückgekehrt. Wir sind einfach »nur« noch wir SELBST!

SELBSTsein:

Allzu oft wird das SELBSTsein falsch verstanden und als EGOismus verteufelt. Daher soll ein Beispiel aus dem Organismus verdeutlichen, um was es in Wirklichkeit geht. Jedes Organ hat – gleich uns Menschen – seine individuelle unverzichtbare Aufgabe im Rahmen des Gesamtorganismus. Für diese ist es geschaffen und deshalb erledigt es diese Funktion mit einer gewissen Leichtigkeit und Freude. Stellen wir uns nun vor, die Niere habe ein EGO-Bewusstsein entwickelt und sie will beweisen, dass sie absolut GUT ist. Daraufhin versucht sie für Organe, denen es ihrer Meinung nach schlecht geht, *Verantwortung* zu übernehmen und ihnen zu *helfen*. Will sie dem Magen in ihrer Nachbarschaft helfen, so muss sie ihre eigene Funktion vernachlässigen. Zudem tut sie sich schwer, Hilfestellung zur Verdauung zu leisten, da sie hierfür nicht geschaffen ist. Der Nutzen für den Magen ist also gering und der Schaden für den Gesamtorganismus erheblich, da die Niere kaum mehr sie SELBST ist und ihre unverzichtbare Funktion im Rahmen des Ganzen, die Blutwäsche, vernachlässigt. Der ganze Organismus leidet zunehmend unter der resultierenden Vergiftung. Da wäre es doch besser, sie wäre einfach nur sie SELBST und würde mit Freude ihrer Aufgabe nachgehen!

Uns Menschen, als Teile eines Schöpfungsganzen, geht es genauso. Auch wir sollten unsere Funktion im Rahmen des Ganzen erfüllen, indem wir die Talente entfalten, mit denen die Schöpfung uns individuell ausgestattet hat. Dann sind wir wahrhaft wir SELBST.

Uranus, Wassermann

Hemmung
(mehr oder weniger die Basis der ⛢-Erkrankungen):

Wir verfügen nicht mehr über die göttliche *Information*, den *himmlischen Willen*. Das Licht der *Inspiration* ist erloschen, aus dem wir unser Leben hätten gestalten können. Alle *Einfälle* werden letztendlich von unserem Urteil zerfetzt (mythologisch: Kastration des Uranus durch Saturn) und wir warten vergeblich auf unsere *Vision*. Das Neue, *Originelle* und Prickelnde ist damit aus unserem Leben verschwunden. Wir bleiben durch das Urteil geteilt und das Wachstum hin zum wahren Menschen, zum *Individuum* (Ungeteilter) unterbleibt. Gleichzeitig verlieren wir unsere *Freiheit* etwas zu tun, was alleine nur wir tun können und sollen, etwas, was nicht normal (♄), sondern originell (⛢) ist.

Die Normalität (♄) unseres Lebens erzeugt in uns auf der einen Seite eine kaum zu ertragende *Langeweile* und auf der anderen Seite eine starke *nervliche Spannung*. Immer wieder setzten wir in unseren Gedanken und Träumen zum *Sprung in die Freiheit* an. Wir fühlen uns »zum aus der Haut (♄) fahren«. Wir wollen ausbrechen. Hierzu müssten wir jedoch die Grenzen der Norm, Erziehung, elterlichen Maßstäbe und Moral überschreiten oder sprengen. Jedoch fehlt uns der Mut zu diesem revolutionären Schritt und so bleibt der frische Wind in unserem Leben aus.

Unser Verstand verweist uns immer wieder darauf, dass der Lebenssinn im Tragen von Verantwortung (♄) und in der opferbereiten Erfüllung unserer Pflichten (♀) liege! Auf diese Weise haben wir uns zunehmend von dem *distanziert*, was unserem SELBST als Schöpfungsauftrag und wahre Verpflichtung aufgegeben ist. Unser Lebensfeuer droht nun an Luftmangel (Ideenmangel) zu ersticken.

Auch auf der körperlichen Ebene bleiben die nervlichen und hormonellen Informationen an die Organe aus oder sie überschreiten alle Grenzwerte. Der Bruch mit der Norm findet allzu oft im Knochenbruch seinen Ersatz.

Kompensation[26] *(Möglichkeiten zur Symptomfreiheit)*

Wir ersetzen aufgrund fehlender Inspirationen unsere Originalität und Einmaligkeit durch einmalige, herausragende berufliche oder gesellschaftliche Leistungen (♄). Diese sind nur möglich, wenn wir uns gegenüber dem Anliegen, welches unser SELBST tatsächlich hat, distanzieren und bereit sind, den Stress außergewöhnlicher Leistungen auf uns zu nehmen.

Wir versuchen über ein schrilles Outfit und Verhalten aufzufallen. Die Kleidung darf hauteng sein, Nacktheit suggerieren und der Stoff einen metallischen Glanz haben. Unseren Haaren verpassen wir eine grelle Farbe und Form. Die Grundlage unseres Verhaltens ist von Trotz bestimmt. Wir rebellieren hierdurch unbewusst gegen die elterlichen und gesellschaftlichen Normen, ohne uns innerlich tatsächlich von ihnen zu befreien. In der Regel machen wir immer nur das Gegenteil und freuen uns, dadurch den normalen Bürger zu provozieren oder einen Skandal auszulösen.

Unser Interesse gilt immer dem Neuesten, das zumindest bei seinem Erscheinen eine gewisse Einmaligkeit hat, nach der wir im Grunde suchen. Wir kennen alle Trends und verstehen uns als Trendsetter, sei es in den Beziehungen, der Technik, Kunst oder Kultur. So machen wir manche Erfindung, von der es heißt, sie sei genial. Wir interessieren uns in besonderem Maße für Elektrizität, Elektronik, Fernsteuerung, Flugtechnik, Beleuchtungstechnik und Nachrichtentechnik. Eingefahrene wissenschaftliche Thesen versuchen wir zu erschüttern und durch neue Hypothesen zu ersetzen. In der Kultur provozieren wir durch Gegensätzliches. Dadurch tragen wir zur Spaltung in bestimmten Bereichen der Gesellschaft bei.

Wir sehnen uns nach Freizeit und verbringen sie mit außergewöhnlichen Hobbys. Hierzu gehören die Auseinandersetzung mit Zukunfts-

Kompensationen der Uranus-Energie
Beschäftigung mit Elektrizität: Elektrotechnik, Elektronik, elektrische Zündung, Funktechnik, Computertechnik (♀), Beleuchtungstechnik, Lasertechnik, Neurologie
geniale Einfälle durch das Denken des Gegenteils, Erfindung, Konstruktion (☿♊), Informatik, Zukunftsforschung, Science-Fiction, Zeitreisen
Flugbranche: Pilot (Gleitschirm-, Drachen-, Segelflug, Motorflug, Ballonflug), Fluglotse, Flugbegleitung, Fallschirmspringen, Flugtechnik, Raketentechnik, Ufos, Vogelkunde
kulturelle / künstlerische / gesellschaftliche Revolution, Skandal, Reformation, Avantgarde, Neuerung, Renovierung, häufiger Standortwechsel
Pyrotechnik, Sprengstoff, Sprengzünder, Sprengen
Rhythmik, Eurhythmie, Trommel, Schlagzeug
Abenteuer, Leben unter freiem Himmel, Fahren unter freiem Himmel (Motorrad, Cabriolet, Offroadfahrzeug), Freikörperkultur, Grenzüberschreitungen, Sensationsdarstellung, Spektakel, Stunt, Hochsprung (♂), Zirkus, Clown, Animation, Balletttanz, Witze erzählen
Freundschaften mit Gleichgesinnten, vieles zusammen mit Gleichgesinnten unternehmen, Wohnen (☽) über den anderen (Penthaus, Hanglage, Turm, Baumhaus)

Abb.44: Kompensationen der Uranus-Energie

Themen (Science-Fiction), Ufologie, Drachen- oder Gleitschirmfliegen, Fallschirmspringen und das Fliegen von Ballonen, Motor- oder Segelflugzeugen. Haben wir zu Letzterem keine Gelegenheit, so finden Modellflugzeuge unser Interesse. Wir genießen den Rausch der Geschwindigkeit in luftigen Cabriolets, fahren gerne mit Geländewagen quer durch die Landschaft, oder aber wir versuchen mit ausgefallenen Oldtimern aufzufallen.

Wir lieben das Leben unter freiem Himmel und die Abenteuer, die es bietet. Wir sind gerne in Gruppen und unternehmen viel mit Freunden. Sind wir mit ihnen unterwegs, so dulden wir nur Gleichgesinnte, die bereit sind, mit uns über die Grenzen der Normalität hinauszugehen. Sollte sich einer als Autorität aufspielen, werden wir einen Aufstand gegen ihn anzetteln. Gerne verdingen wir uns als AnimateurIn, als IdeenlieferantIn für die Langweiligen in den Urlaubszentren. Wir spielen den Clown, Schalk oder Narren. Wenn andere schlafen, beginnt für uns erst das Leben bei künstlichem Licht, welches das in uns fehlende wahre Licht (Inspiration, Vision) kompensiert.

Wir geben uns spaßig und kennen immer die neuesten Witze. Unstet, wie wir sind, gefährden wir die Partnerschaft durch Seitensprünge. Beginnt der Partner zu klammern, trennen wir uns von ihm. Unser Partner muss sich auf ständige Veränderungen einstellen, denn wir sind extrem sprunghaft. Allzu viel Nähe vertragen wir nicht. So schlafen wir gerne im eigenen Bett alleine.

Unser liebstes Musikinstrument ist die Trommel oder das Schlagzeug. Rhythmus ist unser Leben.

Da wir uns als etwas Besonderes sehen und weit über den anderen stehen, wohnen wir gerne oben im Penthaus oder in Hanglage. Wir wollen von dort aus den Überblick haben. Gleichzeitig drückt sich hierin unsere Distanz gegenüber den anderen und dem Leben aus. Das Leben findet nämlich unten auf der Erde statt und nicht in der Luft. Türen und Fenster lassen wir möglichst offen, um die fehlenden neuen Ideen (Luft-Element) wenigstens mit frischer Luft zu kompensieren.

Krise (oft Zeitpunkt der Erkrankung):

Die Distanz zum wirklichen Leben, die Langeweile der Banalitäten auf der einen Seite und der Stress, die versäumte Individuation und die daraus entstehende Unfreiheit auf der anderen Seite erzeugen eine Krisensituation, in der unsere Nerven zum Zerreißen gespannt sind. Wir können es unter der Enge des SEINS kaum mehr aushalten. Das Alte ist stumpfsinnig, schal und langweilig geworden und wir suchen verzweifelt nach einer neuen Vision und Perspektive. In uns kündigt sich ein Umsturz an. Oft ist es ein Unfall oder Knochenbruch, der unser »Lebens-Fass« zum Überlaufen bringt und die »Revolution« in unserem Leben erzwingt.

Entwicklungsprozess (Heilungsweg):

Die Autoritäten und die absolute Einbindung in die Gesellschaft haben durch ihre Maßstäbe, Strukturen und Formvorgaben unsere Freiheit eingeschränkt, das zu entwickeln, was in uns als Anlage und Fähigkeit steckt. Die Grenzen, die sie uns setzten, sind jedoch die Projektionen der Grenzen, die wir unbewusst in uns tragen. Sie bewirken, dass wir die Vision, mit der wir inkarniert sind, nicht leben können. Ja, ihrer nicht einmal bewusst werden. Entwicklung kann daher nur stattfinden, wenn wir die Grenzen, die aus dem scheinbaren Gegensatz von GUT und BÖSE (Urteil) stammen, als Illusion erkennen und uns von ihnen befreien. Dies wird uns in dem Maße gelingen, wie wir es schaffen, das Urteil aufzugeben. Die Befreiung vom Urteil gibt unserem SELBST die Chance, das heranwachsen zu lassen, was in uns angelegt ist. So kann der tatsächliche Mensch entstehen, dessen Aura eine göttliche Strahlkraft besitzt und den Philosophen wie beispielsweise Friedrich Nietzsche als »Übermenschen« bezeichneten. Allerdings wurde und wird diese Dimension menschlichen Seins allzu oft missverstanden.

Die Urteilsfreiheit kann jedoch nur entstehen, wenn uns die Urteile der anderen nicht mehr berühren. Dies werden wir jedoch erst dann erleben, wenn das Urteil in uns erstorben ist, da es sich sonst immer wieder auf unsere Umwelt projiziert. Mit dem Verstand ist dabei nichts zu bewirken! Unter den Bedingungen zunehmender Urteilsfreiheit können wir die als BÖSE abgespaltenen Anteile unseres SELBST zulassen und in unser Leben integrieren. Würden wir dies mit einem urteilenden Bewusstsein versuchen, dann würde uns die Angst überwältigen, doch BÖSE zu sein. Dies ist jedoch ein Trugschluss unseres EGOs. GUT und BÖSE fügt sich nämlich zu dem ursprünglichen Ganzen, sodass die göttliche Schönheit in uns zurückkehrt. Hier bestätigt sich die Erkenntnis, dass das Ganze immer mehr ist, als die einfache Summe seiner Teile.

Die Befreiung vom Urteil ist gleichzeitig auch die Befreiung von der Gesellschaft. Es ist dies neben der neptunischen Entwicklung (*Geburt aus dem Wasser*) ein weiterer Teil der »zweiten Geburt«, die der Mensch durchlaufen muss, um er SELBST zu werden: Die *Geburt aus dem Geist* (♅).

Wir waren es, die Teile von uns als BÖSE verurteilt haben und das Urteil der Autoritäten (u.a. Eltern), die nichts anderes waren als unsere Projektionen, bestätigten uns in unserem Verhalten. Diese Verurteilung unseres SELBST, die wir betrieben, ließ uns an ihm schuldig werden. Wir spalteten es und verloren dadurch das wahrhaft Menschliche.

Der Prozess der Befreiung wird also immer mit dem Wagnis zusammenhängen, in den Augen der anderen als BÖSE zu gelten. Das Motto der Befreiung lautet daher:

»Ist der Ruf erst ruiniert, lebt sich's gänzlich ungeniert«!

Hierzu gehört Mut! Nur ein entsprechender Leidensdruck wird uns diesen Mut aufbringen lassen. Von uns wird nun nicht erwartet, dass wir alle Ketten sprengen, sondern dass wir einzelne Schritte in die Freiheit wagen. Dort, wo Uranus herrscht, wo er steht und welche Planeten (Anlagen) er aspektiert, haben wir uns in diesem Leben vorgenommen, mit dem Alten, Überkommenen und Traditionellen zu brechen und etwas ganz Neues zu wagen! Die neuen Ideen erhalten wir über die Inspiration.

Erwachsen (Gesundheit):
Urteilsfrei sind wir uns der *Vision*, die uns vom Schöpfer gegeben wurde, *bewusst.* Aus diesem »*Licht*« gestalten wir unser Leben und die Langeweile verschwindet. Die *Inspiration* versorgt unser Lebensfeuer mit dem notwendigen Sauerstoff, sodass es hell auflodern kann. Das »Licht« gibt uns unsere wahre Lebendigkeit. Wir setzen ganz bewusst unsere Kraft zur Verwirklichung der genialen Ideen ein und leben damit den »Willen unseres Himmels (♅) auf Erden (☉)«. Auf diese Weise werden wir zu dem *Original*, nach dem wir immer schon suchten und das wir im Labyrinth des Urteilens verloren hatten. Wer seinen Ideen folgt, bekommt wie von selbst die *Freiheit* von der Normalität und der Gesellschaft, welche notwendig ist, um das *Einmalige* zu leben.

Saturn, Steinbock

Hemmung
(mehr oder weniger die Basis der ♄-Erkrankung):
Wir verfügen nicht mehr über die »Gelenkigkeit«, die *Strukturen* und *Formen* unseres *Verhaltens* in jedem Moment unseres Seins frei zu gestalten. Das Steinbockprinzip besitzt nicht umsonst eine *kardinale* Qualität, mit der es auf die energetischen Gegebenheiten des Hier und Jetzt durch jeweils passende Verhaltensformen reagieren kann. Im Brennpunkt der Erziehung stand das URTEIL, was GUT und was BÖSE sei. Uns wurde diese freie Gelenkigkeit genommen, um uns zu einem nur GUTEN Menschen zu machen. Was dabei einen GUTEN Menschen ausmacht, kam über die Kultur, Kirche und Gesellschaft zu unseren Eltern. Deren Maßstäbe wurden zur Richtschnur der elterlichen Erziehungspraxis. Unser Verhalten wurde begrenzt und normiert. Über das Instrument der Anerkennung oder Ablehnung wurden wir gezwungen, die althergebrachten und unserem SELBST unpassenden Verhaltensformen (Norm, Sitte, Anstand, Moral) zu übernehmen.

Was an angelegtem Verhalten keine Anerkennung fand, mussten wir *verdrängen.* In vielen Persönlichkeitsbereichen wurde hierdurch die Entwicklung blockiert. Wir blieben in diesen Bereichen auf dem Stand eines *Kindes* stehen und verloren die Fähigkeit, im Interesse unseres SELBST verantwortlich zu handeln.

Seit dieser Zeit sind wir es gewöhnt, dass andere, wie früher unsere Eltern, die Verantwortung für uns übernehmen, beziehungsweise uns die Verantwortung wegnehmen. Gerade im Umgang mit der Krankheit und der Heilung können wir beobachten, in welcher *Unmündigkeit* breite

Schichten der Bevölkerung gehalten werden. Diese Elternrollenspieler behandeln uns dann wie ein Kind, das unmündig den Be- und Verurteilungen ausgeliefert ist und tun muss, was die Autoritäten (Eltern, Lehrer, Vorgesetzte, Amtsinhaber und in der Medizin die Ärzte) ihnen auftragen. Nie sind wir GUT genug und nie machen wir etwas wirklich RICHTIG. Selbst wenn es GUT war, hätte es BESSER sein können!

Unsere Anstrengungen und Leistungen bleiben *erfolglos* und die Begrenzungen und Einschränkungen lassen das Leben ernst und kalt werden. Unter diesen Bedingungen *erstarrt* die angelegte Fähigkeit und damit unsere Lebendigkeit und Lebensfreude. Deren Energie steht dann möglicherweise für die Bildung von Krankheitssymptomen zur Verfügung. Die Einschränkung, Begrenzung und Unmündigkeit schaffen die Grundlage der Erkrankung und geben gleichzeitig den Autoritäten die Möglichkeit, die Verantwortung für die Heilung an sich zu reißen.

Die Ziele, die unser SELBST aufgrund seines Schöpfungsauftrags hat, werden uns genommen und durch gesellschaftlich ausgerichtete Ziele ersetzt. Die Fähigkeiten, die in uns angelegt sind, passen aber nur zu den Zielen des SELBST und nur ungenügend zu den gesellschaftlich vorgegebenen Karriere-Zielen, sodass wir zwangsläufig scheitern müssen und der Lebenserfolg uns versagt bleibt.

Wir sollten nun nicht den Fehler machen und die Schuld für unser Versagen bei den Eltern und Autoritäten suchen, die uns eingeschränkt haben. Der wahre Grund für unsere Blockaden liegt nämlich in uns selbst, in unserem eigenen Urteil, was GUT und was BÖSE sei. In unserem Unbewussten existiert dieses Urteil und es findet über die *Projektion* auf die Autoritäten den Weg zu uns zurück. Unser Spiegel, die Welt der Begegnung, zeigt uns immer nur unsere *eigene innere Strenge* und will sie uns, scheinbar von außen kommend, bewusst machen! Sie ist es, die uns in Wirklichkeit blockiert.

Kompensation[27] *(Möglichkeiten zur Symptomfreiheit)*

In der Auseinandersetzung mit den Eltern, Lehrern und Autoritäten haben wir erkannt, dass wir der Unmündigkeit und Verurteilung nur entkommen können, wenn wir selbst zur Autorität werden. In bestimmten Verhaltensbereichen strengen wir uns an und bringen die geforderten Leistungen. In der Konkurrenz siegen wir, weil wir die BESTEN sind. Wir sind die BESTEN, weil wir die Strukturen und Formen der Autoritäten übernommen haben, sodass sie uns ihre Anerkennung nicht mehr versagen können, es sei denn, sie würden sich selbst in Frage stellen.

Wir werden zu Haus- oder Handwerks-Meistern, machen Examen,

Kompensationen der Saturn-Energie
Autorität: Elternrollenspiel, Verantwortung für andere, Meister, Diplom, Promotion, Professur, Chefposition, Beamter (z.B. Ordnungsamt), Politik, Pförtner, Hausmeister (☽), Ordner, Wächter, Polizei (♂), Militär (♂)
Erfolg: Leistung, Ehrgeiz, Karriere, Coach, Trainer, in Konkurrenz treten
Recht: Erziehung, Pädagogik (☉), Moral, Lehrer, Anwalt, Richter, Rechtspflege, richten, verurteilen, strafen
Zeit: Uhren, Zeitmessung, Geschichte, Archäologie, Denkmäler, Antiquitäten
Steine: Mineralogie, Geologie, Steinmetz, Mauerbau, Bergbau, Bergsteigen
Knochen: Orthopädie; gelenkige Verbindungen
Haut: Lederverarbeitung

Abb. 45: Kompensationen der Saturn-Energie

Diplome oder promovieren und erhalten damit von der Gesellschaft das Recht in Zukunft als Autoritäten auftreten zu dürfen. Als Vorarbeiter oder leitender Angestellter übernehmen wir Verantwortung für das Unternehmen. Unser Beruf wird zum Zentrum unseres Lebens.

Wir zeugen Kinder und »spielen« die verantwortungsbewussten Eltern.

Wir sorgen in unserer Familie oder in der Öffentlichkeit für Recht und Ordnung und arbeiten mit an neuen Verordnungen, um den anderen ein Fundament und die Sicherheit für ihr Verhalten zu geben. Vielleicht aber auch nur deshalb, weil wir »Freude« daran finden, andere so zu reglementieren, wie wir uns in der Kindheit haben reglementieren lassen.

Um anderen zum Erfolg zu verhelfen, werden wir zu Beratern, Coachs und Trainern.

Im sozialen Bereich tragen wir ehrenamtlich oder beruflich die Verantwortung für die Kinder in Heimen, Rentner, Hinterbliebenen, Benachteiligten, Behinderten, Verletzten, Kranken und Sterbenden.

Es gibt viele Bereiche, wo wir glauben, die Welt verbessern zu können. Wir übernehmen politische Verantwortung in unserem Wohnbezirk, für unseren Ort oder für unser Land. Wollen wir den Glauben der anderen verbessern, dann übernehmen wir kirchliche Aufgaben.

In Wettkämpfen (Sport, Kleintierzüchter, Unterhaltung usw.) erringen wir Medaillen und Preise. Wir stellen uns der Konkurrenz. Wer in unserer Nachbarschaft hat den BESTEN Garten oder das ordentlichste bzw. sauberste Grundstück? Auch im familiären oder freundschaftlichen Bereich spielen wir nicht der Freude wegen, sondern um zu gewinnen.

Als autoritäre EGOs sind wir es, die den anderen die Verantwortung wegnehmen und sie zu Kindern machen dürfen, denn wenn eins festzustehen scheint, dann das: Wir sind in ORDNUNG! Der scheinbare Vorteil für uns liegt darin, dass diese »Kinder« das machen müssen, was wir für RICHTIG erachten. Wir werden zu Vorgesetzten und können ganze Gruppen, ja sogar ganze Gesellschaftsbereiche leiten. Wir erwarten zudem die Dankbarkeit der Kinder, und sie geben sie uns über Ehrungen und Auszeichnungen. Jedes abweichende Verhalten verurteilen wir, weil es unsere Autorität in Frage stellen würde. So stabilisieren wir die Gesellschaft und tragen zu ihrer Erstarrung bei.

In unserem Bewusstsein stellen sich diese Zusammenhänge ganz anders dar. Wir sind bereit Leistungen zu erbringen und dann die Verantwortung auf uns zu nehmen. Aus unserer Perspektive drängen wir uns nicht danach. Aber die anderen sind nicht bereit, sich anzustrengen und schon gar nicht bereit, Verantwortung zu übernehmen. Die anderen wollen es so, sie wollen offenbar »Kinder« bleiben. Wenn wir nicht wären, sagt sich unser EGO, würde alles schief laufen.

Krise *(oft Zeitpunkt der Erkrankung)*

Unser SELBST fühlt sich durch dieses Verhalten in Ketten gelegt, da wir uns unser natürliches Verhalten verbieten, um das Verhalten der Autoritäten nachahmen zu können. Diese Tatsache jedoch verdrängen wir. Bei aller Anstrengung unsererseits unterliegen wir im Konkurrenzkampf. Eine andere oder ein anderer ist noch BESSER. Wir verlieren unsere Autoritätsposition und uns wird die Verantwortung entzogen. Wir sind zu alt geworden und werden entmündigt. In unserem Berufsleben gelten wir im vierten Lebensjahrzehnt schon als zu alt.

Immer wieder entstehen in uns Wünsche, deren Erfüllung wir uns verbieten. Das Leben ist ernst geworden. Die Ehrungen und der Applaus bleiben aus, sodass wir keinen Ausgleich mehr für unsere Kargheit und Freudlosigkeit bekommen.

Unsere Gelenk- und Gefäß-Probleme sind chronisch geworden.

Die Kinder sind aus dem Haus oder in einem Alter, in dem sie unsere Autorität nicht mehr anerkennen. Sie haben es bei uns gelernt, sie wollen selbst Autorität sein. Ja, sie beginnen, uns für unsere Art der Erziehung und Strenge zu verurteilen.

Auch unser Partner hat es satt, sich als Kind behandeln zu lassen.

Im Verein wollen Jüngere unsere Ämter übernehmen.

Die Frage in uns wird immer drängender: »Wozu und für wen habe ich das alles getan«? Die Antwort stimmt uns bitter: »Nicht für unser SELBST, sondern immer nur für die anderen, damit sie uns unser GUT-Sein bestätigen«. Wir brauchen diese Bestätigung, weil wir seit dem Sündenfall davon überzeugt sind, dass wir BÖSE und schuldig seien.

Entwicklungsprozess (Heilungsweg)

Wir beginnen zu begreifen, dass wir in unserem bisherigen Leben immer nur der Anerkennung unseres Vaters oder unserer Mutter hinterhergerannt sind. Dabei wird uns langsam bewusst, wie sehr wir unser Verhalten nach ihnen ausgerichtet und darüber unsere Mitte verloren haben.

Wir erkennen bei der Frage, was GUT und was BÖSE ist, dass wir sie nicht wirklich und absolut beantworten können, weil die Antwort aus jeder Perspektive anders lautet. Wenn offenbar RICHTIG und FALSCH relativ sind, dann wäre es doch sinnvoll nach Verhaltensformen zu suchen, die zu unserem SELBST passen. Diese Form, würde uns nicht mehr einschränken. Um solche Strukturen in unserem Leben zuzulassen, müssen wir die Urteile unserer Eltern infrage stellen und bereit sein ein Verhalten zu wagen, von dem unsere Eltern sagten, es sei BÖSE. Selbst wenn die Eltern nicht mehr leben, so haben wir sie doch im 6. und 7. Lebensjahr in uns hineingenommen (internalisiert, introjiziert) und aus ihren Maßstäben unser Gewissen geformt. Nun steht die Trennung von diesen »inneren Eltern« an. Ohne die Auseinandersetzung mit Schuldgefühlen ist diese Trennung nicht zu vollziehen.

Bei der Suche nach neuen Verhaltensformen müssen wir uns immer mehr auf uns(er) SELBST und dessen natürliche Bedürfnisse beziehen und aufhören, uns für diese zu verurteilen. Wir müssen uns bewusst machen, dass sie *berechtigt* sind und ihre Erfüllung ein unverzichtbarer Teil unserer Lebendigkeit ist. Wir waren es, die ihre göttlichen Fähigkeiten verurteilt und sich diese verboten haben. Wir müssen sie uns wieder erlauben! Gleichzeitig müssen wir aufhören, das Verhalten der anderen zu beurteilen, nach dem Motto:

»Richtet nicht, damit ihr nicht gerichtet werdet«.

Auf diese Weise übernehmen wir für die Entwicklung und Lebendigkeit unseres SELBST zunehmend Verantwortung und geben im Gegenzug den anderen ihre Verantwortung zurück.

Wir erkennen, dass hinter jedem Lebewesen, ja hinter allem, eine größere sorgende Kraft wirkt. Diese Erkenntnis könnte es unserem EGO erlauben, sich aus der scheinbaren Verantwortung den anderen gegenüber zu verabschieden und sich in Demut dieser Kraft zu unterwerfen. Wir durchschauen unser EGO als Illusion, und es muss sterben. Leicht wird unserem EGO dieser Sterbeprozess nicht fallen, denn es verliert dabei seine gesellschaftliche oder familiäre Bedeutung.

Erwachsen (Gesundheit)

Frei von unserem EGO können wir uns wieder SELBST leben.
Mithilfe des Saturn *konzentrieren* wir Energien und schaffen damit zunächst auf der *geistigen Ebene* die *Welt der Formen und Strukturen*. Unsere Inspiration nimmt dadurch die Form an, die ihr tatsächlich entspricht. Sie muss nicht mehr fürchten, vom Urteil in GUT und BÖSE zerrissen zu werden. Die Form ist unsere *Antwort* auf den Schöpfungsauftrag (Inspiration). Unsere *Verantwortung* besteht darin, diese »Antwort« zu geben. In der Formung sind wir frei von alten, gesellschaftlichen und elterlichen Normen und Traditionen. Diese geistigen Formen muss die Materie auf der Ebene des Körpers übernehmen und zum Ausdruck bringen.

Wir haben alle Verantwortung an die anderen zurückgegeben und sind frei, die Verantwortung unseres SELBST zu leben. *SELBSTverantwortung* zu leben bedeutet, sich voll bewusst zu sein, dass für absolut alles, was in unserem Leben geschieht unser SELBST verantwortlich ist. Ob es der Ziegelstein ist, der auf unseren Kopf fällt oder die Viren, die uns einen Infekt bescheren oder die wunderschönen Augen einer geliebten Person, welche uns anschauen oder das Lächeln eines Fremden, das uns den Tag durchlichtet, alles ist ein Arrangement unseres SELBST. In dieser Welt gibt es keine Schuldigen mehr.

SELBSTverantwortung zu leben heißt auch, unsere Verantwortung ernst zu nehmen, die wir haben, dass sich alle Anlagen und Fähigkeiten, über die unser SELBST verfügt, auch tatsächlich in die Lebendigkeit hinein entfalten können. Auf diese Weise kann das göttliche Licht wieder über unser Herz in die Welt strahlen. Wir sind wieder zum *Lichtträger* geworden.

Jupiter, Schütze

Hemmung
(mehr oder weniger die Basis der ♃-Erkrankung)

Wir haben das Verständnis für uns(er) SELBST verloren und verstehen daher die Sinnzusammenhänge in unserer Welt nicht mehr. Andere halten uns für dumm und ungebildet.

Die Inspiration (⛢), welche in uns Form (♄) annehmen will, könnte unser geistiges Feuer (♃) tatsächlich anfachen und uns begeistern. Wir entstellen sie jedoch durch unser Urteil und zwängen sie in eine alte, enge Form. Damit haben wir unserem geistigen Feuer den Sauerstoff genommen und die Flamme der *Begeisterung* ist in uns erloschen. Der Ersatz für diese Flamme, das *Wissen*, ist nur unter großen Bildungsanstrengungen zu erhalten. Viele Stimmen in unserer Jugend, allen voran die der Eltern, sagen uns, dass uns die geistige Begabung hierzu fehle.

Diese Stimmen finden wir immer wieder in unserem Leben bestätigt. Wenn uns jemand etwas erklärt, verstehen wir ihn nicht, wenn wir anderen etwas erklären, verstehen sie uns nicht. Uns fehlen die Sinnzusammenhänge und in uns wächst die Überzeugung, dass das Leben mehr oder weniger sinnlos sei.

Da die meisten unserer Überzeugungen (♃) unsere Schuld (♄), welche die Bestrafung erfordert, zur Grundlage haben, werden wir im Leben vom Pech verfolgt. Das Pech als Bestrafung bestätigt uns immer wieder unsere vermeintliche Schuld und wir geraten immer tiefer in den Strudel eines sinn- und glücklosen Daseins. Die Predigten der Priester tragen das ihre dazu bei, den Glauben an die Sündhaftigkeit in uns zu vertiefen, sodass der letzte Funken Optimismus in uns erlischt. Ihrer Meinung nach fehlt es uns an Gläubigkeit! Dabei glauben wir doch zutiefst: ... an unsere Schuld.

Unsere geistige Perspektive aufs Leben wird immer enger. Es gelingt aber nicht der Enge unserer Heimat zu entfliehen, um die Welt kennen zu lernen und dadurch unseren geistigen Horizont zu erweitern.

Kompensation[18] *(Möglichkeiten zur Symptomfreiheit)*

Unser geistiges Feuer nutzen wir dazu, um über die Welt und ihre Sinnzusammenhänge nachzudenken. Wir versuchen uns die Zusammenhänge und Gründe für das, was wir erlebt haben, zu erklären. Wir unterhalten uns mit den Priestern und Philosophen, um ihre Erklärungen menschlicher Existenz kennen zu lernen. Früh in der Kindheit haben wir ihnen schon bei der Messe gedient.

Kompensationen der Jupiter-Energie
Wissen: Denken in Sinnzusammenhängen, Positives Denken, Universität, Wissenschaft, Seminare halten, Philosophie, Literatur (lesen, schreiben, sammeln), Kirche, Religion, Theologie, Mathematik, Verkündung, Priesterschaft, Mission, Engagement in Kirche oder Sekte, Überzeugungsarbeit leisten
Weiterbildung: Studium, Senioren-Studium, Volkshochschule, Kulturveranstaltung, Theater, klassische Musik / Orgel-Musik (☽) (hören, komponieren), kulturelles / kirchliches / wissenschaftliches Engagement
Ausland, Reisen: Fernreisen, Bildungsreisen, Reiseveranstaltung, Reiseleitung, Hotelwesen (☽), Groß- und Außen-Handel (☿♊)
Sport (♂): Reitsport, Fechtsport, Bogenschießen
Edeltum, Ethik, Adel, Anspruch auf Privilegien, Mäzenatentum, Förderung, Stiftung
Gegenstände aus Zinn, Säulen, Tempel, Kultstätten

Abb. 46: Kompensationen der Jupiter-Energie

Von unseren Eltern werden wir aufs Gymnasium geschickt und unsere Entwicklungsperspektive ist klar, wir sollen studieren. Das Streben nach Wissen und Bildung wird zum Zentrum unseres Lebens. Durch unser Wissen ernten wir viel Anerkennung. Aus der Perspektive dieses Wissens und der damit verbundenen Überzeugungen gestalten wir unser Leben. Alles muss logisch, sinnvoll und durchdacht sein. Nichts geschieht mehr aus dem Gefühl, dem Bauch oder einfach nur aus dem Herzen. In unserem Handeln lassen wir uns lieber von wissenschaftlichen Erkenntnissen, philosophischen Sichtweisen oder kirchlichen Dogmen leiten.

Wir sind der Überzeugung, je mehr Wissen und Bildung wir in uns anhäufen, desto besser gelänge uns das Leben. Dabei bewegen wir uns immer im Bereich anerkannter Institutionen und unser Verständnis von der Welt trägt das Urteil von RICHTIG und FALSCH oder GUT und BÖSE in sich. Nur das GUTE und RICHTIGE findet unser Verständnis und unsere Toleranz. Der anderen Seite begegnen wir mit Intoleranz. Natürlich ist unser Wissen das *richtige* Wissen und unsere Religion die *einzig wahre* Religion!

Wir werden zur Wissensautorität (Priester, Akademiker, Gymnasial-Lehrer, Professor). Aus dieser Perspektive diskutieren wir viel mit anderen und versuchen, sie zu überzeugen. Die heimliche Angst, das eigene

Wissen und der eigene Glauben könnten Fehler enthalten, überdecken wir mit Arroganz und dem Drang, andere zu missionieren. Je mehr Menschen wir von unserem Wissen überzeugen können, desto mehr fühlen wir uns in unserem Wissen bestätigt und die Angst in uns, einem Irrtum erlegen zu sein, legt sich wieder.

Wir geben uns edel, großzügig, gönnerhaft und fördern diejenigen, die bereit sind, unsere Überzeugungen zu übernehmen. Wir suchen unserem Handeln einen »Adel« zu verleihen. Ständig denken wir über Verbesserungen in unserem Leben nach. Wir streben nun mal nach dem Optimum.

Wir engagieren uns beruflich oder privat in der Bildungsarbeit oder im kulturellen Bereich. Je nach unserer Grundüberzeugung arbeiten wir im kirchlichen, gesellschaftlichen oder universitären Umfeld. Wir halten Vorlesungen und schreiben gelehrte Bücher.

Als Wissensinhalte kommen unzählige Gebiete in Frage: Kultur, Mythologie, Religion, Philosophie, Geschichte, Gegenwart, Gesellschaft, Ethik, Recht, Physik, Astronomie, Chemie, Physiologie, Biologie, Ernährung, Gesundheit, Architektur, Kunst, Literatur, Theater, Musik und vieles anderes mehr.

Haben wir in jungen Jahren nicht studieren können, dann können wir dies durch ein Senioren-Studium oder eine Weiterbildung an der Volkshochschule nachholen.

Im Drang, unseren geistigen Horizont zu erweitern, reisen wir in die Teile der Welt, die wir noch nicht kennen. Am liebsten würden wir auf ferne Planeten reisen. Wir können uns auch für Reisen begeistern, die mit einem Bildungsangebot gekoppelt sind. Gerne geben wir unser Wissen auch an die Mitreisenden weiter und treten in Konkurrenz mit dem Reiseleiter oder wir werden selbst zum Reiseleiter.

Krise (oft Zeitpunkt der Erkrankung)

Es ergeht uns ähnlich wie den Wissenschaftlern. Irgendwann einmal bemerken wir, dass die Erklärungen der Zusammenhänge und des Lebenssinns, in die wir so viel Vertrauen gesetzt haben, Fehler und Lücken aufweisen. Es geschehen Dinge, die den bisherigen Lebenssinn in Frage stellen. Eine solche Sinnkrise erleben wir besonders dann, wenn wir alles in unserem Leben durchdacht und nach bestem Wissen gestaltet haben, ein Schicksalsschlag aber alles in Frage stellt. Wir finden trotz intensivem Nachdenken keine Lösung aus unserem Dilemma, weil unser Verstand dem Neuen skeptisch gegenübersteht und gleich einer Schallplatte mit einem Sprung immer wieder die gleichen »inneren Plädoyers« hält:

»Am besten beim Alten bleiben«. Das Alte jedoch stellt keine Lösung mehr für das Problem dar.

Meist ist in uns im Laufe der Zeit eine große Diskrepanz zwischen dem, was uns unser Verstand rät zu leben und dem, was wir von Herzen leben wollen entstanden, die von unserem Verstand nicht mehr überbrückt werden kann.

Vielleicht haben wir aber auf unser Herz gehört und finden nun kein Verständnis dafür in unserer Umwelt (Projektion unserer Verständnislosigkeit auf die Außenwelt [Partner, Kinder, Kollegen, Pfarrer usw.]).

Entwicklungsprozess (Heilungsweg)

Reisen und Weiterbildungen schaffen kurzfristige Befriedigungen der Sinnsuche. In der Auseinandersetzung mit dem Wissen wächst jedoch immer mehr die Erkenntnis, dass Wissen insgesamt unbefriedigend bleibt. Es beantwortet zwar Fragen, gleichzeitig wirft aber jede Antwort viele weitere Fragen auf. Wir erkennen, dass unserem Wissen etwas Grundsätzliches fehlt: die Weisheit! Weisheit (♆) besitzt, wer erkennt, dass *alles* was ist, sinnvoll ist. Jedoch lässt das in unserem Wissen enthaltene Urteil die in uns unbewusst vorhandene Weisheit nicht zu.

Daher gilt es von der überkommenen Religion oder Weltanschauung, sofern sie urteilend ist, Abschied zu nehmen. Wir begeben uns auf die Suche nach dem Wissen, welches von Weisheit getragen ist und geraten dabei an manche »spirituelle« Gruppe oder Geistesschule, von der wir erkennen müssen: Auch sie transportiert Urteile und fordert Leistungen. Unser EGO fühlt sich dort wohl, aber nicht unser SELBST.

Wir stoßen auf alte Weisheitslehren, allen voran die Astrologie, gefolgt vom Tarot, der Zahlenmystik, der Kabbala, dem I-Ging und anderen. In ihnen verbindet sich das, was wir suchen: Wissen mit Weisheit. Aber auch hier erweist sich das Wissen als Ermessenssache dessen, der mit ihm umgeht, sodass die Weisheit dahinter zwar aufscheint, aber immer noch nicht richtig erfasst werden kann.

Erwachsen (Gesundheit)

Letztendlich müssen wir vom Wissen Abschied nehmen, um Platz zu schaffen für das, was uns in Wirklichkeit *begeistern* will: Für die von unserer Seherin (♆) empfangene Inspiration (♅), die in uns Form (♄)angenommen hat und nun der Seele als Auftrag verkündet (♃) werden will. Die geistige Flamme (♃), mit frischem Sauerstoff (♅) versorgt, lodert hell auf. Welch eine Begeisterung erfasst uns! Wir haben gefunden, was wir seit Äonen suchten: unser Glück.

Obwohl wir nicht mehr über all das kluge Wissen verfügen, liegen dennoch alle Sinn-Zusammenhänge offen vor uns und wir begreifen das Wunder des SEINS. Alles findet unser Verständnis, jedem begegnen wir mit einer Toleranz, die nichts mehr ausklammert und das Sinnlose erkennen wir als zutiefst sinnvoll.

Pluto, Skorpion

Hemmung
(mehr oder weniger die Basis der ♇-Erkrankung)

Das EGO hat unserer Seele die Macht genommen und anderen Lebewesen übergeben. Statt uns gegenüber den geistigen Aufträgen (♃) unseres SELBST verpflichtet zu zeigen, glauben wir verpflichtet zu sein, die Erwartungen der anderen zu erfüllen. Schon bei unserer Zeugung haben die Eltern bestimmte Vorstellungen, welche Rolle wir zukünftig in ihrem Familienverband zu spielen haben. Sie wünschen sich beispielsweise einen erfolgreichen Sohn. Als Tochter glauben wir nun die Rolle des Sohnes spielen und darob unsere weibliche Seite opfern zu müssen. Wir wachsen unter einem spezifischen Erwartungsdruck des Elternhauses (u.a. Mutter, Vater, Großeltern) auf und lernen, die Lebendigkeit und Bedürfnisse unseres SELBST an die vermeintliche Pflicht oder Rolle zu opfern. Später werden wir das Opfer von gewalttätigen, auch sexuellen Übergriffen. Unsere Ohnmacht gibt den anderen, insbesondere dem Partner oder der Partnerin die Möglichkeit, uns zu all dem zu zwingen, was diesen gerade einfällt. Wir werden schikaniert und gequält. Dennoch gelingt es uns nicht, dem magischen Bann, mit dem uns andere belegen, zu entkommen. In unserer Hörigkeit kehren wir immer wieder zum Täter zurück, bieten uns geradezu als Opfer an und finden in der Qual eine masochistische Lust. Unter diesen Bedingungen wird auch die Sexualität angst- und leidvoll erlebt.

Da wir unserem SELBST nicht treu sind, sondern immer nur den anderen, begegnen wir in unserer Welt immer wieder der Untreue (Projektion). Schon während der Schwangerschaft im Mutterleib machen wir die Erfahrung, dass sich die Eltern durch einen Schwangerschafts-Abbruch aus der Bindung lösen wollen. Später liefern wir uns dem Partner in symbiotischer Abhängigkeit aus, um unsere Angst vor der Untreue zu bewältigen. Dann, wenn wir einmal eigene Erwartungen äußern und Verbindlichkeit von den anderen fordern, werden wir immer wieder durch deren Unverbindlichkeit enttäuscht. Aus diesen Erfahrungen entwickeln sich in uns Groll und Hass.

Der vermeintliche Vorteil der Hemmung liegt darin, dass wir scheinbar unschuldig und GUT sind. In Wirklichkeit kreiert unser SELBST diese Welt, um uns zu zeigen, was unser EGO mit seiner Entwicklung tatsächlich bewirkt. Unser EGO glaubt nämlich durch die Erfüllung der Erwartungen anderer und durch seine Opferbereitschaft ein GUTER Mensch zu werden, dem die Liebe und das Paradies zustünde. Welche Gewalt es dabei dem SELBST antut, bleibt ihm unbewusst. Opfern wir uns, so opfern wir immer Teile unseres SELBST. Diese sterben, da sie nicht ins Leben gelangen können. Am Ende der Opferbereitschaft unseres EGOs steht der Tod unseres SELBST.

Diese Gewalt und dieser Zwang kommen nun auf dem Weg der Projektion von außen auf uns zu. Manchmal werden aber auch die inneren zwingenden Vorstellungen so stark, dass wir wahnhaft glauben, von ihnen im Außen verfolgt zu werden.

Kompensation[29] *(Möglichkeiten zur Symptomfreiheit)*

In der Kompensation sind wir die Täter und die anderen sind unsere Opfer. Hierzu wendet unser EGO die Macht der Seele auf die Umwelt und zwingt sie dazu, seine Erwartungen und Vorstellungen zu erfüllen. Unser EGO glaubt insbesondere dann zu diesem Verhalten berechtigt zu sein, wenn es in Vorleistung selbst schon Pflichten übernommen und Opfer gebracht hat. Das Erbe von Generationen scheint in uns auferstanden und lebendig geworden zu sein.

Um gegenüber den anderen die Macht zu erringen und aufrechtzuerhalten, sind uns fast alle Mittel recht. Um unsere Macht effizienter zu gestalten, wenden wir uns der Magie zu. Wir besuchen Kurse in Mentaltraining und sorgen für unseren Vorteil (z.B. freier Parkplatz). Da unser EGO sich allzu leicht von der Macht der Magie blenden lässt, sollten wir möglichst von ihr Abstand nehmen.

Wer unseren Erwartungen nicht entspricht, ist bei uns durchgefallen und hat keine Chance mehr, von uns angenommen zu werden.

Wir werden zum Regisseur, Planungs- und Organisationschef und die anderen müssen unsere Pläne erfüllen. Wir erstellen Verhaltensprogramme und dominieren die anderen. Unser Tagesablauf ist klar durchgeplant und nichts darf die Rituale im morgendlichen Bad, beim Frühstück, beim Essen, in der Arbeit und am Abend stören. Wo was zu liegen und zu stehen hat, was, wie und wann gegessen wird, ist genau festgelegt und darf niemals verändert werden. Wer es dennoch tun will, riskiert einen Machtkampf.

Im Zeitalter der Computer entwerfen wir Programme welche die

Kompensationen der Pluto- (bzw. Mars-Skorpion-) Energie
Magie, Psychologie, Tiefenpsychologie, Psychiatrie (♆), Therapie, Reinkarnations- / Karma-Forschung, Hypnose, Gedächtniskünstler
Standesbeamter, feste Partnerschaft, Heirat, Sexualität in allen Spielarten, Tantra
Zerstörung, Abbruch, Entrümpelung, Müllabfuhr, Schrottablagerung, Recycling, Abwasserreinigung, Kanalreinigung
Massage (♂), Urologie (♆), Gynäkologie (♆), Pathologie (♆), Röntgenologie (♆), Genetik, Ahnenforschung
Machtposition (Manager [☉], Regisseur, Politiker [♄]), Dominanz, Befehlserteilung, Dressur, eigene Vorstellungen entwickeln, Planung, Programmierung, Erwartungsdruck ausüben, Kontrolle, Manipulation, Rituale
Sterbehilfe (♆), Bestattungs- und Friedhofs-Wesen, Verbindungstechnik (Schweißen, Kleben, Fesseln, Nieten usw.)
Fotografie, Metzgerei (♂)

Abb. 47: Kompensationen der Pluto- (bzw. Mars-Skorpion-) Energie

Funktion vieler Computer bestimmen. Uns reizt es, Programme zu entwickeln, die in anderen Computern unbemerkt Verwirrung, Chaos und Zerstörung anrichten, ähnlich einem Virus oder einem Wurm im menschlichen Organismus.

In der Partnerschaft erwarten wir absolute Treue. Damit wir uns sicher sein können, überwachen und kontrollieren wir eifersüchtig den Partner. Sollte dennoch jemand die Treue brechen, dann sinnen wir auf Rache. Niemals werden wir vergessen, was uns der andere angetan hat.

In der Partnerschaft setzen wir den Partner oder Teilhaber unter Druck, eine bestimmte Rolle zu übernehmen und unsere Befehle zu befolgen. Besonders in der Sexualität haben wir unsere Vorlieben und Besessenheiten. Wir erwarten, dass der Partner sie teilt. Den anderen zu binden und zu fesseln erregt uns. Widerstand wird nicht akzeptiert. Notfalls setzen wir Gewalt ein, um den anderen gefügig zu machen. So kommt es in den Phasen der Geilheit zu Übergriffen und Handlungen die oft über das erträgliche Maß hinausgehen und die wir im Nachhinein bereuen. Der Partner wird mehr und mehr hörig und unser Sklave.

Manchmal besteht unser Vergnügen gerade darin, zu erleben, wie andere unter den Qualen leiden. Wir besorgen uns entsprechende sadistische Filme im Internet, lesen Bücher von Marquis de Sade oder gehen in Clubs, in denen sadistische, sexuelle Rituale und schwarze Messen zelebriert werden.

Totalitäre Regime finden unsere Bewunderung. Wir sind von der Vorherrschaft einer bestimmten Rasse überzeugt. Natürlich ist es unsere eigene Rasse, die den anderen überlegen ist. Wir interessieren uns für die Genforschung und die sich durch sie bietenden Möglichkeiten, den Menschen auch genetisch manipulieren zu können. Wir glauben, berechtigt zu sein, das zu zerstören, was nicht mehr Wert ist, weiterzuexistieren. Seien es Sachen, Pflanzen, Tiere oder Menschen.

Wir kümmern uns um die Entsorgung des Abwassers, des Mülls oder der Leichen.

Besondere Vorliebe hegen wir für Hunde, weil sich diese gegenüber unseren Erwartungen besonders gefügig zeigen. An ihnen können wir unser Machtbedürfnis ausleben. Katzen hingegen lehnen wir ab. Sie sind uns zu selbständig.

Da wir an verborgenen inneren Leiderfahrungen interessiert sind, befassen wir uns mit Psychologie und helfen als Psycho-Therapeuten anderen bei der Verarbeitung ihrer traumatischen Erfahrungen. Hier erweist sich unser Beharrungsvermögen bei der Überwindung der Abwehr des Verdrängten als segensreich.

Der Tod findet unser Interesse und wir begleiten die Sterbenden oder beerdigen sie.

Krise (oft Zeitpunkt der Erkrankung)

Sonderlich beliebt sind wir nicht. Da wir ständig um unseren Machterhalt kämpfen müssen, fühlen wir uns oft als die einsamsten Geschöpfe dieser Welt. Da wir uns bei diesem Kampf, der oftmals um Leben oder Tod geht, kein Gefühl und Herz leisten können, macht sich in unserem Brustraum eine eiskalte, klaffende Wunde bemerkbar, die kaum mehr zu ertragen ist.

Die anderen sind nicht mehr gewillt, unsere Macht zu akzeptieren und wir sind auf dem besten Weg sie zu verlieren. Im Grunde ekeln wir uns vor dem, was wir alles getan haben. Die Erkenntnis, dass wir unsere Lebendigkeit an alte Vorstellungen geopfert haben, dass wir in Wirklichkeit gar nicht unser Leben gelebt haben, sondern das unserer Vorfahren und dass unsere Sexualität einfach nur geil aber nie erfüllend war, weil die tatsächliche Berührung und Hingabe des Partners fehlte, wirkt auf uns wie ein Schock. Zwei Wege stehen uns noch offen. Der eine führt in den Tod und der andere zum Tod des bisherigen Lebens. Wie ein Abbruchhaus bricht das bisherige Verhalten in sich zusammen.

All unsere Opferbereitschaft hat unser SELBST nur immer weiter sterben lassen und es nicht vermocht, die Zuneigung und Liebe der anderen zu gewinnen. Ganz im Gegenteil, wenn wir Erwartungen hatten, wurden sie uns nicht erfüllt. Daher entwickelten sich in uns Groll und Hass aus der ursprünglich leidenschaftlichen (Leiden schaffenden!) Liebe.

Entwicklungsprozess (Heilungsweg)

Wir erkennen immer deutlicher, dass die Erwartungen, denen wir in der Außenwelt ausgesetzt sind und die Erwartungen, die wir selbst entwickeln, aus der gleichen Quelle stammen: Aus unserem SELBST. Es sind dies Verhaltensmuster, die wir in der Vergangenheit aus traumatischen Erfahrungen heraus entwickelt haben. Diese traumatischen Erfahrungen waren wiederum die Folge unserer Taten (Karma). Statt diese Erfahrungen zu verarbeiten, haben wir sie in den Keller des Unbewussten verbannt. Dort gären sie und beeinflussen das Verhalten unserer Seele. Sie entwickelt Verhaltensstrategien, um die Wiederholung der Traumen zu verhindern. Unser Verhalten wird dadurch in starkem Maße aus der Vergangenheit fremdbestimmt.

Das im Keller des Unbewussten Versteckte ans Licht des Bewusstseins zu bringen und die mit den Bildern der Erinnerung verbundenen Gefühle ganz zu durchleben muss unser Ziel sein. Hierdurch fließt die Gefühlsenergie in unser Leben und »verbrennt«. Aus dieser »Asche« steigt unsere Seele dem Phönix gleich in die Freiheit der Lüfte empor. Diesen Wandlungsprozess nennen wir heutzutage Therapie. Welche Therapieform wir für uns wählen, steht in enger Verbindung mit unserem Anlagengefüge. Das Horoskop kann uns bei der Auswahl helfen. Die Therapie muss in der Lage sein, die Mauern der Abwehr, die wir um unser Unbewusstes errichtet haben, zu durchbrechen.

Schaffen wir es den alten Traumen ihre Energie und damit ihre Macht zu nehmen, dann erhält das SELBST seine Macht zurück und wir sind auf unserem Entwicklungsweg einen entscheidenden Schritt vorangekommen.

Erwachsen (Gesundheit)

Unsere Seele, entlastet vom »Mist« der Vergangenheit, kann sich wieder ausschließlich den geistigen Aufträgen (♃), die sich aus der Inspiration (♅) ergeben, öffnen und sich in absoluter Treue dem Geist (♅) unseres SELBST hingeben. Allein, was er (♃) überbringt, bestimmt unsere Seele in ihrem Handeln.

Der Vorteil der Machtübernahme durch unser SELBST liegt darin, dass wir kein Interesse mehr daran haben, andere zu beherrschen und keine Macht der Welt mehr dazu in der Lage ist, uns zu unterdrücken und zu manipulieren. Wir erfüllen nicht mehr die Erwartungen der anderen und sollten in uns Erwartungen auftauchen, dann richten wir sie nicht mehr auf die anderen, sondern erfüllen sie uns SELBST!

Venus, Waage

Hemmung (mehr oder weniger die Basis der ♀♎-Erkrankung)

Die einzelnen von uns zu verwirklichenden Ideen (♀♎), die aus dem seelischen Plan (♇) geboren werden, fallen zum Teil unserem Urteil (♄) zum Opfer. Sie entstehen nur noch unbewusst in unserem SELBST. Daher kommen sie als Projektion unseres Unbewussten über die Begegnung von außen auf uns zu. Weil wir sie verurteilt haben, fehlt uns die Liebe zu diesen Teilen. Unsere Außenwelt wird durch dieses Verhalten zunehmend zum Spiegel unserer Lieblosigkeit.

Unter lieblosen Bedingungen zum Liebsein erzogen, stellen wir fest, dass die zwischenmenschliche Liebe, Balance und Harmonie trotz all unserer Anstrengungen abhanden gekommen sind. Schon das Gleichgewicht zwischen den Eltern, zwischen Mutter und Vater bzw. zwischen dem Mann (Säure) und der Frau (Base) war gestört. Der weibliche oder männliche Teil hatte deutlich mehr »Gewicht« und der andere fand entsprechend weniger Beachtung. Als Kinder kommen wir zu diesen Eltern, weil sie uns am Besten unsere eigene innere Debalance (Projektion) bewusst machen können.

Der eine Teil in uns ist deshalb so schwach, weil unser EGO diesen Teil verurteilt und ins Unbewusste verbannt hat. Nun fehlt er uns. Der andere ist mächtig (♇) und wir sind ohnmächtig, der andere ist eine Autorität (♄) und wir fühlen uns ihm gegenüber wie das kleine Kind, der andere ist hilfsbereit (♆), witzig (♅), gebildet (♃), schön (♀♎), nützlich (☿♍), selbständig (☉), fürsorglich (☽), beredt (☿♊), reich (♀♉), stark (♂) und wir sind hilflos, langweilig, ungebildet, hässlich, nutzlos, unselbständig, ungeborgen, stumm, arm und schwach. Unter diesen Bedingungen stellt sich kein zwischenmenschliches Gleichgewicht her und wir fühlen uns deshalb ungeliebt.

Fälschlicherweise glauben wir die Liebe dadurch zu erreichen, indem wir uns bemühen noch lieber zu sein, uns noch mehr anzupassen, noch mehr Opfer zu bringen und noch weiter in die Hemmung zu gehen. Wir überlassen das Feld immer mehr dem anderen, dem Kompensator, und vergrößern dadurch unbewusst das Ungleichgewicht noch mehr. Was uns fehlt, hat der andere! Wir kommen aber nicht auf die Idee, den

Partner als unseren Spiegel zu erkennen und dessen Fähigkeiten in uns SELBST zu suchen. Vielmehr unterliegen wir dem Irrtum, wenn wir den anderen als Partner bei uns haben, seien wir wieder vollständig. Durch dieses Verhalten bewirken wir aber niemals echte Harmonie und Liebe, sondern kaschieren lediglich unsere Bedürftigkeit. Am Ende solcher Armuts-Beziehungen steht oft die Trennung.

Um dem Schmerz und der Angst des Ungeliebtseins und des Verlassenwerdens zu entfliehen, meiden wir auf die Dauer jede Begegnung und ziehen uns in die Einsamkeit zurück.

Kompensation[30] *(Möglichkeiten zur Symptomfreiheit)*

Die ursprüngliche Schönheit unseres SELBST, die aus dem Ganzsein entsteht, ist uns abhanden gekommen, weil unser EGO Teile von uns verurteilt und ins Unbewusste verdrängt hat. Die nun fehlende Schönheit versuchen wir durch Verschönerung auszugleichen. Wir verwenden viel Zeit dafür, unserem Schönheitsideal nahe zu kommen. Einer unserer wichtigsten Utensilien ist der Spiegel. Unser kosmetisches und modisches Outfit gibt uns das Gefühl, in der Schönheitskonkurrenz mit anderen bestehen zu können. In der Begegnung mit anderen Menschen und dem anderen Geschlecht tun wir alles, um beliebt zu sein und geliebt zu werden. Wir gehen gerne aus, um in den Cafès oder an anderen Treffpunkten unseren Begegnungshunger zu stillen. Wir lieben den Flirt und sind Meister darin. Erotik pur ist unser Lebenselixier. Langweilt uns jedoch der eine, so verlieben wir uns in einen anderen.

Mithilfe unseres diplomatischen Geschicks schaffen wir es immer wieder zwischenmenschliche Spannungen auszugleichen oder zu überbrücken. Dabei hilft es uns, unbestimmt zu bleiben und uns möglichst nicht festzulegen. In der Folge nehmen die Kompromisse in unserem Leben immer mehr zu.

Unsere Ästhetik trifft den Geschmack der Massen, sodass wir als Designer von Mode, Parfüm und Gebrauchsgegenständen recht erfolgreich sind. Überall dienen wir der Schönheit, ob in der Schönheitschirurgie, in der Welt der Frisuren, in der Kosmetik, bei der Farb- und Stilberatung, in der Welt der Blumen und Blüten, in der Dekoration oder in der Kunst.

Wir erkennen, was anderen vermeintlich fehlt und wie man dies in der Werbung nutzen kann. Wir haben einen Blick dafür, wer zu wem passt und so manche Partnerschaft kommt auf unsere Vermittlung hin zustande.

Wir wollen den Frieden wahren und meiden daher alles Hässliche und BÖSE. Leider meiden wir dadurch auch unsere Projektionen und lernen sie nicht mehr kennen.

Kompensationen der Venus-Waage-Energie
Schönheit: Kosmetik, Maskenbildner, Mode, Schneiderhandwerk (☽♂), Friseurhandwerk, kosmetische Chirurgie, Dekoration (Schmuck, Stoffe, Farben, Düfte, Blumen ...), Farb- und Stilberatung, Design, Ästhetik, musikalische Harmonie (☽)
Begegnung: Café, Boutique, Flirt, Erotik, sich verlieben, Liebschaft, Playboy/-girl, Partnerschaftsvermittlung
Ausgleich: Diplomatie, Mediation, Vermittlung, Konfliktverarbeitung, Kompromissbereitschaft, wiegen, Ökologie
Werbung: texten, gestalten
Verurteilung und Ablehnung des Hässlichen / BÖSEN / der Feinde → führt Prozesse gegen den eigenen »Schatten« (Projektion)
Nächstenliebe

Abb. 48: Kompensationen der Venus-Waage-Energie

Krise (oft Zeitpunkt der Erkrankung)

Das Alter nagt an unserer Schönheit. Die ersten Falten lösen in uns Entsetzen aus. Unsere Reize verblassen und der Erfolg beim Flirt nimmt immer mehr ab. Die Liebe, die wir uns erträumten, haben wir nicht gefunden. Wir haben den Verdacht, uns immer wieder in den oder die Falschen verliebt zu haben. Der Partner hat uns wegen einer Jüngeren, Attraktiveren verlassen oder die Partnerin hat ihren Super-Mann kennen gelernt. Die Trennung macht uns unsere Bedürftigkeit schmerzhaft bewusst. Wie ein verlorenes, ungeliebtes Kind, dem seine Autonomie abhanden gekommen ist, laufen wir durch unsere Heimat, die uns plötzlich so fremd erscheint. Langsam erkennen wir:

Wer als EGO lieb ist zu den anderen, ist meist lieblos zu seinem SELBST!

Entwicklungsprozess (Heilungsweg)

Uns wird langsam bewusst, dass die Menschen und die Umwelt da draußen uns nicht zufällig begegnen, sondern dass sie in enger Beziehung zu unserem SELBST stehen. Unser SELBST hat sie angezogen, damit sie uns Teile von unserem SELBST zeigen, die wir verurteilt und ins Unbewusste verdrängt haben.

Der mächtige Mann da draußen will uns auf unseren mächtigen Mann in unserem SELBST aufmerksam machen. Die oftmals traurige Frau, will uns erkennen lassen, dass auch die Frau in uns traurig ist. So gilt es, die eigenen Anlagen mit ihren Problemen ins Bewusstsein zu heben und sie in das eigene Leben zu integrieren. Entwickelt und integriert die Frau ihre Kreativität, so ist sie nicht mehr von der Kraft ihres Partners abhängig. Entdeckt und integriert der Mann seine natürlichen Bedürfnisse und Gefühle und kümmert sich fürsorglich um sie, so wird er frei von der bemutternden Partnerin.

Auf diese Weise entwickelt sich ein echtes Gleichgewicht zwischen der männlichen und weiblichen Seite in uns, die sich in der Harmonie und Liebe zwischen der Frau und dem Mann in der Partnerschaft spiegelt.

Erwachsen (Gesundheit)

Die Bewusstwerdung der bis dahin unbewussten Fähigkeiten unseres SELBST und die Integration dieser Fähigkeiten lässt uns autonom werden. Die Hemmung der Anlagen wird überwunden und die Kompensation der gehemmten Anlagen erübrigt sich. Erwachsen treten wir den anderen gegenüber und nach dem Gesetz der Affinität treffen wir auf ebenfalls autonome und erwachsene Menschen. Da wir in unserem Inneren das Gleichgewicht zwischen männlichen und weiblichen Anlagen erreicht haben, stellt es sich auch in unseren Beziehungen ein. Wir leben in Harmonie und zwischenmenschlicher Liebe.

Da wir unser Urteil überwunden haben, verdrängen wir nichts mehr. Die Welt der Begegnung dient nicht mehr der Bewusstwerdung unserer Schatten. Der ursprünglich verdrängte Teil der eigenen Ideen kommt nicht mehr von außen auf uns zu. Die Ideen (♎) werden wieder vollständig aus uns SELBST heraus geboren (♀) und letztendlich mittels unserer körperlichen Kraft in die Tat (♂) umgesetzt.

Merkur, Jungfrau

Hemmung

(mehr oder weniger die Basis der ☿♍-Erkrankung)

Die Fähigkeit, die materiellen Bedingungen für den Schöpfungsauftrag unseres SELBST zu nutzen, haben wir verloren. Uns fehlt die mit der Nutzung verbundene Arbeit. Wir erkennen nicht mehr die vielfältige Nützlichkeit der Materie. Im Umgang mit den Werkzeugen und Materialien sind wir unbeholfen. Wir sind arbeitslos, sei es, weil wir entlassen wurden, sei es, dass unsere Fähigkeiten nicht mehr gebraucht werden, weil sie veraltet sind und Maschinen die Arbeit effizienter erledigen oder sei es, weil wir in den Altersruhestand eingetreten sind. Im Arbeitsprozess beachtet uns niemand mehr und wir fühlen uns zutiefst nutzlos.

Unsere eigene Faulheit und unser Ungeschick in der Arbeit versuchen wir aufgrund unserer finanziellen Möglichkeiten zu verbergen. Gegen Bezahlung nutzen wir andere aus, indem wir sie für uns arbeiten und uns von ihnen bedienen lassen. Wir leben nach dem Motto: Keine Ahnung, wie man einen Garten nutzen und bearbeiten kann, dafür haben wir unseren Gärtner.

Kompensation[31] (Möglichkeiten zur Symptomfreiheit)

Unser EGO hat vor dem religiösen Hintergrund die Überzeugung entwickelt, dass der Sinn des Lebens in der Arbeit liegt. Sein Credo lautet: Ora et labora (bete und arbeite)! Dabei glaubt es, ein BESSERER Mensch zu sein, wenn es sich gegenüber anderen nützlich macht und ihnen dient. Am liebsten wäre es unserem EGO, der ganzen Menschheit zu dienen. Hierzu muss es sich an die Nützlichkeitsforderungen der anderen anpassen.

Damit hören wir auf, unser eigenes Leben steuernd in die Hand zu nehmen. Die anderen verfügen über uns und wir funktionieren als Bedienstete, Arbeiter oder Angestellte nur noch in ihrem Sinn.

Um noch besser im Rahmen der Unternehmen funktionieren zu können, studieren wir Ökonomie (Betriebs- / Volks-Wirtschaft). Durch gezielte Straffung der Arbeitsabläufe, versuchen wir die Produktivität und damit den Nutzen der Unternehmen weiter zu steigern.

Im Umgang mit der Welt der Materialien sind wir Spezialisten. Wir haben Chemie oder Verfahrenstechnik studiert, kennen uns in allen Stoffdaten aus und können dadurch den Materialeinsatz optimieren oder neue Stoffe entwickeln. Der Nutzwert von Pflanzen und Tieren erscheint uns in der naturgegebenen Form zu gering. Über entsprechende Züchtungen versuchen wir ihn zu verbessern. Mittlerweile setzen wir voll auf die Veränderung der Gene (♇). Immer haben wir den Dienst an der Menschheit vor Augen, mit dem »erhabenen« Ziel, diese vom Hunger zu befreien. Die Züchtungen sind zwar in der Regel für die armen Länder zu teuer, nutzen aber den Unternehmen, ihre Monopolstellung beispielsweise im Saatgutbereich auszubauen. Der Hunger bleibt, der Profit (»Nutzen«) aber steigt.

Wir legen Wert darauf, unsere Arbeit perfekt zu erledigen. Harte, konzentrierte Arbeit ohne größere Pausen sind wir gewöhnt. Um möglichst viel Anerkennung zu bekommen, versuchen wir in der Konkur-

Kompensationen der Jungfrau-Merkur-Energie
Dienstleistungen, Dienst an der Menschheit, öffentlicher Dienst (♄), Entwicklungsdienst (♃, ♆), Dienstbote, Knecht, Bedienung
Arbeit, Hausarbeit, Küchenarbeit, Landarbeit, Optimierung von Arbeitsabläufen (z.B. REFA-Verband), Arbeitsplatzgestaltung, steuernde Tätigkeit (z.B. Steuermann), Arbeit mit ausgewählten Materialien / Werkzeugen (z.B. Eisen / bohren, sägen, drehen, fräßen [♂])
Leitung der Arbeit (♄, ♇): Vorarbeiter, Meister, Abteilungsleiter, Butler, »Sklaventreiber«
Anpassungshilfen (Optiker [☽], Hörgeräte-Akustiker [♄])
Stoffkunde, Labor, Materialentwicklung, Ackerboden, Baustoffe
Ernte, Züchtung: Pflanzen (Saatgut), (Nutz-) Tiere
Studium / Weiterbildung: Chemie (♆), Verfahrenstechnik, Ökonomie, Betriebswirtschaft, Volkswirtschaft, Landwirtschaft
Glauben: Arbeiten / Dienen als Lebenshaltung, sich überall nützlich machen, Arbeitssucht (Workaholic)

Abb. 49: Kompensationen der Jungfrau-Merkur-Energie

renz zu unseren Arbeitskollegen und Kolleginnen die oder der BESTE zu sein. Am Fließband nennt man uns »Akkordverderber«. Da wir die Arbeit als einzigen Lebenssinn sehen, sind wir von ihr trunken (Workaholic).

Krise (oft Zeitpunkt der Erkrankung)

Unsere Familie bricht auseinander und wir verlieren unsere Möglichkeit, ihr weiterhin zu dienen.

Die Arbeit, welche wir verrichten, empfinden wir immer mehr als seelische Belastung. Sie hat uns unserem SELBST entfremdet. Wir funktionieren nur noch und können nicht mehr wir SELBST sein.

Ständige Veränderungen des Arbeitsplatzes und der Arbeit fordern von uns immer mehr Anpassung. Der Arbeitsstress lässt uns langsam »ausbrennen« (Burn-out-Syndrom).

Wir fühlen uns am Arbeitsplatz von den Kollegen und Vorgesetzten nicht mehr beachtet. Wir werden gemobbt.

Wir büßen unseren Arbeitsplatz ein und fühlen uns nutzlos.

Entwicklungsprozess (Heilungsweg)

Wir müssen uns auf die Suche nach einer Arbeit machen, die unserem SELBST mehr entspricht. Wir werden sie nur finden, wenn wir den Dienst am anderen abbauen und unsere Arbeitskraft zunehmend in den Dienst unseres Schöpfungsauftrags stellen. Die materiellen Gegebenheiten nutzen wir zur Erfüllung dieses Auftrags. Unsere Entwicklung können wir daran überprüfen, dass wir zwar intensiv arbeiten, dabei aber nicht mehr das Gefühl haben, zu »arbeiten«.

Die eigenen Ideen (♀♎), die uns beseelen, verbinden sich mit den Möglichkeiten der Materie (☿♍), konkretisieren sich und kommen auf diese Weise einen Schritt weiter in ihrer Verwirklichung.

Erwachsen (Gesundheit)

Wir dienen nicht mehr den anderen, sondern unserem SELBST. Wir arbeiten nicht mehr für die anderen, sondern für uns SELBST. Die Materie wird zur Dienerin unserer Seele und damit unserer Schöpfungen. Wir machen es, wie unser Darm. Wir nutzen das materielle Angebot für die Schöpfungen unseres SELBST. Unsere Arbeit erfüllt uns mit Freude.

Das Eigenartige an unserem Verhalten besteht darin, dass wir mit der Verwirklichung unserer Schöpfung unendlich viel mehr für das Ganze tun, als mit unserem SELBSTlosen Dienst an der Menschheit.

Sonne, Löwe

Hemmung
(mehr oder weniger die Basis der ☉-Erkrankung)

Wir lassen unser Herz nicht mehr vom Willen unseres Himmels (⛢) inspirieren. Ja, wir hören nicht einmal mehr auf unser Herz. Was unser SELBST will, ist für uns unbedeutend. Daher verlieren wir unsere seelische unternehmerische Kraft und SELBSTändigkeit. Unser eigenes Lebensspiel findet nicht mehr statt. In der Kindheit fehlte uns der Vater, der uns hätte zeigen können, wie man seinen eigenen Willen entwickelt und verwirklicht.

In unseren Spielen sind wir unselbständig und meist die Verlierer. Uns gelingt nichts und wir verzagen zunehmend. Wir empfinden immer weniger Lust und Freude am Leben. Wir haben das Gefühl alle Energie verloren zu haben und fragen uns morgens beim Aufwachen, ob wir überhaupt noch aufstehen sollen. Eine dunkle, depressive Stimmung macht sich in uns breit.

Unsere Lebendigkeit übertragen wir den Darstellern im Fußball- oder

Tennisspiel oder den Helden auf der Leinwand und im Fernsehen. Sie kompensieren unsere Leblosigkeit. Wir sind froh, wenn der Partner das Heft des Handelns in die Hand nimmt und folgen ihm willenlos. Als Mann sind wir für manch eine Frau enttäuschend.

Mit Kindern wissen wir nichts anzufangen. Sie spüren das und meiden uns.

Kompensation[32] *(Möglichkeiten zur Symptomfreiheit)*

Unser EGO stellt seine Lebensenergie in den Dienst der Gesellschaft, um deren Anerkennung zu bekommen. So stellen wir uns in deren Mittelpunkt und spielen den »König«. Wir sind wie selbstverständlich der Boss.

Schon als Kind geben wir im Spiel und bei allen Unternehmungen den Ton an. Wir lieben Ballspiele (Ball = Sonnensymbol). Unter dem Vorbild des erfolgreichen Vaters entwickeln wir einen starken an Leistung und Erfolg orientierten Willen. Im Beruf drängen wir zunächst in die Leitung einer Abteilung, um schließlich an der Spitze eines Unternehmens zu stehen. Wir sind auch im Beruf die Rudelführer, die das Spiel bestimmen und leiten. Wir sind die Dirigenten der Orchester oder Regisseure in der Theater- oder Filmbranche.

Als Künstler wollen wir eine eigene Welt schaffen und die gesellschaftliche Kultur mitgestalten.

Schon früh drängt es uns, ein eigenes Unternehmen aufzubauen. Alle Kraft stecken wir dort hinein. Wir sind das Herz und die Seele des Unternehmens. Die Auseinandersetzung mit anderen Unternehmen lässt uns jedoch hart werden. Alle Kraft müssen wir dem Machterhalt opfern. Herzlichkeit können wir uns nicht mehr leisten. Dennoch sehen wir uns als Vater unserer Mitarbeiter und sorgen uns um sie.

Reicht unsere Kraft nicht für ein Unternehmen, so beraten wir Unternehmer und trainieren Manager oder repräsentieren mit stolzgeschwellter Brust andere Unternehmen. Auch als Präsidenten eines Clubs, Vereins oder eines Landes fühlen wir uns ganz in unserem Element.

So trägt unser EGO zwar maßgeblich zur Verwirklichung eines Unternehmens bei, unser wahres SELBST aber kann sich dabei kaum entfalten. Daher bleibt in uns die Sehnsucht nach dem wahren Spiel des Herzens bestehen und wir versuchen sie über all die Spiele zu stillen, die uns die Gesellschaft anbietet, ob als Fußballstar, Börsenspekulant oder als Spieler am Computer, Karten- oder Roulettisch. Wir sind dabei bereit, jedes erdenkliche Risiko einzugehen.

Kindern gilt unsere Zuneigung. Sie spüren das und nehmen uns sofort

Kompensationen der Sonnen-Energie
ständig etwas unternehmen, Selbstständigkeit, Unternehmer, Produzent, Unternehmensberatung
Vorstand, Aufsichtsrat, Präsident (Club, Verein), Kapitän, Mannschaftskapitän, Leitung, Direktion, Management, Regie, Dirigent, Repräsentant
Kunstschaffende(r) (♀♎, ♆), kreative Gestaltung
spielen, risikobereiter Spieler, Ballspiele, Spielzeugbranche, Spielzeuge, Erfinder neuer Spiele (♅), Computerspiele, Animateur (♅), Feste veranstalten und feiern
Vaterrolle, Patriarch, Pädagogik, Spiel mit den Kindern
Führungsrolle als Helfer (♆), Arzt (♆), Herzspezialist (♆)
Gold, Goldschmuck, Haustier: Kater, dekorative Statue: Löwe, Vergoldung als Dekor, Sonnenblume

Abb. 50: Kompensationen der Sonnen-Energie

in ihren Mittelpunkt und wir zeigen ihnen, wie man spielt. Daraus entwickelt sich eine ganze Wissenschaft: die Pädagogik.

Krise (oft Zeitpunkt der Erkrankung)

Trotz des großen und erfolgreichen Imperiums, das wir geschaffen haben, entstehen in uns Zweifel am Sinn, denn obwohl an der Spitze angekommen, will sich die Lebensfreude nicht mehr so recht einstellen. Wir fragen uns: »War es wirklich das, was ich von Herzen erreichen wollte«?

Im Konkurrenzkampf ist unser Unternehmen in Konkurs gegangen oder es wurde übernommen und wir verlieren unsere Führungsposition. Andere »Könige« sind nachgewachsen und stellen unser »Königtum« in Frage. Dies kann uns auch in unserer Partnerschaft passieren. Unsere Partnerin ist nicht mehr bereit unseren Herrschaftsanspruch zu akzeptieren.

Unsere Kinder sind groß und selbstständig und wir sind in unserer Vaterrolle nicht mehr gefragt.

Weil wir unsere SELBSTverwirklichung allzu sehr vernachlässigt haben, streikt unser Herz, es fällt aus seinem Rhythmus und wir spüren eine eigenartige Enge in der Brust.

In unserem Spiel haben wir unser ganzes Vermögen riskiert und verloren.

Entwicklungsprozess (Heilungsweg)

Im Mittelpunkt der Entwicklung steht das Herz. Am besten nehmen wir uns die kleinen Kinder zum Vorbild. Sie verfügen dann über eine schier unbegrenzte Energie, wenn sie das spielen können, was sie von ganzem Herzen wollen. Im Sinne ihres Spiels sind sie lebendig, selbständig und kreativ. Der Lohn ist eine unbändige Lebensfreude. Diese Lebensfreude ist die Urenergie der Sonne in uns.

Wir müssen wieder spielen lernen und uns bei allem, was wir unternehmen, fragen, ob wir von Herzen dazu »ja« sagen können. Diese Wendung in der eigenen Lebensführung geht nicht von heute auf morgen. Wir sind es gewöhnt, Verantwortlichkeiten und Pflichten zwischen uns und unser Herz zu schieben. Diese Barriere gilt es nun Stein für Stein abzutragen. Dazu müssen wir Freiräume einrichten und uns Zeit für das Spiel nehmen. Die nächste Hürde ist die des Erfolgs. Unser Handeln war meistens auf den Erfolg und die Anerkennung in der Gesellschaft ausgerichtet. Nun gilt es, unsere Anerkennung unserem Herzen zu geben und stattdessen auf die Anerkennung der anderen zu verzichten. Wenn wir dadurch die unbändige Lebensfreude zurückgewinnen, dann sollten wir uns gestatten, in den Augen der anderen »kindisch« zu werden.

Erwachsen (Gesundheit)

Wer zu seinem Herzen zurückgekehrt ist, verfügt über eine warmherzige Ausstrahlung und zieht gleiches in seiner Umwelt an (Projektion). Als Mensch im weiblichen Körper zieht man einen herzlichen Mann an und als Mensch im männlichen Körper eine herzliche Frau. Nichts kann die Frau in uns und im Außen mehr zufrieden stellen, als eine solche Herzlichkeit zu empfangen.

Die Sonne repräsentiert unseren Verwirklichungs-Willen auf Erden. Sie schenkt uns die Energie, unseren Lebenswillen und unsere Freude am selbständigen und kreativen Lebensspiel. Diese seelische Kraft jedoch bedarf der inspirierenden Ideen (⛢, Luftelement), der Verwirklichungsimpulse unseres Himmels (⛢). Dann geschieht der himmlische Wille auf Erden. Unser Feuer (☉) brennt eben nicht ohne Luft (⛢)! Diese Luft gelangt als Teilidee (♀♎) des seelischen Plans (♇) zu unserem Herzen (☉).

Hemmung (mehr oder weniger die Basis der ☽-Erkrankung)

Immer wieder machen wir in unserem Leben die Erfahrung, dass unsere *natürlichen Bedürfnisse*[33] weder beachtet noch gestillt werden. Schon im Mutterleib beginnen die frustrierenden Erfahrungen und setzen sich in der Kindheit fort. Meist stehen sie im Zusammenhang mit unserer Mutter, später mit dem weiblichen Geschlecht oder dem eigenen Frausein. Wir bleiben unversorgt, weil die Mutter leidet, krank, von ihrer Situation überfordert, nervlich angespannt ist oder uns früh verlassen hat. Wir fühlen uns ungeborgen und uns fehlt die Heimat, da wir durch die ständigen Umzüge stets aufs Neue entwurzelt werden oder wir unter den behelfsmäßigen Wohnsituationen kaum Wurzeln schlagen können.

Später sind wir es, die nicht auf die Gefühle achten oder ihnen misstrauen. Es sind aber die Gefühle, die uns mitteilen wollen, welche Bedürfnisse in uns Mangel leiden. Da wir sie negieren, bleiben sie unerfüllt. In vielen Situationen glauben wir uns gar keine Gefühle leisten zu dürfen. Als Mann zu weinen ist in unserer Gesellschaft tabu. Auch die Erziehung tut das ihrige dazu, dass wir nicht auf unsere Gefühle achten. In der Kindheit müssen wir essen, was auf den Tisch kommt. Sind wir satt, muss der Teller trotzdem aufgegessen werden. Wir erfahren sehr früh, dass wir mit positiver Stimmung sehr viel mehr Anerkennung ernten. Wir zeigen uns daher gut gelaunt und verdrängen die schlechte Laune. Später rächt sich dieses Verhalten. Wir werden zunehmend depressiv.

Unsere Eltern wünschen sich einen Sohn und so sind wir Menschen im weiblichen Körper nur ungern Frau. Mit der schwachen, leidenden Mutter können wir uns keinesfalls identifizieren. Wir haben das Gefühl, als Frau keinerlei Geltung und Achtung zu bekommen. Unser gestörtes Verhältnis zu unserer Weiblichkeit zeigt sich auch in Störungen unserer Menstruation. Die Vorstellung, selbst Mutter zu werden, erfüllt uns mit Angst.

Als Menschen im männlichen Körper übertragen wir die schlechten Erfahrungen mit unserer Mutter auf alle Frauen. Wir verachten sie und misstrauen ihnen.

Da wir uns nicht in der Lage sehen, für uns zu sorgen, müssen wir hungern und frieren. Eine eigene Wohnung fehlt uns und allzu oft wissen wir nicht, wo wir Ruhe finden (oder schlafen).

Da wir Angst vor Berührungen haben, öffnen wir uns kaum noch dem Leben. Wir schützen uns und ziehen uns gerne hinter die Mauer der Moral und Wohlanständigkeit zurück. Da das Leben aber vor der Mauer stattfindet, bleibt unser Erlebnishunger hinter der Mauer ungestillt. Zudem blockiert der Anständige vieles von dem, was ins Leben geboren werden will. Unsere »Unberührbarkeit« bereitet uns auch in der Sexualität Probleme. Die Geilheit (⚴) verlockt uns zwar, im Erleben bleiben wir aber unbefriedigt.

Nur noch selten sind wir bereit, etwas von anderen anzunehmen.

Kompensation[34] *(Möglichkeiten zur Symptomfreiheit)*

Unsere Mutter machte es uns vor. Der Schwerpunkt ihres Lebens bestand darin, andere zu umsorgen. Wie glücklich war sie, als sie Mutter wurde und über die Kinder ihre Fürsorglichkeit ausleben konnte. Um alles kümmerte sie sich, um Essen und Trinken, die Kleidung, die Wohnung. Immer war für alles gesorgt. Kamen Freunde oder Gäste zu Besuch, dann wurden auch sie umsorgt.

Im Puppenspiel lernen auch wir, uns um das vermeintliche Wohl dieser »Kinder« zu kümmern. Bei der Berufswahl denken wir an den Kindergarten, die Kinderkrippe oder an die vielen Kinder in den Heimen, die der Fürsorge bedürfen. Aber auch die Erwachsenen wollen auf ihren Reisen umsorgt werden. Da liegt es nahe, eine Pension oder ein Hotel zu führen.

Anderen Frauen bei der Geburt zu helfen, erscheint uns erstrebenswert. Vielleicht wählen wir aber auch den Pflegeberuf (Säuglingsschwester, Pfleger, Krankenschwester, Altenpflege, Gemeindeschwester), um unsere Fürsorglichkeit ausleben zu können.

Als Mensch im weiblichen Körper, erscheint uns nichts sinnvoller, als Mutter möglichst vieler Kinder zu werden und eine große Familie zu haben. Es liegt uns am Herzen die Wohnung oder das Haus für die wachsende Familie so heimelig wie möglich einzurichten. Wir schätzen weiche Polster und ein luxuriöses Schlafzimmer. Am liebsten wohnen wir in einem Haus am See. Mit der Tradition der Heimat sind wir fest verbunden. Als Architekten bauen wir die Wohnungen und Häuser für die anderen.

Musik ist für uns wichtig. Wir musizieren, um anderen eine Freude und ein gutes Gefühl zu vermitteln. Machen wir nicht selbst Musik, dann hören wir sie doch gerne. Am liebsten beim entspannenden Bad in der Wanne.

Wir spüren eine starke Verbundenheit mit der Natur. Ein Biologiestudium scheint uns das Verständnis für sie zu erweitern. Mit Freude sind wir in unserem Garten oder verbringen dort viel Zeit mit der Natur. Sie zu hegen und zu pflegen ist uns ein Anliegen. Bei der Gartenarbeit richten wir uns nach dem Mond-Kalender.

Kompensationen der Mond-Energie
Mutterrolle: Puppenspiel, sich um andere sorgen, bemuttern, Hebamme, Pflegeberufe (Krankenschwester, Pfleger, Altenbetreuung [♆]), Kinderbetreuung (Hort, Kindergarten, Heim), beherbergen (Herberge, Pension, Hotel), für wärmende Kleidung sorgen, Pflege der familiären Bindungen, sich für Frauen engagieren
Nahrung: kochen, backen, essen, Milchwirtschaft / -verarbeitung (☿♍), Ernährungsberatung, Restaurant, Wurstbude, Trinkwasserversorgung, Brunnenbau, Bewässerung, Gartenbau, Hobbygärtnerei, Pflanzen gießen, baden in der Badewanne
Wohnen: Architektur von Wohnhäusern, Wohnungsgestaltung, Nestpflege, Polster, Kissen, Daunendecke, Heimatverbundenheit, Hege und Pflege der Natur, Biologie, Verpackungstechnik
Erleben, Launigkeit, lachen, weinen, kuscheln, sonnen, beobachten, Optik, Augenarzt (♆)
musikalische Interessen
Silber, Katze, Hase, Hühner (Eier)

Abb. 51: Kompensationen der Mond-Energie

Die Nahrung, viel Salat und Gemüse, für unsere Liebsten holen wir möglichst aus dem eigenen Garten oder dem Naturkostladen und die Milch am besten direkt beim Bauern. Das Kochen ist eine unserer Lieblingsbeschäftigungen. Das Brot und den Kuchen backen wir für unsere Familie gerne selbst, sofern wir nicht sowieso den Bäckerberuf ergriffen haben. Oder aber, wir sorgen uns als Ernährungsberater um eine sinnvolle Ernährung der anderen. Unsere Befriedigung erleben wir über den Mund und den Magen. Wir lutschen gerne an etwas und sei es eine Zigarette.

Wir baden gerne in unseren Gefühlen und unterliegen starken Stimmungsschwankungen und Launen. Lachen und Weinen liegen eng beieinander. Entscheidungen treffen wir oft aus dem Bauch.

Krise (oft Zeitpunkt der Erkrankung)

Der Mangel an Erleben löst in uns (Fr-)Essattacken oder depressive Stimmungen aus. Die Rolle der stets gut Gelaunten will uns einfach nicht mehr gelingen.

Da das letzte Kind unser Haus verlassen hat, hat die Mutterrolle ihren Sinn verloren.

Der Verlust der Wohnung, des Hauses oder der Heimat erzeugt in uns das Gefühl der Ungeborgenheit und Heimatlosigkeit.

Als Frau finden wir keine Beachtung. Wir fühlen uns wertlos und alleine gelassen.

Wir verlieren die Mutter, die Familie oder die Partnerin. Uns plagt die Frage: Wer sorgt nun für uns? Zusehends verkommt unsere Wohnung. Wir vernachlässigen unsere Ernährung und Kleidung.

Entwicklungsprozess (Heilungsweg)

Wollen wir für unsere natürlichen, körperlichen Bedürfnisse sorgen, so müssen wir erkennen, welche Bedürfnisse wir überhaupt haben. Sie melden sich über unsere Gefühle. In der Regel ist aber der Zugang zu ihnen mehr oder weniger verschüttet. Wir haben ihnen keine Beachtung mehr geschenkt und ihnen misstraut. Daher gilt es zunächst, den Zugang zu den Gefühlen freizulegen und das Vertrauen in sie zu stärken. Wir müssen von der stets guten Laune Abschied nehmen und uns erlauben, auch einmal schlecht gelaunt zu sein. Denn gerade die schlechte Laune ist es, die uns darauf aufmerksam macht, dass bestimmte Bedürfnisse von uns nicht erfüllt sind. Jedoch geht es dabei nicht darum, Launigkeit zu kultivieren, um andere damit zu manipulieren, sondern wir sollten konsequent dafür sorgen, die Ursache der schlechten Laune zu beseitigen.

Erkennen wir Bedürfnisse von uns, so gilt es sie wertzuschätzen und sie gegenüber unserer Umwelt zum Ausdruck zu bringen. Wir teilen sie den anderen mit oder wir sorgen selbst für ihre Befriedigung. Wir kümmern uns um eine bessere Ernährung, achten auf genügend Flüssigkeitszufuhr, gestalten die Wohnung behaglich, gönnen uns Ruhepausen und überprüfen unsere Arbeit und Berufswelt, ob sie unserer Natur und unserem Wesen entspricht.

Je mehr wir unsere Gefühle und Bedürfnisse achten, desto mehr Achtung bekommen wir als Frau von unserem Umfeld (Projektion, Spiegel) bzw. desto mehr achten wir »unsere« Frau im Inneren und die Partnerin im Außen. Mit der Natur freunden wir uns an und gehen sorgsamer mit den Pflanzen und Tieren um. Vielleicht werden wir zu Vegetariern und sorgen auf diese Weise dafür, dass auch die übrige Welt mehr zu essen hat. Denn in der »Fleischerzeugung« verschwenden wir die pflanzliche Nahrung. Statt *einen* Menschen mit Fleisch zu ernähren, können wir etwa *acht* Menschen mit der zur Tiermast eingesetzten pflanzlichen Nahrung ernähren. Jedoch, wenn es unser Verlangen ist, ein Stück

Fleisch zu essen, so gönnen wir uns die Freude in Achtung vor dem Tier.

Teilen wir den anderen mit, wie wir berührt werden wollen und wie sie uns Freude bereiten, so haben diese die Möglichkeit uns fürsorglicher gegenüberzutreten. Da die Berührungen sanfter und liebevoller werden, weil wir mit uns SELBST liebevoller umgehen, verlieren wir zunehmend die Angst, können uns dem anderen gegenüber immer mehr öffnen und wahrhaft hingeben.

Wir gebären zunehmend die Schöpfungs- und Verwirklichungsaufträge unserer Sonne in unser eigenes körperliches Leben und müssen sie nicht mehr als Entwicklungsaufträge an unsere Kinder weitergeben. Wir müssen also nicht mehr unbedingt Mutter werden.

Erwachsen (Gesundheit)

Unsere Gefühle zum Hier und Jetzt achtend, wissen wir jederzeit um unsere natürlichen Bedürfnisse und sorgen selbstverständlich (im Verständnis für das SELBST) für deren Befriedigung. Ob Nahrung, Kleidung, Wohnung, Nähe zum Leben und zu anderen Menschen oder Ruhe, um alles kümmern wir uns SELBST.

Wir nehmen anderen nicht mehr deren Sorgen ab, da auch diese die Kraft in sich tragen und entfalten wollen, für sich zu sorgen.

Wir öffnen uns voll dem Leben und genießen es in vollen Zügen. Zur Hingabe bereit, erleben wir das Jetzt in absoluter Totalität. Wir sehen nicht nur die Blume, sondern wir tauchen mit unserer Wahrnehmung in sie ein. Wir hören nicht nur den Ton, sondern wir nehmen ihn ganz in uns auf und lassen den Moment von ihm füllen.

Als Mensch im weiblichen Körper werden wir als Frau hoch geachtet und als Mensch im männlichen Körper ehren wir unsere Gefühle und die Frau im Außen.

Wir empfangen die seelischen Aufträge von der Sonne und gebären sie voller Wohlgefühl als Bewegungsimpulse (☿♊) in die körperliche Welt.

Merkur, Zwillinge

Hemmung
(mehr oder weniger die Basis der ☿♊-Erkrankung)

Der zwischenmenschliche Austausch ist zum Erliegen gekommen. Wir machen schon früh in der Kindheit die Erfahrung, dass uns niemand seine Beachtung schenkt, selbst unsere eigenen Geschwister nicht. Was wir auch sagen, es scheint niemanden zu interessieren. Daher ziehen wir es meistens vor, zu schweigen. Reden wir ausnahmsweise doch einmal, so muss uns die Mitteilung extrem wichtig erscheinen. Dabei ist aber die Angst vor Missachtung so groß, dass wir kaum ein Wort über die Lippen bringen oder unklar und leise sprechen. Wir drücken uns zudem so ungeschickt aus, dass kaum einer versteht, was wir sagen wollen. Im Kontakt mit Autoritäten verschlägt es uns ganz die Sprache. Im Gespräch reden daher fast ausschließlich die anderen. Wir bewundern sie für ihr Redetalent und dafür, dass sie immer etwas zu sagen haben. Das Telefon macht uns Angst, weil wir die Reaktion des Teilnehmers nicht sehen und grundsätzlich annehmen, wir seien für den anderen eine Zumutung. Weil wir viele Schreibfehler machen, vermeiden wir es, Briefe zu schreiben. Fremde Sprachen zu erlernen, erscheint uns unmöglich.

Wegen einer Leseschwäche lesen wir kaum Zeitungen oder Zeitschriften. Auch hören wir kaum Nachrichten. Daher ist es kein Wunder, dass wir meist uninformiert sind.

In der körperlichen Bewegung sind wir ungeübt und tollpatschig. Wenn wir tanzen, fürchten wir den Spott der anderen. Vergeblich bemühen wir uns, ein Instrument zu beherrschen. Handwerklich sind wir vollkommen ungeschickt. Wir haben »zwei linke Hände«. Daher ist auch unsere Handschrift für andere kaum zu lesen.

Beim Gehen und Laufen stolpern wir häufig über unsere eigenen Füße. Sofern wir überhaupt einen Führerschein besitzen, bewegen wir uns ungern im Straßenverkehr. Den anderen sind wir ein Verkehrshindernis. Es fällt uns schwer, den Weg zu finden. Oft gehen oder fahren wir in die Irre. Daher benutzen wir lieber die öffentlichen Verkehrsmittel. Wir lassen uns fahren. Beim Fahrkartenkauf fällt es uns schwer, dem Verkaufspersonal unser Reiseziel mitzuteilen. Oft stehen wir vor den Verkaufsautomaten und wissen sie nicht zu bedienen.

Im Handel mit uns machen meist die anderen ein vorteilhaftes Geschäft. Kommen wir nach Hause, so stellen wir fest, das Gekaufte ist nicht das, was wir wirklich kaufen wollten. Wir trauen uns aber auch nicht, es im Nachhinein umzutauschen, weil wir dann mit dem Verkäufer reden müssten.

Kompensation[35] (Möglichkeiten zur Symptomfreiheit)

Die Beweglichkeit unseres Körpers begeistert uns. Wir gehen spazieren, laufen, springen, ob auf dem Eis, der Aschenbahn oder dem Waldweg. Wir tanzen, sei es Ballett, Standard-, Paar- oder Gruppentanz. Je nach Mode ist es der lateinamerikanische, asiatische oder europäische Tanz, für den wir uns interessieren.

Als Kinder beginnen wir ungewöhnlich früh mit dem Sprechen. Die Erwachsenen spornen uns mit ihrem Erstaunen zu Höchstleistungen an. Bevor wir in die Schule kommen, können wir schon die Buchstaben und Zahlen auswendig. Lesen, Schreiben und Rechnen sind kein Problem für uns. Die Rechtschreibung fällt uns leicht. Daher sind für uns gute Noten in der Grundschule selbstverständlich. An jeder Unterhaltung sind wir beteiligt. Da wir alle verfügbaren Zeitungen lesen und keine Nachrichtensendung auslassen, sind wir stets bestens informiert. Schon früh beginnen wir, Vorträge zu halten oder andere mit den Neuigkeiten zu unterhalten. Wir schreiben Bücher oder handeln mit ihnen. Wir bringen jeden beliebigen Wissensinhalt unter die Leute. Wir richten uns ganz danach, was andere hören oder lesen wollen.

Sprachlich gewandt, drängt es uns, Fremdsprachen zu lernen, um auch im Ausland kommunizieren oder dolmetschen zu können.

Beruflich nutzen wir unsere Talente als Telefonist, Sekretär bzw. Sekretärin, Journalist, Redakteur, Nachrichtensprecher, Redner, Unterhalter, Lektor, Sprachlehrer oder Grundschullehrer. Wir arbeiten im Büro, in der Medienbranche oder bei der Post. Wir nutzen alle Möglichkeiten, die uns die heutigen Medien bieten, bis hin zur Datenautobahn des Internet.

Wir sind begeisterte Autofahrer. Unsere Karriere geht über das Fahrradfahren, Moped, Motorrad zum Auto. Wir kennen alle Wege und Straßen. Auch diese Fähigkeiten nutzen wir beruflich als Kurier, Taxifahrer, Chauffeur, Spediteur, LKW- oder Bus-Fahrer. Als Fahrlehrer bringen wir den anderen das Fahren bei. Auch die Eisenbahn findet unser Interesse.

Da der Austausch nicht nur aus Informationen, sondern auch aus Waren besteht, wählen wir den Beruf eines Kaufmanns. Wir erkennen unser Talent, anderen etwas zu verkaufen. Dazu gehört auch der geschickte Einkauf der Waren. Da wir gut reden können, liegt uns auch der Beruf eines Vertreters. Vom Marktverkauf über den Detailhandel bis hin zum Außenhandel sehen wir unsere beruflichen Möglichkeiten.

Gerade im Handwerk ist das händische Geschick von großer Bedeutung. In einer langjährigen Ausbildung lernen wir den gewandten Umgang mit den Werkzeugen, ob als Baggerfahrer oder Uhrmacher. Auch der Künstler muss vollendet mit seinen Werkzeugen (Stift, Pinsel, Meißel …) umgehen können. Die Fingerfertigkeit ist auch für den Musiker entscheidend. Über endlose Übungen der Tonleitern und Tonfolgen werden wir zum Meister unseres Instruments. Die erreichte Virtuosität wird dann zur Grundlage unseres künstlerischen Ausdrucks.

Kompensationen der Merkur-Zwillinge-Energie
Bewegung: Körpersprache, Schauspiel, Tanz, Jogging, Atemtechnik
Fortbewegung: gehen, Spaziergang, laufen, Radfahren (u.a. Mountainbiking), Transport, Träger, Spedition, Personenwagen, Taxi, Bus, Lastkraftwagen, Fahrlehrer, Wege- und Straßenbau, Bau von Informationswegen (Kabel, Sende- und Empfangsanlagen)
Sprache: Unterhaltung, Rede, Vortrag, schreiben, Graphologie, lesen, rechnen, Fremdsprache, Dolmetscher, Übersetzer, Lektor, Grundschullehrer, Logopäde, Sprechlehrer, Journalist, recherchieren, Redakteur, Sprecher (Unternehmen, Regierung, Verein, Nachrichten), Sekretariat, Rezeption, Büro, Korrespondent, Nachrichtendienst, Datenverarbeiter, Unterhalter, Talkmaster, Drucker, Grafiker, Schildermaler
Medien: Bote, Post, Brief, Zeitung, Buch, Rundfunk, Fernsehen, Telefon, Internet
handwerkliches Geschick, Mechaniker, Uhrmacher, Zahntechniker, Techniker, Belüftungstechnik
instrumentelles Geschick, z.B. Musikinstrumente …
Handel, Händler (Buch-, Auto-, Büromaterial-…), Kaufmann, Verkäufer, Vertreter (auch Multi Level Marketing), Makler

Abb. 52: Kompensationen der Merkur-Zwillinge-Energie

Krise (oft Zeitpunkt der Erkrankung)

Wir spüren, dass unsere Geschicklichkeit nachlässt oder aber durch eine Verletzung beeinträchtigt wird. Unsere Darstellung bringt uns nicht mehr den gewohnten Erfolg. Der Umgang mit Werkzeugen und Instrumenten verliert an Geschick. Neue Medien drängen auf den Markt und wir haben zunehmend Mühe mit ihnen umzugehen.

Die Inhalte unserer Vorträge sind veraltet, sodass das Interesse an ihnen erlischt. Als Lehrer haben wir das Gefühl, dass uns die Kinder über den Kopf wachsen. Wir finden in unserem Unterricht keinen Zugang mehr zu ihnen.

Unsere Reaktion im Straßenverkehr lässt nach und wir fühlen uns von dem zunehmenden Verkehr überfordert. Unsere Nerven machen den Stress nicht mehr mit.

Das Produkt, mit dem wir handeln, ist nicht mehr gefragt. Die Lage unseres Geschäftes verliert seine Attraktivität. Die Konkurrenz ist übergroß geworden. Unsere Handelspartner haben andere Vertriebswege gefunden oder ihr Geschäft ganz aufgegeben.

Da wir uns immer mehr isolieren, die Kinder aus dem Haus sind oder unser Partner uns verlassen hat, schränken sich unsere Kommunikationsmöglichkeiten zunehmend ein.

Entwicklungsprozess (Heilungsweg)

Es fällt uns wie Schuppen von den Augen, beim Austausch unseres EGOs mit den anderen spielen immer nur aufgenommene Informationen, Wissensgebiete und Waren die zentrale Rolle. Was dabei vollkommen fehlt, sind wir SELBST. Was wir wollen, fühlen, erleben, was uns Freude bereitet oder uns schmerzt, teilen wir nur ganz selten mit. Mit dem Partner können wir über buchstäblich alles reden, nur nicht über uns SELBST. Als Lehrer vermitteln wir den Kindern bestimmte Fertigkeiten oder was RICHTIG und FALSCH ist. Was uns persönlich berührt, behalten wir für uns.

In der Entwicklung und dem Einsatz unserer Beweglichkeit und Darstellung, gilt es zunehmend authentischer (*gr.* SELBST) zu werden. Die Darstellung will zur SELBST-Darstellung werden. Die ständige Kontrolle, ob das, was wir sagen, beim anderen auch ankommt und uns Anerkennung bringt, muss abgebaut werden. Die Kommunikationsinhalte müssen sich vom unpersönlichen Wissen und von der unpersönlichen Information zu eigenen Lebens- und Erlebensinhalten verschieben. Die Entwicklung geht weg vom Standard-Tanz und hin zum individuellen Bewegungsfluss im Einzel- und Ausdruckstanz. Der Handel mit beliebigen Waren sollte dem Handel mit Produkten weichen, mit denen wir uns identifizieren können. In der Fortbewegung wollen die Beine und Füße wieder mehr eingesetzt werden. Nicht jede Rolltreppe, jeder Aufzug sollte von uns genutzt und nicht jeder Weg mit dem Auto zurückgelegt werden.

Zur Entwicklung gehört auch der bewusstere Umgang mit der Atmung. Wir nutzen sie auch zur Therapie (z.B. Holotropes Atmen) oder zur Meditation.

Erwachsen (Gesundheit)

Über unsere Beweglichkeit und Sprache findet unser SELBST seinen Ausdruck. Nichts wird zurückgehalten, nichts in der Mitteilung wird geschönt, nur um Anerkennung zu bekommen. Was wir mitteilen entspricht der Wirklichkeit, weil es der Wirklichkeit entstammt.

Die von unserem Mond empfangenen seelischen Aufträge (☉) an unseren Körper werden zu Bewegungssignalen (☿♊), die über das motorische Nervensystem unsere Muskulatur (♂) ansteuern. Über die Kraft der Bewegung wird unser Teil der Schöpfung sichtbar und teilt sich der Welt mit. Dies ist wahrhaftige Kommunikation (*lat.* Vereinigung mit dem Rest der Schöpfung, Gemeinsamkeit).

Venus, Stier

Hemmung
(mehr oder weniger die Basis der ♀♉-Erkrankung)

Wir geben unserem Körper keinerlei Wert. Ist er es doch, der uns all die Not irdischer Existenz spüren lässt. Meist sind es die Glaubenssätze unseres Verstandes, die den Körper herabwürdigen. Gäbe es doch ohne ihn keine Schmerzen, keine Krankheiten und keine materielle Not. Oder aber, der Körper verleitet uns zur Gier (Reichtum, Besitz, Sexualität) und hält uns dem Himmel fern, so lauten ihre diffamierenden Thesen. Dass der Körper in seinem Sein unserem Geist (Verstandesbewusstsein) folgt, haben wir vergessen. Ständig beschäftigen wir uns mit unserem Körper und pflegen unsere Unzufriedenheit mit ihm. Er ist zu dick, zu dünn, zu unförmig, zu eckig, zu weich, zu hart, zu groß, zu klein, zu schwach und daher eine einzige Last und ein scheinbar notwendiges Übel.

Auf uns lastet eine tiefe Wertlosigkeit, die sich uns im Leben immer wieder bestätigt. In der frühen Kindheit werden wir in ein enges Laufgitter gesperrt. In der Jugend bekommen wir keinen eigenen Raum. Die Eltern geben uns nur wenig oder gar kein Taschengeld. Später arbeiten wir für einen allzu geringen Lohn. Materielle Wünsche bleiben unerfüllt, da wir zur Sparsamkeit erzogen werden. Haben wir uns einen Platz ergattert, dann wird er uns weggenommen. Versuchen wir Grenzen zu setzen, werden sie von den anderen missachtet.

So leben wir unser Leben in Armut und Kargheit. Es hat kein selbstverständliches (das SELBST verstehendes) irdisch-materielles Fundament. Wir sind nicht »geerdet«.

Kompensation[36] *(Möglichkeiten zur Symptomfreiheit)*

Wenn schon unser Körper uns keinerlei Wert verleiht, dann versuchen wir diesen Minderwert durch äußere Werte auszugleichen. Wir sammeln materiell Wertvolles (Kunstgegenstände, Gemälde, Schmuck, Gold, Edelsteine …), Grundbesitz, Ländereien oder Geld und Wertpapiere. Unser Wert berechnet sich jetzt nach den äußeren Werten. In den

Kompensationen der Venus-Stier-Energie
Sicherheit: Zaunbau, Alarmanlagen, Tresor, Sicherheitsdienst, Bodyguard, Versicherungsgewerbe, Altersversorgung, Rente, Pension
Sammlung: sammeln von Statussymbolen und Luxusartikeln, Kunstsammlung, Sammlungen jeder Art, Lagerhaus, Silo, Speicher
Besitz: wertvoller Schmuck, Edelsteine, Edelmetall, Vermögen, Grundbesitz, Ländereien, Immobilien, Immobilienhandel (☿♊), Kolonialismus
Kapital: Kapitalanlage, Wertpapiere, Bank, Börse, Finanzdienstleistung, Vermögensverwaltung, Kassenwart (♃)
Gesang, Genuss materieller Werte und wertvoller Dinge
Umgang mit Materie: töpfern, Kupferverarbeitung

Abb. 53: Kompensationen der Venus-Stier-Energie

Vereinigten Staaten beispielsweise sagt man: »Er ist X-Millionen Dollar schwer«. Die »Ersatzwerte« erfüllen natürlich nur dann ihren Zweck, wenn die anderen sehen, wie reich wir sind. Also demonstrieren wir unseren Reichtum durch eine entsprechende Villa in exklusiver Lage, einen Jaguar oder Rolls-Royce, eine Luxusjacht, ein Privatflugzeug, durch wertvollen Schmuck und entsprechende elegante Accessoires.

Wir können aber auch anderes sammeln. Beispielsweise Bildung und Wissen oder ausgefallene Besonderheiten. Immer muss es etwas sein, von dem die Gesellschaft, in der wir leben, annimmt, es sei wertvoll.

Unser EGO ist der Auffassung, dass nur derjenige im Leben sicher sein kann, der ausreichend materiell vorgesorgt hat. Egal wie viel wir angesammelt haben, steht immer die Angst im Hintergrund, es wieder zu verlieren. »Ausreichend« reicht aus dieser Angstperspektive niemals aus. Wir geraten in einen Circulus vitiosus: Je mehr wir haben, desto mehr wollen wir, nie versiegen unsere Wünsche. Anstatt zu sein, entwickeln wir den Lebensstil des »Habens«.

Wir legen unser Geld an und versuchen es zu vermehren, wobei die Rendite nie groß genug sein kann. Wir suchen die Sicherheit und schließen jede nur denkbare Versicherung ab. Vielleicht arbeiten wir aber auch in der Finanz- (Banken, Versicherungen, Finanzberatung), Immobilien- oder Versicherungsbranche.

Es ist nicht der Grund und Boden selbst, den wir als wertvoll erachten. Er bekommt für uns nur dadurch seinen Wert, wenn es uns gelingt, ihn als Eigentum an uns zu reißen und ihn zu verknappen, um aus ihm einen finanziellen Gewinn (Wiederverkauf, Pacht) zu ziehen. Verfügt unser Landbesitz über Bodenschätze, so beuten wir diese oftmals rücksichtslos aus und hinterlassen den Nachkommen eine leblose »Wüste«.

Wir können andere aber auch bei ihrem Drang sich abzusichern unterstützen. Wir ziehen um ihre Grundstücke Zäune, installieren Sicherheitseinrichtungen und unser Sicherheitsdienst übernimmt die Bewachung ihres Besitzes.

Krise (oft Zeitpunkt der Erkrankung)

Wir vermeiden zunehmend die Risiken und Veränderungen des Lebens, weil wir allzu sehr auf Sicherheit bedacht sind.

Börsen- oder Anlageverluste lassen unser Sicherheits- und Eigenwertgefühl einbrechen. Uns plagen Ängste, den Rest des Lebens in Armut verbringen zu müssen.

Die so wundersame Geldvermehrungsgesellschaft stellt sich als ein Betrugsunternehmen heraus und wir verlieren unser Vermögen.

In den Augen der Bank verlieren wir unsere Kreditwürdigkeit.

Obwohl versichert, zahlt die Versicherung keinen Cent.

Unsere Einkommensentwicklung stagniert, ist rückläufig oder sehr wechselhaft (z.B. Kleinunternehmer). Wir werden im Beruf zurückgestuft oder werden gar arbeitslos. Darunter leidet unser Wertebewusstsein. Vieles, was vorher selbstverständlich war, können wir uns nicht mehr leisten.

Die sinkenden Rentenansprüche verunsichern uns.

Ein Einbruch in unser Haus hat uns in unserem Sicherheitsgefühl beeinträchtigt.

Wir erleben die Ohnmacht einer Enteignung, Zwangsversteigerung oder einer Entmündigung (♄).

Wir verlieren unseren Raum oder müssen ihn in Zukunft mit anderen teilen.

Ein Konkurrent übertrumpft uns mit seinen Statussymbolen (Villa, Auto, Flugzeug, Grundstücksgröße und Lage, ...).

Entwicklungsprozess (Heilungsweg)

Unser Körper ist die Basis unserer Kraftentfaltung und damit unseres Wirkens auf der Erde. In der Entwicklung geht es darum, diesen unschätzbaren Wert zu erkennen und darauf aufbauend, ein liebevolles

Verhältnis zu unserem Körper zu entwickeln. Dazu ist es wichtig, seine grundlegenden materiellen Bedürfnisse zu erfüllen. Unser Körper benötigt einen Raum bzw. ein Revier, um sich zu entfalten und sich in ihm sicher zu fühlen. Dieses Revier gilt es zu behaupten, indem wir dessen Grenzen schützen (Abgrenzung). Je souveräner wir uns abgrenzen, desto sicherer ist unser Körper vor Übergriffen oder Verletzungen geschützt. Das Problem unserer Abgrenzungsfähigkeit besteht in der Regel darin, »Nein« zu sagen, denn wir haben Angst, dadurch die Liebe und Anerkennung der Umwelt zu verlieren.

In vollem Bewusstsein unseres Wertes, bekommen wir jederzeit aus der Folgerichtigkeit der Schöpfung die Möglichkeit über genügend materielle Ressourcen und Werte zu verfügen. Wir können davon ausgehen, dass zu jeder Zeit unseres Lebens für uns materiell gesorgt ist. Dieses Vertrauen zurückzugewinnen und die pessimistischen Glaubenssätze unseres Verstandes zu überwinden, ist ein wesentlicher Teil der Entwicklung. Die Vertrauens-Entwicklung kann jedoch nur geschehen, wenn unser EGO seine Angst überwindet und sein maßloses Absicherungsbedürfnis (Ansammlung von Vermögen, Abschluss von Versicherungen) aufgibt. Erst dann erfahren wir, wie die Schöpfung für uns sorgt.

In der Regel hat unser EGO jedoch kein Vertrauen in den Schöpfer, obwohl dieser ein solch gigantisches Universum geschaffen hat. Natürlich lässt er kein Geld vom Himmel regnen, er wird aber für ausreichend Gelegenheiten sorgen, durch die wir es uns beschaffen können.

Wir sollten bei der Entwicklung auch bedenken, dass das Leben umso billiger wird, je weniger entfremdet wir leben. Viele recht kostspielige Ausgaben entstehen nur deshalb, weil wir einen Ausgleich für unsere Frustrationen haben wollen.

Erwachsen (Gesundheit)

Im Zentrum irdischen Seins steht die lebendige Materie, unser Körper. Er ist das Fundament unseres Schaffens. Wir nehmen ihn in Liebe an und wir erkennen seinen ungeheuren Wert für unser irdisches Wirken. Mit ihm als Basis vollenden wir unsere Schöpfungen. Er ist unser wahrhaftes und einziges materielles Eigentum, solange wir auf der Erde leben. Wir geben ihm alles, was er für seine irdisch-materielle Existenz benötigt. Voran geben wir ihm den Raum (Eigenraum, Revier), den er braucht und sorgen dafür, dass die Grenzen gewahrt bleiben (Abgrenzung). Aus diesem Wertebewusstsein heraus wird es uns niemals an materiellen Gütern mangeln. Wir sind weder arm noch reich, wir haben einfach alles, was wir brauchen.

Hemmung
(mehr oder weniger die Basis der ♂-Erkrankung)

Unser Schrei, mit dem wir unsere Bedürfnisse als Baby durchsetzen wollen, verhallt unbeachtet. Daraus ergibt sich für uns eine Grunderfahrung: Es ist aussichtslos, für sich selbst zu kämpfen. Da wir aufgrund dieser Erfahrung unsere Kraft und Durchsetzung nicht mehr weiterentwickeln, bleiben wir körperlich geschwächt. Auseinandersetzungen versuchen wir auszuweichen, da uns der richtige »Biss« fehlt. Unseren Ärger halten wir so gut es geht zurück.

Wegen unserer körperlichen Schwäche und geringen körperlichen Vitalität meiden wir Sport und körperliche Anstrengungen. Wenn etwas zur Erledigung ansteht, fehlt uns die Kraft zur Initiative. In manchen Situationen sind wir regelrecht gelähmt.

Unsere passive Haltung provoziert die Aggressionen der anderen und wir werden von ihnen immer wieder geärgert. Sie greifen uns an, schlagen und verletzen uns. In extremen Fällen kann dies so weit gehen, dass unsere Wohnung ein Opfer der Flammen wird. Immer wieder ärgert uns die Rücksichtslosigkeit, mit der die Mitmenschen ihre Interessen durchsetzen. In unserer Fantasie wären wir gerne der Western-Held, der seinen Revolver zieht und den anderen das Fürchten lehrt.

Kompensation[37] *(Möglichkeiten zur Symptomfreiheit)*

Früh in unserer Kindheit haben wir erkannt: Nur die Frechheit siegt. Wenn wir etwas haben wollen, dann kämpfen wir darum. Uns ist eines klar, der Stärkere siegt und wird überleben. Wir gehören zu den Stärkeren. Durch Sport, Bodybuilding und Kampfsport trainieren wir unsere Kraft und lernen zu kämpfen. All die Schwächlinge sollen erfahren, wer hier das Sagen hat. Stets sind wir bereit zu streiten und dem anderen klar zu machen, wer der Stärkere ist. Rücksicht können wir uns nicht erlauben.

Bei dem geringsten Widerstand entflammt unser Zorn und wir ruhen nicht eher, bis der Widerstand überwunden ist. Jedes Vorhaben wird direkt in die Tat umgesetzt.

Unser Interesse gilt den Waffen, die unsere Kampfkraft noch erhöhen. Uns zieht es daher zum Militär, zur Fremdenlegion oder zur Polizei. Wir interessieren uns für die Waffenfabrikation und den Waffenhandel. Wir sammeln Literatur zu allen möglichen Waffengattungen. So manche Waffe hängt bei uns zu Hause an der Wand.

Kompensationen der Mars-Widder-Energie
Kraft: Krafttraining, Bodybuilding, Verbrennungs-Motor, Triebwerke, Zugmaschine, Lokomotive, Kraftwerk
Umgang mit Eisen: Eisenverhüttung, Eisenverarbeitung, Gießerei, Schmiede, Schlosserei, Eisenhandel (☿♊), Werkzeughandel (☿♊)
Umgang mit Werkzeugen: Messer (Schnitzer, Metzger [♇]), Schere (u.a. Schneider, Friseur), Beil (u.a. Holzhacken), Hacke, Spaten, Hammer, Feile, Hobel, Säge (u.a. Sägewerk), Bohrer (u.a. Zahnarzt [♆]), Fräser, Drehmeißel (Mechaniker, Drechsler), Meißel (Steinmetz), schleifen, Schweißbrenner, Stanze, Säure
Feuer, Feuerwehr (♄), Heizer, Grill, Ofen- / Heizungsbau, Kaminfeuer, Feuerschlucken, Feuerzeug
Umgang mit Waffen: Dolch, Schwert, Säbel, Degen, Florett, Schlagstock, Lanze, Speer, Pistole, Gewehr, Pfeil und Bogen, Armbrust, Waffenhandel (☿♊), Militär (♄), Polizei (♄), Sportschütze, Raubtierhaltung, Jagd
Aggression: Streit, schreien, Schlägerei, Kampf, Krieg, Farbe: rot
Sport: Profisport, alle Sportarten mit Muskelkraft, u.a. Boxen, Ringen, Rugby …, Massage (♇)

Abb. 54: Kompensationen der Mars-Widder-Energie

Wenn wir es uns leisten können, leben wir unsere Aggressionen gegenüber der Tierwelt aus. Wir gehen auf die Jagd. Im anderen Fall agieren wir unsere Wut mit Holzhacken aus.

Es gibt Situationen, in denen wir uns selbst nicht mehr kennen. In einem Anfall von Jähzorn schlagen wir alles, was uns in die Quere kommt kurz und klein.

Eins haben alle Kämpfe gemeinsam, sie drehen sich meist um spontane und sehr vordergründige Interessen.

Ein Metall interessiert uns ganz besonders: das Eisen. Beruflich haben wir mit seiner Erzeugung, Verarbeitung oder dem Verkauf von Eisenprodukten zu tun. Gerne arbeiten wir mit Werkzeugen, mit denen man etwas zerschneiden kann.

Als Künstler arbeiten wir mit Hammer und Meißel. Unter unseren Händen entstehen wunderschöne Skulpturen aus Stein.

Feuer fasziniert uns. Gerne sitzen wir ums Feuer herum oder am offenen Kamin. Wir lassen keine Gelegenheit aus, ein Feuer zu entzünden.

Der Gewalt des Feuers gegenüberzutreten und ihm als heldenhafter Feuerwehrmann Einhalt zu gebieten reizt uns.

Die Kraft starker Motoren zu bändigen bereitet uns großes Vergnügen. Wir fahren einen Sportwagen oder steuern eine Lokomotive. Mit Motoren kennen wir uns aus, ob als KFZ- oder Triebwerks-Mechaniker.

Unsere Lieblingsfarbe ist das intensive Rot.

Krise (oft Zeitpunkt der Erkrankung)

Die Menschen, an denen wir unsere Aggressionen ausgelassen haben, sind aus unserem Umfeld verschwunden. Ein Stärkerer hat uns unsere Grenzen gezeigt und »den Schneid abgekauft«. Unsere Wutanfälle nimmt niemand mehr ernst, sodass wir mit ihnen keine Wirkung mehr erzielen.

Wir spüren deutlich, dass wir mit unserem Kampf und Ehrgeiz eher das zerstören, was wir lieben und nicht das erreichen, was wir uns ersehnen.

Mit zunehmendem Alter erlahmen unsere Kräfte, sodass es Jüngeren gelingt, den Ton anzugeben. Im Beruf kriselt es oder beim Militär droht die Pensionierung. Im Sport stecken wir eine Niederlage nach der anderen ein, seit wir durch eine Krankheit, einen Unfall oder eine Verletzung gehandicapt sind. Vielleicht blockieren uns aber auch die Schmerzen in unseren Gelenken. Sport gibt uns kaum noch eine Befriedigung, da die jüngeren Konkurrenten uns mit ihren Leistungen übertreffen.

Entwicklungsprozess (Heilungsweg)

Wir verändern unser Leben und unseren Beruf in dem Sinn, dass wir zunehmend aus der eigenen Kraft leben und unsere Kraft tatsächlich zur Gestaltung einsetzen. Dies ist eher in einem handwerklichen als in einem verstandesorientierten Beruf möglich. Wir verzichten auf Aufzüge und Rolltreppen. Dabei wird uns bewusst, über welch herrliche Fähigkeit wir verfügen. Wir stärken damit unsere körperliche Vitalität und spüren zunehmend unsere Kraft. Bei einer solchen natürlichen Anwendung der Kraft können wir zunehmend auf Sport als Ausgleich verzichten.

Wir erkennen, dass der ohnmächtige Streit wenig gefruchtet hat. Indem wir sehr direkt und unmittelbar für unsere eigenen Bedürfnisse eintreten, können wir immer besser die Bedürfnisse der anderen akzeptieren. Weil wir zu unserem Wollen stehen und es wie selbstverständlich (das SELBST verstehend) in die Tat umsetzen, staut sich in uns keine Wut und Aggression mehr.

Treffen wir auf Widerstände, erkennen wir in ihnen unsere inneren Widerstände (Projektion). Statt im Außen gegen sie zu kämpfen, setzen wir uns mit unserem Inneren auseinander. Auf diesem Entwicklungsweg nehmen die Widrigkeiten mit der Zeit immer mehr ab.

Erwachsen (Gesundheit)

Wir besinnen uns wieder darauf, wozu wir unsere körperliche Kraft erhalten haben: Um unsere Schöpfungsaufträge in die *Tat* umzusetzen. Wir begreifen, dass nicht jede Tat zu einer beliebigen Zeit möglich ist, sondern dass die Zeitqualität zu dem Vorhaben passen muss. Wenn wir erleben, wie leicht uns unser Handeln unter diesen Bedingungen der Achtsamkeit gelingt, dann legt sich unsere Ungeduld, die uns bisher »mit dem Kopf durch die Wand« hat gehen lassen. Eine tiefe Gelassenheit breitet sich in uns aus. Wir gleichen dann einem Krieger, der nach Jahren des Kampfes zur Ruhe kommt und erkennt, dass er ohne Kampf sehr viel mehr erreichen kann. Ja, dass seine Kraft nur dann wundervolle Früchte zeitigt, wenn sie nicht mehr der EGO-Durchsetzung dient, sondern sich wieder in den Dienst des SELBST stellt. Mit der Tat ist das göttliche »Wort« im wahrsten Sinne des Wortes »Fleisch« (Muskulatur = Fleisch = Tat) geworden! Unsere Taten fügen sich in wunderbarer Weise ins Ganze und sind unser Beitrag zu dessen Vollkommenheit.

Horoskopbeispiel

Astrologische Analyse

An dem nachstehenden Erkrankungsbeispiel sollen die astrologische Analyse und die sich aus ihr ergebenden Konsequenzen exemplarisch dargestellt werden. Im Einzelnen ergeben sich die folgenden Schritte:

- Anamnese
- Überlegungen zur Krankheitssymbolik
- Krankheitsanalyse im Geburtshoroskop
  - inhaltlich
  - zeitlich
- Gesundungsprogramm: Entwicklungsziele, Entwicklungsmöglichkeiten
- Vertiefung des Verstehens

Anamnese (Krankengeschichte)

PERSON:
Körperliches Geschlecht: weiblich
Beruf: Arzthelferin → Krankenschwester → Fachweiterbildung Intensivpflege
Verhalten: Geht total in ihrem Beruf auf und ist bereit all ihre Energie für die Pflege Kranker einzusetzen bzw. zu opfern
Sie verfügt über die Begabung, kritische Erkrankungsverläufe der Patienten vorauszuahnen

EREIGNISSE VOR BEGINN DER ERKRANKUNG:
- Mit 27,1 Jahren Partner (Typ: nicht greifbarer Charmeur) kennen gelernt, Seitensprung des Partners mit 27,6 Jahren und Trennung
- 2 Jahre Fachweiterbildung Intensivpflege → Examen 27,1 Jahre
- Kontakt mit Infektionen durch Viren in der beruflichen Pflege

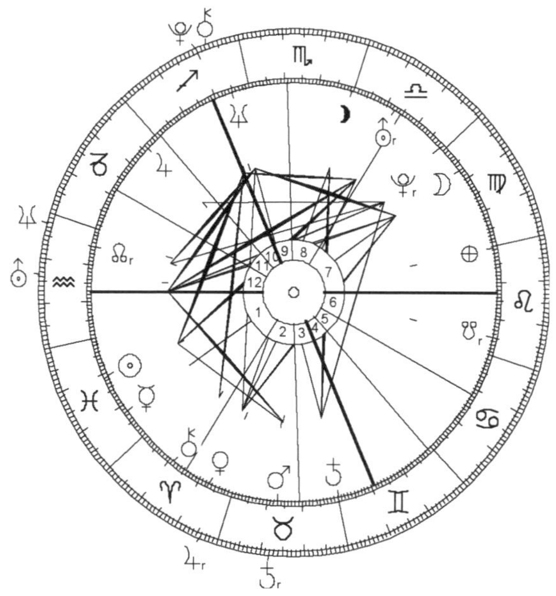

Abb. 55: Geburtshoroskop mit Transitplaneten (Erkrankungszeitpunkt) im Außenkreis

ART DER ERKRANKUNG (ORGAN, SYMPTOMATIK):
Diagnose: *Herzmuskelentzündung* durch Viren, Erschöpfung, Immunschwäche, Fieber bei Belastung

BEGINN DER ERKRANKUNG: Mit *27,7* Jahren

VERLAUF:
- Initiale Müdigkeit, in der Folge schweres Krankheitsgefühl, Fieber, Herzrhythmusstörungen, Tachykardie, Myalgie, Atemnot.
- Zu Beginn ***Fehldiagnosen***: Grippe, Lungenentzündung.
- Nach 18 Tagen: Verlegung in die Klinik, Diagnose: Herzmuskelentzündung.
- 0,5 Jahre Heilbehandlung, Schwäche, parallel: Streptokokkeninfekt

Astrologische Symbolik der Krankheit

ORGAN, SYMPTOMATIK: Virale Herzmuskelentzündung: Herz ☉, Viren ♇
WEITERE SYMPTOME: Fehldiagnosen, Erschöpfung: ♆-Beteiligung

Aus der *abstrakten Symbolik* lassen sich schon erste Aussagen zu Verhaltensblockaden machen, welche Hintergrund der Krankheit sind:

In ihrer Lebensgestaltung (☉) opfert (♇) die Patientin das eigentliche »Leben aus dem Herzen« (☉) an die Pflicht (♇), SELBSTlos zu helfen (♆).

Der Prozess der Loslösung (♆) und der Wandlung (♇) aus einem fremdbestimmten Leben (☉♇) findet nicht auf der Ebene des Lebens, sondern auf der Körperebene statt. Die Erkrankung wird zum Gleichnis. Die Herzmuskelzellen (☉) werden in ihrer Funktion durch Viren (♇) fremdbestimmt und zerstört (♇). Statt der anstehenden Zerstörung der Fremdbestimmung des Lebens, richtet sich die Energie der Wandlung zerstörend auf das Herz.

Horoskop-Analyse zur Krankheitssymbolik

Bestimmung der konkreten krankheitsbezogenen Aspekte

Bei der Horoskopanalyse (siehe Abb. 55) gilt zunächst unser Blick den Planeten und Aspekten, die in Beziehung zur Erkrankung stehen.

In unserem Erkrankungsbeispiel ist dies Sonne, Neptun und Pluto. Sie sind über die Häuserherrscher miteinander verkettet:

Der Aszendent steht im Wassermann, Fische ist im 1. Haus eingeschlossen und folglich Uranus der Geburtsherrscher und Neptun der Mitherrscher. In erster Linie herrscht Neptun über Sonne und Merkur, da beide in den Fischen stehen. Neptun nimmt die Energie der Sonne und des Merkur mit in das 9. Haus, in dem er steht. Pluto als Herrscher des 9. Hauses trägt Neptun weiter nach Haus 7. Die Sonne als Herrscherin des 7. Hauses trägt Pluto wieder in Haus 1 (indirekte Rezeption). Weitere Aspekte der Sonne sind: ☉□♆, ☉⚻⛢, ☉□MC.

Deutung der krankheitsbezogenen Aspekte

Die Patientin ist auf der Welt, um sich von einem Liebesverhalten (AC ♒, ⛢ i. 8.H., ♎) gegenüber Menschen, denen sie sich verbunden fühlt (8. Haus), zu befreien (AC ♒). Auf diese Weise will sie zwischenmenschliche Beziehungen (8. Haus) schaffen, die beiden das gleiche Recht auf gegenseitige Freiheit (⛢) einräumen, eigenen Ideen im Leben folgen (☉⚻⛢) zu können. Sie möchte in Freiheit das unternehmen können, wozu sie von ganzem Herzen (☉) »ja« sagen kann.

Eingebettet in das erste gibt es ein zweites Anliegen (♓ als Mitherrscher des 1. Hauses). Aufgrund spezifischer Verhaltensmuster (♇), die im Zusammenhang mit einer intensiven christlichen Glaubensbindung (♆, ♏ 9. Haus.) stehen, sieht sie für sich die Verpflichtung zur SELBSTlosen Hilfsbereitschaft (♆ 9. Haus). Dieses Muster (♇ H.v.9) zwingt sie, ihr Herz (☉♓) bei der Gestaltung ihres Lebens zu negieren (☉□♆).

Ihr Anliegen ist es nun, sich von ihren Glaubenszwängen (♏ 9. Haus) zu lösen (♆), damit sie wieder sie SELBST, in einem aus dem eigenen Herzen gestalteten Leben sein kann. Sie will losgelöst (♆) von allem zunehmend ihrem inspirierten Herzen (☉⚻♅) folgen können und ein freieres Leben führen.

Demgegenüber steht das bisher Gelebte. Ob als Schamanin, Heilerin oder Krankenschwester, sie ist unter Opferung des eigenen SELBST leidenschaftlich (= dem eigenen SELBST Leiden schaffend) für die anderen da (♆ 9. Haus, ♏ 9. Haus, ♇ i. 7. Haus). Ihre ganze Verantwortung sieht sie darin, den anderen in ihrem Leid zu helfen (♄☍♆). Damit jedoch hört sie auf, SELBST zu leben. Lediglich die Rolle (♇) ist noch lebendig, die – einem Vampir gleich – ihre seelische Vitalität (☉), ihr Herz, aussaugt!

Sie begreift dabei nicht, dass die leidende Außenwelt (♆) nichts anderes ist, als die Projektion ihres eigenen inneren Leids (♆). In erster Linie leidet ihr Herz (☉). Darüber hinaus leidet ihr SELBST, weil sie ihm kein Recht (♄☍♆, ♄ Herrscher von 12) auf ein unabhängiges Sein (☉⚻♅) zubilligt. In diesem Sinne geht sie verantwortungslos (♄☍♆) mit sich SELBST um. Und das alles nur deshalb, weil ihr EGO in den Augen der anderen – einer Heiligen (♄☍♆, Anerkennung [♄] als Heilige [♆]) gleich – ein absolut GUTER Mensch sein will. Sie ist der Überzeugung (9. Haus, ♄☍♆), dass der Mensch kein Recht darauf hat, das zu leben, was er von Herzen will. Die Erfahrungen in der Kindheit mit ihrem Vater (☉, Projektion) bestätigen sie noch darin. Er durfte ebenfalls nicht das leben, was er wollte, sondern musste die Erwartungen der Sippe (♇) erfüllen.

Unter diesen Bedingungen bleibt dem Weiblichen (☽♍, H. 7) in ihr nur eine Verhaltensmöglichkeit, in Fürsorge den anderen zu dienen, für sie zu arbeiten (☽ Herrscher von 6 in 7) und sich immer wieder an sie anzupassen. Die dabei entstehenden Gefühle tiefer Frustration werden mithilfe des Verstandes »edelgedacht« und weggewischt. Dabei will sie doch nur Menschen, denen sie begegnet, nahe (☽) sein und mit ihnen zusammen das erleben (Mond in Haus 7), was sie SELBST in Herzlichkeit an lebendiger Begegnung gestaltet (♌ Herrscher von 7). Ihre alten Muster erlauben ihr aber nur eine Begegnung in der SELBSTlosen Rolle der Helferin. Da geht's nicht nach dem Herz und zu erleben gibt es auch nur Leid. Zudem ist ihr durch die Erziehung (Haus 10) ein gesellschaftskonformes Verständnis (♐ Herrscher von 10) vermittelt worden, das zu einem SELBSTbezogenen Leben nach dem Herzen in Spannung (☉□MC) steht.

Ihr SELBST will zur gegebenen Zeit, dass sie mit dieser Lebens- und

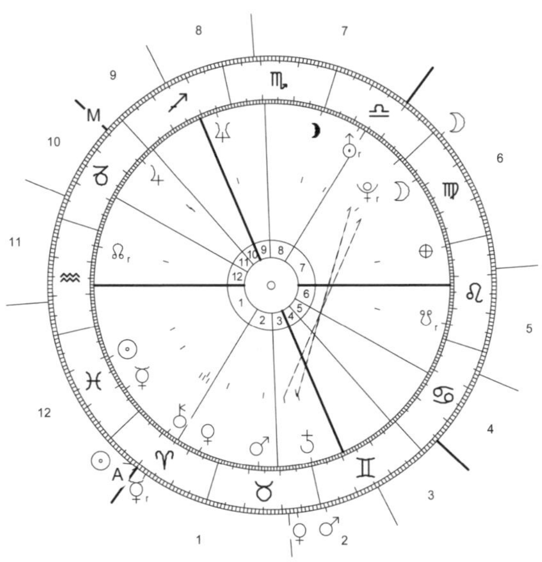

Abb. 56: Sekundäre Progressionen

Herzensopferung bricht und einen tiefgreifenden Transformationsprozess durchlebt, der sie zurück zu ihr SELBST und zum Herzen führt. Die Rolle und die Verhaltensmuster müssen sterben, damit ihr SELBST wieder lebendig werden kann.

Jedoch müssen ihr zunächst die Muster bewusst werden, die ihr Leben im Würgegriff halten. Hierzu dient die Erkrankung ihres Herzmuskels, die ihr mitteilen will, dass ihr Verhalten sie tödlich bedroht und sie dabei energetisch ausbrennt. Die Viren führen ihr auf der Zellebene vor, wie fremdbestimmt (♇) sie im Herzen ist (☉). Sie bestimmen den Zellstoffwechsel fremd und bewirken damit das Absterben der Zellen und des Herzens. Diese Erkenntnis will den Umbruch (♅) in ihrem Leben veranlassen! Hierdurch bekommt die Krankheit ihren Sinn.

Untersuchung der zeitlichen Auslösungen

Transite (Zeitpunkt der Erkrankung; siehe Geburtshoroskop):

♄$_{Tr}$ ☌ ♂: Bewusstwerdung des Rechts auf Eigenraum und Abgrenzung.

♅$_{Tr}$ □ ♂: Befreiung vom alten Verhalten und Beginn der Abgrenzung / Mut zur Aggression.

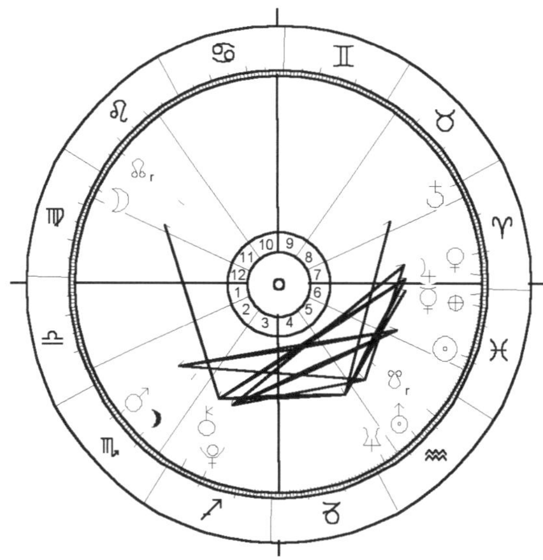

Abb. 57: Solar-Horoskop (Jahr der Erkrankung)

♆$_{Tr}$ △♇: Pflichtvergessenheit, um sich vom Pflichtbewusstsein zu lösen.

♇$_{Tr}$ □☉: *Sterben* des SELBSTlosen fremdbestimmten Handelns → *Werden* einer Lebensgestaltung aus dem Herzen.

♇$_{Tr}$ ☌MC♐: Berufswandel / Wandlung der anerzogenen Weltsicht.

7er-Rhythmus im Urzeigersinn:

27,5 Jahre ⛢-Auslösung: Seitensprung des Partners / Trennung, Beginn der Herzmuskelentzündung (27,7 Jahre)

29,7 Jahre ♇-Auslösung (Phasenherrscher → Starker Wandlungsimpuls): Starke Verpflichtungen gegenüber dem schwer erkrankten Vater
→ Rückfall: Immunsystem ↓, Virus-Pegel ↑

Sekundäre Progressionen (Erkrankungszeitpunkt) im Außenkreis des Geburtshoroskops (siehe Abb. 56)

AC$_{pr}$ ☌⚷: Bewusstwerdung eines verletzenden Glaubenssatzes im Rahmen der Persönlichkeitsentwicklung.

MC$_{pr}$ ☌♃: Sinnsuche zum Beruf und zur Berufung.

♂$_{pr}$ ☌♄: Tatkräftige Abgrenzung zugunsten der SELBST-Verantwortung.

♂$_{pr}$△♇: Tatkräftige Abgrenzung zugunsten der SELBST-Bestimmung.

Solar-Horoskop (Jahr der Erkrankung, siehe Abb. 57).

AC$_{sol}$☌♇ H7 (im Radix): Das Jahresanliegen besteht darin, sich im Begegnungsverhalten zu wandeln. Das ihr Herz belastende Muster, die Erwartungen anderer zu erfüllen, soll sterben.

☉$_{sol}$□♇$_{sol}$: Spannungsgeladene Wandlung ihrer Lebensgestaltung hin zu einem SELBSTbestimmteren Leben.

☉$_{sol}$ i. 6. H$_{sol}$: Lösung vom bisherigen Arbeitsverhalten / evtl. Verlust der Arbeit / evtl. Auseinandersetzung mit Krankheit

Deutung der krankheitsbezogenen zeitlichen Auslösungen

Durch zeitliche Auslösungen werden Energien bereitgestellt, die primär der Weiterentwicklung dienen wollen. Wird die Entwicklung vom EGO blockiert, kommt es zu schicksalhaften Begegnungen mit Kompensatoren in der Außenwelt oder, wenn diese fehlen, möglicherweise zur Ausbildung körperlicher Symptome (Erkrankung).

Im Erkrankungsbeispiel – *Herzmuskelentzündung* – stehen im zeitlichen Umfeld der Erkrankung drei Anlagen zur Weiterentwicklung an. Sofern die bereitgestellten Energien nicht in die Lebendigkeit fließen, können sie die körperliche Symptomatik erzeugen.

Im Zentrum steht die *Herzensentwicklung* (☉) mit einem tiefgreifenden *Wandlungsprozess* (♇). Er will die Patientin weg von der fremdbestimmenden Pflichterfüllung (♇) und der SELBSTlosigkeit (♆), hin zu einem freieren Leben (☉ ♅) führen, zu dem sie von Herzen »ja« sagen kann. Zunächst kann die Herzensentwicklung durch eine Sonne im Außen, einen Partner, kompensiert werden. Nach der Trennung vom Partner ist sie jedoch auf sich SELBST zurückgeworfen. Die Wandlungsenergien begegnen ihr in Form der Viren. Wandlung auf der Körperebene bedeutet in ihrem Fall Entzündung des Herzens.

Auf dem Weg zu mehr SELBSTändigkeit und zu einem freieren Leben soll sie lernen, sich gegenüber den verpflichtenden Erwartungen anderer (♇ in Haus 7) und der Zuweisung von Verantwortung (♄) durch andere mit aller Kraft *abzugrenzen* (♂, ♈ Haus 2). Dies wird sie nur tun, wenn sie ihren Eigenwert (H.2) in sich SELBST findet und nicht ihren Wert aus der Fülle der Verantwortung (♀ in Haus 2, ♉ H. 3, ♄ in Haus 3), die sie gegenüber Kranken (♄☍♆) übernimmt und der Tatkraft (♂), mit der sie sich für diese einsetzt, ableitet. Hierzu muss sie einen ihren

Eigenwert verletzenden *Glaubenssatz* (⚷ in Haus 2) überwinden, der etwa so lauten könnte: *»Ein GUTER Mensch lebt nur dann sinnvoll und ist etwas wert (H.2), wenn er seine ganze Tatkraft (♂) in ein Leben der Verpflichtung, SELBSTlos zu helfen (♂⚹☉) steckt und dabei auf Distanz (♂□AC♒) zu sich SELBST geht.«*

Um den zentralen Wandel der Lebensgestaltung zu vollziehen, muss es zusätzlich Veränderungen im Beruf (MC), im Arbeitsverhalten (H.6) geben und im Sinne der Berufung zu einem Wandel der *Weltanschauung* (u.a. Religion) und des Lebenssinns (♃□♀) kommen.

Gesundungsprogramm

Vorbemerkung

Solange wir kollektiv an die Dogmen unserer Schulmedizin glauben, ist es unabdingbar, sich von autorisierten Heilern (Ärztin, Arzt, Natur-Ärztin, -Arzt, HeilpraktikerIn) medizinisch behandeln zu lassen! Daher ersetzt das astrologisch bestimmte Gesundungsprogramm in keiner Weise die medizinisch notwendige Behandlung. Jedoch kann es nur von Vorteil für unseren Heilungsprozess sein, die Entwicklungshinweise, welche uns die Krankheit gibt, ernst zu nehmen und das Leben in diesem Sinne zu ändern. Dies zu tun, liegt in der alleinigen Verantwortung des Patienten!

Das Leben zu ändern, setzt Verstehen voraus. Für den Prozess des Verstehens, ist unser Horoskop ein unschätzbarer Kompass. Die Umsetzung des »Verstandenen« in konkrete Lebendigkeit jedoch kann uns die Astrologie nicht abnehmen! Tun müssen wir es SELBST und wenn wir es tun, werden wir mit der Freude der zunehmenden SELBSTwerdung belohnt.

Entwicklung

Die Entwicklung der durch die Krankheit angesprochenen Anlagen ist die Grundlage tatsächlicher Heilung.

Die anstehenden Entwicklungsziele für die an einer Herzmuskelentzündung erkrankten Patientin, werden im Folgenden aus ihrem Horoskop abgeleitet.

Herzensentwicklung (♌ Haus 7, ☉♓ Haus 1)
Überwindung der vom Vater gezeigten Verhaltensprogramme[38]. Das Ziel dabei ist, in der Begegnung mit anderen die eigene Lebendigkeit und Kreativität nicht mehr zur Erfüllung der Erwartungen anderer Menschen, des Partners oder sonstiger Lebewesen zu missbrauchen.

In der lebendigen und kreativen Gestaltung der Begegnungen liegt ihr Lebensschwerpunkt, zumal ihr ganzer Erlebnishunger (☽ Haus 7) ebenfalls auf Begegnung ausgerichtet ist.

Persönlichkeitsentwicklung (☉ in Haus 1)
Hierzu muss ihr Wollen (☉) bzw. ihr Herzensanliegen in die Persönlichkeit (H.1) integriert werden. Erst dann kann sie durchsetzen, was sie von Herzen will. Auf diese Weise wird ihr Leben zunehmend zum Spiel. Über diese Entwicklung freut sich das so lange missachtete »innere Kind«. Die Freude dieses Kindes wird zu ihrer Lebensfreude. Die vordringlichste Frage, die sie sich bei allem, was sie zukünftig unternimmt, stellen sollte, lautet: *»Kann ich (und mein inneres Kind) zu dem, was ich tue, von ganzem Herzen »ja« sagen, oder tue ich es nur, gezwungenermaßen, weil es von mir erwartet wird?«* Damit verbindet sich eine weitere Frage: *»Bin ich bereit, eigene Erwartungen gegenüber anderen aufzugeben und sie mir SELBST zu erfüllen?«*

Auf dem Weg zu ihrem Herzen muss sie sich aus der SELBSTlosigkeit lösen. Sie soll verstehen, dass es für sie nichts Größeres gibt, als die göttliche Schöpfung ihres SELBST. SELBST-Sein ist fließend und leistungslos. Das EGO wehrt sich gegen diese Erkenntnis, denn es versucht ja gerade über Leistung und Anstrengung seine Anerkennung zu beziehen.

Verständnisentwicklung (♏ Haus 9, ♆)
Zur Überwindung der SELBSTlosigkeit gehört die Auseinandersetzung mit kirchlichen Dogmen und Überzeugungen, die den Sinn des Lebens gerade in der SELBSTlosen Pflichterfüllung sehen. In der Auseinandersetzung mit den Schicksalshintergründen soll sie die einzige Pflicht, die sie hat, in der Treue ihrem SELBST gegenüber erkennen. Dies hilft ihr wiederum, dem Erwartungsdruck derer, denen sie begegnet, zu widerstehen. Jederzeit sollte sie sich erinnern: *»Die einzige wirkliche Verpflichtung existiert nur gegenüber mir SELBST. Alle Erwartungen erfülle ich mir in Zukunft SELBST.«*

Werte- und Abgrenzungsentwicklung (♈ Haus 2, ♂)
Sie soll erkennen, dass der Wert ihrer Persönlichkeit in ihrer Tatkraft liegt. Um diese Kraft wieder in den Dienst ihres Herzens zu stellen (☉ ⚹♂), muss sie lernen, sich denen gegenüber abzugrenzen, die ihre Kraft für sich in Anspruch nehmen wollen. Hierzu muss sie sich mit der Frage auseinander setzen: *»Hat der Mensch das Recht auf die Liebe zu sich SELBST oder macht er sich durch die Eigenliebe schuldig?«*(♀♉ Herrscher von 3 in Haus 2, in Haus 3 ♄☍♆)

Aus der Perspektive unseres SELBST ist die Eigenliebe SELBSTverständlich. Sie ist ja nichts anderes als die Liebe zur göttlichen Schöpfung. Aus der Perspektive einer (EGO-/Schein-) Heiligen jedoch ist sie verwerflich.

Berufswandel (♐ 10 Haus., ♃□♇)
Auf die Dauer entspricht der selbstlose Helferberuf nicht ihrer Bestimmung, zumal er die oben angesprochene Entwicklung ständig torpedieren würde.

Ihr Beruf steht im Zusammenhang mit dem Wissen um Transformation und der Wissenschaft (♐ MC) von der Transformation ([♃□♇] z.B. Therapie). Die Begeisterung hierfür will sie in Gruppen (♃ Herrscher v.10 i.11) weitergeben.

Verständnisvertiefung

Um die Zusammenhänge der Erkrankung besser verstehen zu können, ist es für die Patientin bzw. den Patienten sinnvoll, die seine Krankheit betreffenden Anlagenbeschreibungen unter dem Kapitel: *Zustandsformen der Anlagen* (siehe S. 124 ff.) durchzuarbeiten. Durcharbeiten bedeutet, die entsprechenden Seiten mindestens – frei nach dem Mystiker Gurdjieff – dreimal zu lesen:

1. So nebenbei, wie wir normalerweise unsere Zeitung lesen.
2. So, als ob wir es jemandem vorlesen würden.
3. Mit dem Versuch beim Lesen tiefer in das Geschriebene einzudringen.

Im vorliegenden Erkrankungsbeispiel (Herzmuskelentzündung) sind dies die Abschnitte:

– *Sonne, Löwe*
– *Pluto, Skorpion*
– *Neptun, Fische*

Da wir erst am Ende unserer Entwicklung die *erwachsene Lebensform* erreichen, ist es oftmals sinnvoll die Energien der Krankheit durch *kompensatorische Verhaltensformen* wieder ins Leben zu bringen. Dies schwächt unsere Symptomatik ab oder lässt sie sogar ganz verschwinden, denn die Energie, die wir leben, steht der Krankheit nicht mehr zur Verfügung. Aus diesem Grund werden in jedem Abschnitt vielfältige Kompensationsmöglichkeiten genannt. Wir sollten uns überlegen, welche kompensatorische Möglichkeit uns interessiert und welche wir realistischerweise in unser Leben integrieren können.

Krankheit will uns gleichnishaft das zeigen, was wir in unserem Leben noch nicht oder zu wenig leben.

Unser SELBST hat sie veranlasst. Insofern ist sie unsere Freundin. Der Umgang mit ihr sollte kein Kampf sein, denn wir kämpfen nur gegen unsere Feinde.

Der einzige Feind, der unserer SELBSTwerdung im Wege steht, ist unser EGO. Vor seiner Vorstellung vom GUTEN Menschen sollten wir auf der Hut sein.

Im Falle der Erkrankung sollten wir uns nicht dafür verurteilen, dass wir unsere Anlagen noch nicht so leben, wie unser SELBST es will.

Wenn es uns möglich ist, sollten wir uns liebevoll in unserem (Krank-) Sein annehmen, uns pflegen oder die Pflege der anderen in Dankbarkeit entgegennehmen.

Nach der Krisis sollten wir unseren Lebensweg auf den Pfad der uns möglichen Entwicklung führen.

Wir sollten dabei großmütig sein und unseren Verstand mit seinen Lehren nicht allzu stark unseren Ratgeber spielen lassen. Er verharrt gerne beim Althergebrachten und gerade das hat uns ja erkranken lassen.

Wir sollten eher einen inneren Dialog mit unserem Herzen und unserem »inneren Kind« führen.

Wenn wir uns die Glaubenssätze bewusst machen, die uns von uns SELBST fern halten, ist der erste Schritt zu deren Veränderung schon getan.

Weitere Schritte sollten diesem dann in Liebe zu unserem SELBST folgen. Nur wer sein SELBST liebt, bringt die Liebe in sein Leben und in das der anderen.

Anmerkungen

1 Das Phänomen der Projektion wird ausführlich in dem Buch »Das Menschenspiel« beschrieben. (W. Schütz: *Das Menschenspiel, Astrologie als Schlüssel zu Religion und Spiritualität*, Astrologische Akademie Baden / Chiron Verlag)

2 Die Differenzierung von Fähigkeiten – nach der Art, wie sie ausgelebt werden – in Hemmung, Kompensation und erwachsene Form ist von Hermann Meyer in die psychologische Astrologie eingebracht worden.

3 In der Astrologie spricht man vereinfachend von Planeten, auch wenn die Sonne, der Mond oder die Planetoiden gemeint sind.

4 Siehe hierzu W. Schütz: *Das Menschenspiel, Astrologie als Schlüssel zu Religion und Spiritualität*, Astrologische Akademie Baden / Chiron Verlag

5 Vielfach wird die Anima in der astrologischen Literatur als Mutter (☽) und Geliebte (♀♎) beschrieben. Die Venus der Waage ist jedoch als Luftzeichen überwiegend männlich polarisiert. Zudem vertritt sie die *Projektion* dessen, was wir *unbewusst* in uns tragen und damit das Begegnungsprinzip. Sie ist daher weitgehend neutral und zur Charakterisierung der Anima ungeeignet. Offenbar verleitete der weibliche Namen und die Phantasie der Erotik zu dieser Fehleinschätzung.

6 Der Animus wird in der astrologischen Literatur meist auf die Sonne und den Mars reduziert. Dabei wird die oftmals arrogante *männliche Logik* (♃) vergessen. Wahrscheinlich wagt man es nicht, den unverdienten Heiligenschein (angeblich: das große Glück, »Brückenbauer« [Pontifex] zu Gott) des Schütze-Jupiters zurechtzurücken.

7 Die zum Planeten und Tierkreiszeichen in Analogie stehenden Strukturen und Stoffe sind im Text *kursiv* gekennzeichnet.

8 In ihm sieht unsere Wissenschaft den Ursprungsort instinktiven, triebhaften und emotionalen Verhaltens. Sie vermutet, dass dort unsere Verhaltensmotivation entsteht.

9 Die zum Planeten und Tierkreiszeichen in Analogie stehenden Strukturen und Stoffe sind im Text *kursiv* gekennzeichnet.

10 Die zum Planeten und Tierkreiszeichen in Analogie stehenden Strukturen und Stoffe sind im Text *kursiv* gekennzeichnet.

11 Die zum Planeten und Tierkreiszeichen in Analogie stehenden Strukturen und Stoffe sind im Text *kursiv* gekennzeichnet.

12 *Wirk*-lichkeit = die Alles be-*wirk*-enden Kräfte der Schöpfung

13 Die zum Planeten und Tierkreiszeichen in Analogie stehenden Strukturen und Stoffe sind im Text *kursiv* gekennzeichnet.

14 Die männlichen Geschlechtsorgane werden in der Astrologie häufig dem männlichen Mars (Widder) zugeordnet. Dies kommt wahrscheinlich daher, dass in der alten Astrologie Mars auch über Skorpion herrschte. Es handelte sich dabei aber um den weiblich polarisierten Mars (Skorpion, Wasserzeichen, weiblich)! Für Pluto als Herrscher auch der männlichen Geschlechtsorgane sprechen zwei körperliche Gegebenheiten. Zum einen erfolgt die Steuerung der gesamten männlich sexuellen Reaktion über den *weiblichen* Ast des autonomen Nervensystems. Ausgenommen hiervon ist die Ejakulation. Zum anderen ist der Widder-Mars mit dem Hormon *Adrenalin* verbunden, das ein völliges Abschwellen des Penis verursacht. Sexualität ist kein Akt der Aggression (♂), wohl aber kann sie ein Akt der Rache und Ausdrucks der Macht (♇ Vergewaltigung) sein.

15 Die zum Planeten und Tierkreiszeichen in Analogie stehenden Strukturen und Stoffe sind im Text *kursiv* gekennzeichnet.

16 Die zum Planeten und Tierkreiszeichen in Analogie stehenden Strukturen und Stoffe sind im Text *kursiv* gekennzeichnet.

17 Die zum Planeten und Tierkreiszeichen in Analogie stehenden Strukturen und Stoffe sind im Text *kursiv* gekennzeichnet.

18 Die zum Planeten und Tierkreiszeichen in Analogie stehenden Strukturen und Stoffe sind im Text *kursiv* gekennzeichnet.

19 Das Decumbitur-Horoskop wird auf den Krankheitsbeginn berechnet und zwar auf den Zeitpunkt, an dem sich der Patient von der Krankheit geschwächt *niederlegt* (*lat.* decumbere). Es kann auch der Moment des Beginns (Kontaktaufnahme) ärztlichen oder heilerischen Handelns verwendet werden. Das Decumbitur-Horoskop ist nach den Kriterien der Stundenastrologie auf seine Gültigkeit hin zu überprüfen.

20 Die zum Planeten und Tierkreiszeichen in Analogie stehenden Strukturen und Stoffe sind im Text *kursiv* gekennzeichnet.

21 Die zum Planeten und Tierkreiszeichen in Analogie stehenden Strukturen und Stoffe sind im Text *kursiv* gekennzeichnet.

22 Die zum Planeten und Tierkreiszeichen in Analogie stehenden Strukturen und Stoffe sind im Text *kursiv* gekennzeichnet.

23 Elternrolle, Autorität (autoritär), Leistung, Konkurrenz

24 Siehe hierzu Dr. med. Heinrich Kremer: *Die stille Revolution der Krebs- und AIDS-Medizin*, Ehlers, Wolfratshausen 2002

25 Vor dem Ausbruch der Krankheitssymptome kann es zum Fall aus der Kompensation in die Hemmung oder zum Verlust einer Kompensation (Krise) durch die Außenwelt gekommen sein.

26 Vor dem Ausbruch der Krankheitssymptome kann es zum Fall aus der Kompensation in die Hemmung oder zum Verlust einer Kompensation (Krise) durch die Außenwelt gekommen sein.

27 Vor dem Ausbruch der Krankheitssymptome kann es zum Fall aus der Kompensation in die Hemmung oder zum Verlust einer Kompensation (Krise) durch die Außenwelt gekommen sein.

28 Vor dem Ausbruch der Krankheitssymptome kann es zum Fall aus der Kom-

pensation in die Hemmung oder zum Verlust einer Kompensation (Krise) durch die Außenwelt gekommen sein.

29 Vor dem Ausbruch der Krankheitssymptome kann es zum Fall aus der Kompensation in die Hemmung oder zum Verlust einer Kompensation (Krise) durch die Außenwelt gekommen sein.

30 Vor dem Ausbruch der Krankheitssymptome kann es zum Fall aus der Kompensation in die Hemmung oder zum Verlust einer Kompensation (Krise) durch die Außenwelt gekommen sein.

31 Vor dem Ausbruch der Krankheitssymptome kann es zum Fall aus der Kompensation in die Hemmung oder zum Verlust einer Kompensation (Krise) durch die Außenwelt gekommen sein.

32 Vor dem Ausbruch der Krankheitssymptome kann es zum Fall aus der Kompensation in die Hemmung oder zum Verlust einer Kompensation (Krise) durch die Außenwelt gekommen sein.

33 *natürliche Bedürfnisse* beziehen sich auf unsere körperliche Natur. Zu ihnen zählen u.a. die Nahrung (Essen, Trinken), die Geborgenheit (Kleidung, Wohnung, Heimat), das Klima (Kühlung, Heizung, Feuchtigkeit), das Erleben (Nähe zu anderen Menschen und Lebewesen, sinnliche Erlebniseindrücke [sehen, hören, riechen, schmecken, tasten]), die Erholung (Ruhe, Regeneration, Schlaf), das Gebären (körperlicher Ausdruck [die Gebärde], Kinder). Die natürlichen Bedürfnisse und die Reaktion auf das Erlebte drücken sich in Gefühlen aus (z.B. Hunger, Durst, Kälte- bzw. Hitzegefühl, Zu- oder Abneigung, Laune, Müdigkeit).

34 Vor dem Ausbruch der Krankheitssymptome kann es zum Fall aus der Kompensation in die Hemmung oder zum Verlust einer Kompensation (Krise) durch die Außenwelt gekommen sein.

35 Vor dem Ausbruch der Krankheitssymptome kann es zum Fall aus der Kompensation in die Hemmung oder zum Verlust einer Kompensation (Krise) durch die Außenwelt gekommen sein.

36 Vor dem Ausbruch der Krankheitssymptome kann es zum Fall aus der Kompensation in die Hemmung oder zum Verlust einer Kompensation (Krise) durch die Außenwelt gekommen sein.

37 Vor dem Ausbruch der Krankheitssymptome kann es zum Fall aus der Kompensation in die Hemmung oder zum Verlust einer Kompensation (Krise) durch die Außenwelt gekommen sein.

38 Verhaltensprogramme sind karmisch bedingt. Sie stehen im Zusammenhang mit Täter-Opfer-Erfahrungen, die noch nicht vollkommen verarbeitet wurden. Die nachholende Verarbeitung nennen wir Therapie. Therapie ist immer ein Gang zurück in die Vergangenheit, ein Erinnern. Sie ist erfolgreich, wenn alle Gefühle, die mit den Erfahrungen verbunden sind, durchlebt wurden. Solange wir jedoch unbewusst bleiben, bestimmen die Erfahrungen und die in ihnen gespeicherte Gefühlsenergie unser Leben aus dem Unbewussten fremd und das Unbewusste begegnet uns als Projektion.

Literaturverzeichnis

Blech, Jörg: *Die Krankheitserfinder*, S. Fischer, Frankfurt a. Main 2003

Blüchel, Kurt G.: *Heilen verboten, töten erlaubt*, C. Bertelsmann, München 2003

Buddecke, Eckhart: *Grundriss der Biochemie*, de Gruyter, Berlin – New York 1977

Dahlke, Rüdiger: *Krankheit als Symbol*, C. Bertelsmann, München 1996

Groddeck, Georg: *Krankheit als Symbol*, Fischer, Frankfurt a. Main 1988

Grof, Stanislav: *Topographie des Unbewussten*, Klett-Cotta, Stuttgart 1985

Jentschura, Peter; Lohkämper, Josef: *Gesundheit durch Entschlackung*, Peter Jentschura, Münster 1998

Keidel-Joura, Christine: Der Siebener-Rhythmus im Horoskop, Chiron-Verlag, Tübingen 2005

Kremer, Dr. med. Heinrich: *Die stille Revolution der Krebs- und AIDS-Medizin*, Ehlers, Wolfratshausen 2002

Kriege, Theodor; Lindemann, Günther: *Grundbegriffe der Irisdiagnostik*, Iris, Osnabrück 1980

Meyer, Hermann (Schütz, Wilfried): *Psychosomatik und Astrologie*, Hugendubel, München 1992

Meyer, Hermann: *Astrologie und Psychologie*, Hugendubel, München 1981

Meyer, Hermann: *Gesetze des Schicksals*, Sphinx, Basel 1987

MSD - Manual, Urban & Schwarzenberg, München – Wien – Baltimore 1993

Pschyrembel Klinisches Wörterbuch, 259. Auflage, de Gruyter, Berlin - New York 2002

Richter, Isolde: *Atlas für Heilpraktiker*, Urban & Schwarzenberg, München – Wien – Baltimore 1994

Richter, Isolde: *Lehrbuch für Heilpraktiker*, Urban & Schwarzenberg, München – Wien – Baltimore 1994

Roscher, Michael: *Astrologie und Psychosomatik*, Knaur 1992

Ruffié, Jaques; Sournia, Jean-Charles: *Die Seuchen in der Geschichte der Menschheit*, Klett-Cotta 1989

Schütz, Wilfried: *Das Menschenspiel*, Astrologische Akademie Baden 2002

Sheldrake, Rupert: *Das Gedächtnis der Natur*, Scherz, Bern – München – Wien 1992

Silbernagel, Stefan; Despopoulos, Agamemnon: *Taschenatlas der Physiologie*, Thieme, Stuttgart - New York 2001

Silbernagel, Stefan; Lang, Florian: *Taschenatlas der Pathophysiologie*, Thieme, Stuttgart - New York 1998

Unschuld, Paul U.: *Was ist Medizin?*, C. H. Beck, München 2003

Über den Autor

Wilfried Schütz lebt und wirkt in der Schweiz. Er arbeitete als Dipl.-Ingenieur in der Elektroindustrie, danach studierte er Medizin. 1981 fand er zur Astrologie, die seitdem zu einem wichtigen Teil seines Lebens wurde. Ende der 80er-Jahre entdeckte er den Weg der Wirklichkeit im Tierkreis und entwickelte daraus eine neue Sicht der spirituellen Dimension in der Astrologie.
Er veröffentlichte zahlreiche Beiträge in astrologischen Fachzeitschriften und ist Autor des Buches »Das Menschenspiel« sowie Mitautor von »Psychosomatik und Astrologie«.
Seit 1989 leitet er Seminare zur Ausbildung psychologischer Astrologen. 2002 gründete er die Astrologische Akademie Baden (AAB) in der Schweiz. Neben seiner umfangreichen Seminartätigkeit in der Schweiz, Deutschland und Österreich unterhält er eine eigene astrologische Beratungspraxis.

Die Astrologische Akademie Baden (AAB) bietet in Zusammenarbeit mit der *Zentralschweizer Fachschule für psychologische Astrologie (ZFA)* Einzelberatungen, Coachings, eine professionelle dreistufige Astrologenausbildung und Weiterbildungen für Astrologen an.
Wenn sie an diesen Angeboten Interesse haben, wenden Sie sich bitte an:

Astrologische Akademie Baden *(AAB)*
Tel.: 0041-(0)56 470 20 88
E-Mail: w.schuetz@bluewin.ch
www.schuetzbaden.ch

Sachverzeichnis

WILFRIED SCHÜTZ

Das Menschenspiel

Astrologie als Schlüssel zu Religion
und Spiritualität
264 Seiten, Hardcover
ISBN 3-925100-94-6

Der Weg »rückwärts« durch den Tierkreis offenbart die unverfälschte und wirkliche Bedeutung der Zeichen. Das Geheimnis des Tierkreises besteht darin, dass er – rückwärts betrachtet – unser menschliches Handeln als Teil göttlicher Schöpfung sichtbar macht. Er zeigt aber auch, warum wir uns dessen nicht mehr bewusst sind und daher immer wieder an der scheinbaren Sinnlosigkeit unseres Seins verzweifeln. Jedoch, auch der Schlüssel zur Überwindung dieser menschlichen Bewusstseinsnot ist im Tierkreis zu finden.
Die Quellen, die uns bei der Wiederbewusstwerdung helfen wollen, sind die Mythologien der heiligen Bücher, die Märchen und die Symbolsprache der Astrologie. Gemeinsam offenbaren sie uns die Hintergründe unserer Existenz. Wenden wir die Astrologie zudem auf die reiche Symbolik religiöser Glaubenssysteme an, so bietet sich uns eine verblüffende Erkenntnis: Astrologie kann als Universalsprache aller Religionen gesehen werden.
Bewusstseinsentwicklung ist spirituelle Entwicklung! Unser Horoskop zeigt uns, welche Probleme aber auch welche Möglichkeiten des Wachstums wir dabei haben. Dies zeigt exemplarisch das Deutungsbeispiel zum Horoskop Jiddu Krishnamurtis.

Standardwerke der Astrologie

BERND A. MERTZ

Astro-Medizin in psychosomatischer Sicht

Das Horoskop als Schlüssel zur Gesundheit
228 Seiten, Hardcover, zahlreiche Abb.
ISBN 3-89997-127-2

Dieses Buch vermittelt Ihnen die inneren Zusammenhänge einer Krankheit, so dass ein Betroffener besser mit ihr umgehen kann. Die Verbindung von Astrologie und Medizin hat eine lange Tradition. Der Autor arbeitet zunächst die Grundlagen der Astro-Medizin heraus. Dadurch wird klar, wie die Zusammenhänge zwischen Tierkreiszeichen und Körperregionen entstanden sind. Dann belegt er auf überzeugende Weise, dass die Planeten in erster Linie im psychosomatischen Sinn gesehen werden müssen. Denn nur so ist es möglich ist, Krankheitsursache und Verlauf vom Psychologischen her zu erkennen. Auf diese Weise können die unbewussten Heilkräfte, die in jedem Menschen schlummern, eingesetzt werden, um eine Krankheit auch von der Seele her zu heilen.

Astrologie Konkret

DETLEF HOVER UND
ULRIKE VOLTMER (HRSG.):

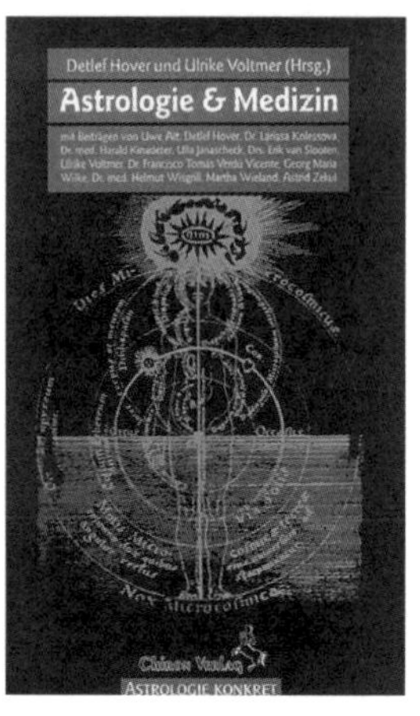

Astrologie und Medizin

Mit Beiträgen von: Georg Maria Wilke, Astrid Zekul , Drs. Erik van Slooten, Dr. Francisco Tomás Verdú Vicente, Uwe Alt, Dr. Larissa Kolessova, Dr. med Harald Kinadeter, Detlef Hover, Ulla Janaschek, Dr. med. Helmut Wisgrill, Martha Wieland und Ulrike Voltmer

246 Seiten, 2. Auflage, 30 Abbildungen *ISBN 3-925100-39-3*

Kosmische Einteilungen und Prinzipien gelten als Ordnungskriterien für irdische, körperliche, pflanzliche, mineralische oder organische Bereiche. Insofern sind Diagnose und Therapie, Medikation und Psychologie durch die Astrologie miteinander verbunden. In diesem Buch geht es um die Frage des individuellen Abstimmens allen medizinisch-astrologischen Wissens und Handelns. Die medizinisch-astrologische Arbeit wird in weltanschauliche Zusammenhänge eingebettet. Sodann wird die medizinische Astrologie mit anderen ganzheitlichen diagnostischen und therapeutischen Ansätzen verknüpft wie Homöopathie, Bachblütentherapie, Aura-Soma oder Irisdiagnose. Der Leser erhält nicht nur eine Einführung in die jeweilige Methode, sondern lernt gleichzeitig den astrologisch deutenden Blick auf andere Modelle zu übertragen. Schließlich werden Fallstudien nach unterschiedlichen astrologischen Techniken und Zugangsweisen besprochen. Diese praxisorientierten Beiträge bieten einen hervorragenden Einstieg und helfen, das astromedizinische Grundwissen zu vertiefen.

Standardwerke der Astrologie

INGRID ZINNEL

Familienkonstellationen im Horoskop

Verstrickungen und Lösungen aus astrologischer Sicht
264 Seiten, kartoniert, 10 Abbildungen

ISBN 3-925100-938

Das Buch von Ingrid Zinnel bietet eine Zusammenführung der Astrologie mit der Arbeit des Familienstellens nach Bert Hellinger. Auf einfühlsame Weise ermöglichst sie den Lesern, systemische Strukturen im Horoskop zu erkennen und Familienkonstellationen zu erforschen. Dabei ist es ihr wichtig, nicht nur Verstrickungen aus dem Horoskop herauszulesen, sondern auch gleichzeitig Lösungswege aufzuzeigen. In einem einleitenden Kapitel werden zunächst die Grundsätze der systemischen Familientherapie erläutert. Anschließend wird das Horoskop als Familienbild aufgeschlüsselt. Dabei stellt die Autorin die Planeten als Symbole ins Zentrum einer Analogiekette. So lassen sich beispielsweise Verstrickungen anhand der Pluto-Stellung erkennen. Neptun verweist auf Familiengeheimnisse und Bindungen aus dem Jenseits, Uranus auf die Ausgegrenzten innerhalb der eigenen Sippe. Der Autorin ist es aber auch wichtig, nicht nur Verstrickungen herauszulesen. Vielmehr zeigt sie dem Leser immer auch Lösungswege und gibt Anweisungen für Lösungs-Rituale.

Ein wertvolles Buch für alle Leser, die den Schatz der Familiengeschichte und ihrer Herkunft mit Hilfe der Astrologie ausgraben, verstehen und bearbeiten möchten. *Meridian*

Standardwerke der Astrologie

DANE RUDHYAR

Die Planeten der Persönlichkeit

Struktur und Inhalt
der menschlichen Existenz
170 Seiten, Hardcover, 10 Abb.
ISBN 3-89997-123-X

Die Astrologie liefert Strukturen, mit denen wir eine Landkarte des Seelenlebens erstellen können. Die Inhalte dieser Strukturmuster sind psychologischer oder sozialer Natur. Es gibt vier Grundbedürfnisse, auf denen die vielfältigen Prozesse des organischen Lebens beruhen. Dane Rudhyar zeigt in diesem Buch auf sehr eindrückliche Weise, dass die menschlichen Grundfunktionen mit den Planetenpaaren Saturn und Mond, Jupiter und Merkur sowie Venus und Mars in Beziehung stehen. Betrachten Sie die Planeten als eine symbolische Entsprechung dieser Grundprinzipien, dann werden Sie sehr schnell erkennen, wo die Bedeutung, der Sinn und die Aufgabe des Individuums in unserem Universum liegt.

»Wer allerdings nach einfachen Deutungsrezepten für astrologische Konstellationen sucht, der wird in diesem Buch nicht fündig werden. Rudhyar beschreibt vielmehr die biologischen, sozialen, psychologischen und spirituellen Dimensionen, die sich z.B. hinter einer Planetenpaarung wie Mond-Saturn verbergen. Das Buch ist hervorragend ins Deutsche übersetzt und mit einem festen Einband bestens ausgestattet. Es ist allen zu empfehlen, die psychologischen Tiefgang schätzen.«
Meridian 5-2005

Standardwerke der Astrologie

ROSWITHA BROSZATH

Astrologische Erfahrungsheilkunde

Ganzheitliches Wohlbefinden mit dem Horoskop

230 Seiten, Hardcover

ISBN 978-3-89997-184-2

In diesem Buch gibt die erfahrene Heilpraktikerin einen tiefen Einblick in ihr reichhaltiges Heilwissen. Sie geht von dem Grundsatz aus, dass Krankheit nicht das Ergebnis eines falschen Handelns ist, denn so simpel sind kosmische Entsprechungen nicht. Krankheit ist vielmehr Wandlungskraft, wie alle anderen Krisen auch. Roswitha Broszath zeigt die astromedizinischen Entsprechungen der Tierkreiszeichen auf, zu welchen Erkrankungen diese neigen und wie sie sich im Krankheitsfall verhalten. Außerdem wird die Allergiebereitschaft erläutert. Einen großen Raum nimmt die Darstellung hilfreicher Elemente auf Ihrem Weg zu Wohlbefinden ein:

Homöopathie / Phytotherapie / Schüßler-Salze / Bachblüten / Australische Buschblüten.

So können Sie sich mit diesen Vorschlägen selbst etwas Gutes tun und ihrer astrologischen Anlage entsprechend für Wohlergehen sorgen.

»Die Autorin ist Heilpraktikerin sowie Astrologin in Berlin. Sie gibt in diesem Buch einen tiefen Einblick in ihr Wissen. Sie geht davon aus, dass Krankheit Wandlungskraft ist. so wie das auch in allen anderen Krisen gegeben sei. Wenn Sie ihre Vorschläge zur Behandlung annehmen, können Sie sich entsprechend Ihrer astrologischen Anlage viel Gutes tun.« *Lebens(t)räume 7/8-2010*

Standardwerke der Astrologie

REINHARDT STIEHLE (HRSG.)

Rätsel Chiron

Was bedeutet er für die Astrologie?
312 Seiten, Hardcover, zahlreiche Abb.

Im Jahre 1977 wurde Chiron entdeckt und vor 25 Jahren erschien das erste Buch über ihn. Heute ist der einst unscheinbare Kleinplanet nicht mehr aus der Astrologie wegzudenken. Umso mehr stellen sich die Fragen wie: Ist Chiron ein bleibender Faktor? Hat Chiron die Astrologie verändert? Wie steht es mit der Deutungssicherheit? Dieses Buch sucht nicht nur nach Antworten darauf, sondern ist eine Bestandsaufnahme der verschiedenen Facetten Chirons in der Astrologie. 18 renommierte Autoren wurden eingeladen, ihre heutige Sicht auf Chiron vorzustellen. Seine Rolle in Astromedizin, Partnerschaftsastrologie, Berufsberatung oder Mundanastrologie kommt ebenso zur Sprache wie seine Wiederkehr oder sein Verhältnis zu den Kentauren Pholus und Nessus. Dabei zeigt sich, dass er uns durchaus noch Rätsel aufgibt. Aber vielleicht ist genau dies seine Aufgabe – zu Hinterfragen und Sie zum Nachdenken zu bringen, damit Sie die richtigen Lösungen finden werden.

Mit Beiträgen von Beatrix Braukmüller, Roswitha Broszath, Dr. Baldur Ebertin, Dr. Bernhard Firgau, Ute Flörchinger, Karen Hamaker-Zondag, Brigitte Hamann, Markus Jehle, Lianella Livaldi Laun, Al H. Morrison, Petra Niehaus, Melanie Reinhart, Dr. Christoph Schubert-Weller, Wilfried Schütz, Eva Stangenberg, Erik van Slooten und Christopher A. Weidner.

»Ein eindruckvolles Werk mit vielschichtigen Deutungsansätzen, das den Kleinplaneten Chiron immer wieder in neuem Licht erscheinen lässt und für Einsteiger genauso interessant sein dürfte wie für fortgeschrittene Astrologen.« *Sternzeit 1-2010*

Klassiker der Astrologie

CLAUDIUS GALENOS,
HIPPOKRATES U.A.

Der Krankheitsverlauf im Horoskop

Quellentexte zum Dekumbitur

143 Seiten, Hardcover, 6 Abbildungen
ISBN 978-3-89997-173-6

Schon die Ärzte der Antike erkannten, dass die Astrologie einen wichtigen Anhaltspunkt für die Krankheitsdiagnose bieten kann. Maßgeblich dazu war das Erstellen eines Horoskops auf den Beginn der Krankheit, eines sogenannten Dekumbiturs. Hieraus wurde der Verlauf der Krankheit und der Zeitpunkt für den Eintritt der heilsamen Krise prognostiziert.
Der vorliegende Band bietet eine Reihe von klassischen Texten zum Dekumbitur. Enthalten ist ein dem berühmten Arzt Claudius Galenos zugeschriebener Text über die »Prognosen zum Dekubitus«. Hippokrates befasst sich mit den Beziehungen des Mondes zu den Krankheiten. Das im 15. Jh. bedeutendste Buch zur Medizin überhaupt stammte von dem Franzosen Jean Ganivet und trug den Titel Amicus Medicorum. Sein berühmtes Beispiel einer eingetroffenen Krankheits-Prognose gibt einen hervorragenden Einblick in die Praxis. David ben Yom Tov (14. Jh.) und Andrea Argolus (16. Jh.) erläutern die Bedeutung der »kritischen Tage« für den Krankheitsverlauf. Nicholas Culpeper, der berühmteste Arzt Englands, zeigt eine Methode, um die Ursachen und den Umschwung einer Krankheit zu erkennen.
So gewährt dieser Band einerseits einen Blick in die medizinische Literatur des Mittelalters und zugleich erschließt er dem heute an klassischer Astrologie interessierten Leser neue Quellen zur Deutung des Dekumbiturs und der daraus abgeleiteten Prognose über den zu erwartenden Krankheitsverlauf.